GO EAST !

5-7, rue de l'École-Polytechnique ; 75005 Paris

www.harmattan.fr
diffusion.harmattan@wanadoo.fr
harmattan1@wanadoo.fr

ISBN : 978-2-343-05202-1
EAN : 9782343052021

Sous la direction de
Dimitri UZUNIDIS, Maria LOREK
et Guillem ACHERMANN

GO EAST !

*

Nouvelles économies de marché

L'HARMATTAN

Marché et Organisations

Cahiers d'économie et de gestion thématiques dont le but est de promouvoir la recherche originale sur les relations de plus en plus étroites qui se tissent entre le marché et les organisations. Les acteurs économiques de taille, de puissance et de pouvoir différents dont les intérêts peuvent être convergents, complémentaires ou, le plus souvent, antagoniques, ont tendance à organiser les marchés. La raison du marché, pourtant, est la référence stratégique pour l'entreprise ainsi que pour les institutions publiques de décision économique.

Marché et Organisations questionne l'actualité entrepreneuriale et révèle les liaisons inter temporelles qui font évoluer la formation économique.

Les articles proposés :
– 45000-50000 signes, espaces, notes, bibliographie, tableaux, figures et annexes compris,
– soumis par email à : Dimitri Uzunidis et Maria Lorek,
uzunidis@univ-littoral.fr, maria.lorek@univ-littoral.fr
Sont acceptés pour évaluation des articles mono ou multidisciplinaires... Économie, Gestion, mais aussi Droit, Sociologie, Histoire selon le thème du Cahier.

Marché et Organisations est une publication sous la responsabilité éditoriale du Réseau de Recherche sur l'Innovation : http://2ri.eu

SOMMAIRE

PRÉSENTATION GENERALE

À la fin des années 1980, les pays d'Europe de l'Est se détachent de l'Union soviétique et, comme la Russie, entreprennent des profonds changements institutionnels et sociaux pour se reconvertir à l'économie de marché. Ces changements institutionnels et, par voie de conséquence, économiques et sociaux, sont particulièrement visibles à deux niveaux : la propriété et la planification.

Les lois, les institutions et la structure de la propriété dans une économie planifiée sont très différents de ce qui est nécessaire au fonctionnement d'une économie capitaliste fondée sur la propriété privée (de sa défense et de sa préservation). C'est notamment le cas concernant l'entreprise privée, les instances de régulation, de réglementation ou encore la nature des incitations pour obtenir tantôt la compétition, tantôt la coopération entre les différents centres de pouvoir publics et privés. La structure de la propriété socialiste plaçait l'industrie, les services et (à l'exception de la Pologne) l'agriculture principalement dans les mains de l'Etat. Ainsi, l'Etat, propriétaire des entreprises clés et de secteurs entiers, via la planification centralisée, était à la fois l'acteur et l'agi de l'allocation des ressources : les investissements étaient prioritairement orientés vers l'industrie lourde au détriment notamment des secteurs des biens de consommation, des biens d'équipements des ménages et des services. La pénurie relative et l'inflation « déguisée » qui s'en sont suivies ont été aggravées par la crise financière qui a frappé ces pays durant la seconde moitié des années 1980.

Les premières réformes de décentralisation/déconcentration de la prise de décisions ont amélioré les relations interentreprises et celles qui s'instaurent entre producteurs et consommateurs. Puis, avec l'effondrement du politique, la libéralisation des économies de l'Est s'est accélérée. En effet, malgré quelques différences d'approche, les prix ont été libérés du contrôle centralisé dans l'espoir d'« assainir » l'économie et de reconfigurer les rapports sociaux de production et d'échange. Les politiques conjoncturelles ont accompagné et soutenu les réformes structurelles basées sur a) le changement du cadre légal d'accumulation, b) le renforcement des institutions capitalistes, c) la restructuration de l'industrie, d) la privatisation du capital et de la terre. Le raisonnement semble imparable : la mise en place de relations de marché saines forme un climat des affaires plus stable, plus réactif et plus crédible aux yeux des investisseurs et des financiers internationaux, ce qui facilite grandement la modernisation et l'efficacité économiques. Cette dernière étant mesurée par la compétitivité des entreprises de ces pays sur l'échelle mondiale, ainsi que par la capacité exportatrice et d'endettement de leurs économies sur les marchés financiers.

Dans leur processus de transformation en nouvelles économies de marché, les pays de l'Europe de l'Est ont en commun trois éléments de base : la stabilisation, la libéralisation et la privatisation.

Les politiques de stabilisation en Europe de l'Est ont cherché à créer un environnement financier stable pour favoriser l'entrepreneuriat local, augmenter les exportations et attirer les investissements étrangers directs. La libéralisation de l'activité économique visait l'émergence et le développement rapide du secteur privé. L'émergence d'un nouveau secteur privé a été la plus visible en Pologne, où des centaines de milliers de nouvelles petites entreprises ont été créées depuis 1990, suivie par la Hongrie, la République tchèque et la Slovaquie. Les services aux ménages et aux entreprises ont aussi pris leur essor. Dans le même temps, les privatisations (accompagnées souvent de fermetures d'entreprises et d'établissements étatiques), sensées promouvoir un capitalisme moderne à moindres frais pour le contribuable local, se sont avérées coûteuses et contreproductives : la production industrielle a chuté de 20 à 50% selon le pays et le système productif s'est atrophié.

Les auteurs de ce numéro de *Marché et Organisations* présentent et discutent les succès et les échecs de la constitution de ces nouvelles économies de marché. Si d'une part, ces nouveaux capitalismes ont en commun la facilité avec laquelle un grand nombre de nouveaux acteurs privés a pu s'affirmer et prospérer, d'autre part l'accentuation des inégalités sociales et, surtout, l'aggravation des différentiels de revenus tirés du travail, de l'investissement et de la rente sont une des caractéristiques marquantes de la configuration de ces économies.

De plus, l'adhésion à l'Union européenne a conforté et réconforté ces nouveaux capitalismes (tout au moins sur le plan politique et institutionnel). Ceux-ci, profitant des bas coûts salariaux et sociaux et valorisant un conséquent stock de connaissances scientifiques et techniques accumulées pendant plusieurs décennies de volontarisme politique, ont trouvé plus ou moins facilement une place dans l'édifice communautaire. Les pays du centre-nord-est européen (appartenant – Slovaquie, Estonie, Lettonie –ou non à la zone euro) ont avant tout su intégrer la contrainte financière pour être aujourd'hui entièrement en phase avec les préoccupations (et les problèmes) des économies européennes de l'ouest. A l'inverse, les pays balkaniques (appartenant – Slovénie – ou non à la zone euro) se distinguent par leur manque de compatibilité avec la norme du capitalisme financiarisé « dernier cri ».

L'asymétrie des normes est encore plus nette dans le cas de la Russie. Contrairement à de nombreux autres pays, le capitalisme russe est apparu presque immédiatement sous la forme de monopoles, suite au détournement privatif de la richesse publique créée sous le socialisme. La prédominance des pratiques monopolistiques ainsi que l'imbrication des intérêts des nouveaux riches (les « oligarques ») avec ceux de la bureaucratie d'État, font que l'économie russe reste faiblement compétitive, inflationniste et rentière. Depuis quinze ans d'existence, le capitalisme russe a créé peu d'unités de production et de R&D se contentant d'utiliser les capacités d'exploitation des ressources naturelles (pétrole et gaz) mises en place bien plus tôt.

Les nouvelles économies de marché de l'est de l'Europe attirent l'attention des économistes, des dirigeants d'entreprises et des politiques. Le lecteur de ce numéro de *Marché et Organisations* trouvera des analyses pertinentes sur les difficultés de transition économique des pays de l'Est et sur les conséquences des efforts faits pour rentre effectifs et performants ces capitalismes dans une économie mondiale qui s'étend et qui se transforme constamment.

LA POLITIQUE DE L'INNOVATION EN RUSSIE OU L'IMPERATIF DE REFORMES DANS UNE ECONOMIE DE RENTE, QUELQUES PISTES DE REFLEXION

Guillem ACHERMANN
Doctorant en sciences économiques
Université du Littoral Côte d'Opale/Lille 1 (CLERSE)
guillemachermann@gmail.com

INTRODUCTION

L'économie de rente a fait la fortune de certains pays (Espagne du XVIème siècle, Pays-Bas des années 1960, Norvège ou Russie d'aujourd'hui). Pourtant, les attributs d'une économie de rente possèdent aussi un revers de médaille : le système productif national est fragilisé par sa structure déséquilibrée, qui le trahit lorsque la rente ne peut atténuer la violence des chocs systémiques. Pour trouver de nouveaux relais à la rente, il est nécessaire de diversifier l'appareil productif national. En diversifiant la structure productive, le but est de rééquilibrer le système productif national sur une pluralité de secteurs afin de lui apporter un certain degré de performance lui permettant de s'adapter plus rapidement aux crises systémiques. Si cette solution séduit autant les experts économiques que les leaders politiques, dans la pratique, le processus de diversification des pays possédant une rente est très inégal. Dès lors, le problème d'une économie de rente semble prendre racine en fonction de ses caractéristiques historiques, économiques, politiques, institutionnelles, sociales et culturelles propres à chaque pays. Le cas de la Russie est en ce sens particulièrement intéressant. Héritant d'importantes quantités de ressources naturelles d'une grande diversité et d'un système scientifique et technique qui a fait ses preuves par le passé, la croissance de l'économie russe est cependant soutenue par des exportations massives d'hydrocarbures et des prix du baril élevés lui octroyant dès lors une rente qui concentre son activité industrielle sur le secteur de l'extraction et la transformation d'hydrocarbures. Pour répondre à ce déséquilibre structurel de l'économie russe, le gouvernement a initié une politique de l'innovation. Une fois avoir rappelé les caractéristiques d'une économie de rente et ses conséquences en décrivant l'économie russe (1), ce texte présentera les efforts du gouvernement en matière de diversification par le biais de sa politique de l'innovation et des difficultés structurelles rencontrées (2).

1. La Russie sous le prisme de l'économie de rente

1.1. L'économie de rente, origine et définition

Si l'on se réfère aux travaux théoriques sur la valeur des économistes David Ricardo, Karl Marx ou Joseph Schumpeter, la rente économique se caractérise par la domination d'un acteur sur un marché du fait de la rareté d'un produit ou d'un facteur de production donné qu'il possède à un moment et dans une situation donnée (Rapoport, 1995). La valeur d'échange des produits se traduit pour Ricardo (1821), soit par leur rareté, soit par la quantité de travail nécessaire pour les obtenir. Concernant cette dernière, c'est à dire les « *marchandises dont la quantité peut être accrue par l'industrie de l'homme, et dont la production est soumise à une concurrence sans entrave* » (p. 52), Ricardo met en lumière la quantité de travail et de capital engagée dans l'activité économique pouvant se répercuter sur les prix[1]. Cependant, pour ce qui est des revenus de la terre, l'augmentation de la demande des produits de la terre est, à ses yeux, en raison de la pression démographique, plus rapide que la quantité de terres mises en culture. Dès lors, cette augmentation de la demande se répercute sur les prix et contribue à la formation d'une rente pour le producteur : « *ce n'est pas parce que l'on paie une rente que le blé est cher, c'est au contraire parce que le blé est cher que l'on paie une rente* » (Ibid, p. 96). Par ailleurs, Marx (1867) reprend les fondements théoriques ricardiens pour dénoncer l'exploitation des travailleurs par les capitalistes-employeurs qui injectent inlassablement des quantités de travail et de capital pour perpétuer leurs rentes acquises dans un environnement économique en constant mouvement.

L'introduction de la machine dans les circuits économiques permet aux propriétaires terriens et industriels d'augmenter significativement leurs profits. Dans cette recherche de profits croissants par une amélioration constante des machines pour s'approprier une rente de situation, l'entrepreneur demeure la clé de l'évolution économique. En effet, par ses caractéristiques d'innovateur, il est à l'origine de nouvelles dynamiques productives : « *l'impulsion fondamentale qui met et maintient en mouvement la machine capitaliste, est imprimée par les nouveaux objets de consommation, les nouvelles méthodes de production et de transport, les nouveaux marchés, les nouveaux types d'organisation industrielle - tous éléments créés par l'initiative capitaliste* » (Schumpeter, 1935, p. 93). Dès lors, la quantité de travail et de capital n'est plus l'unique vecteur de rente. En effet, dans une perspective

[1] En augmentant les quantités de travail et de capital, la rente perd ses attributs du fait de la grande quantité de produits écoulés sur un marché concurrentiel.

évolutionniste, la rente est étroitement liée à l'activité innovante de l'entrepreneur et est réinjectée dans la structure productive pour initier de nouvelles combinaisons de production (Schumpeter, 1935).

Si à l'échelle de la firme, la rente autorise et force l'entrepreneur à innover, c'est que son maintien sur le marché est étroitement lié à sa capacité à innover. Dans le cas où la rente n'est plus initiée à l'échelle de la firme mais à l'échelle d'un système productif, les conséquences sur l'activité économique diffèrent. En effet, la rente cette fois-ci n'est pas la résultante d'une activité entrepreneuriale évoluant dans un système fortement concurrentiel mais de l'activité d'une structure productive évoluant dans un environnement qui peut l'affaiblir mais pas l'écarter des marchés. Dès lors, la réinjection de la rente dans les activités de ce système productif ne possède plus le même caractère d'impérativité. Un système productif peut se définir comme « *l'ensemble structuré de tous les agents économiques, simples ou complexes, qui créent des biens et/ou des services propres à satisfaire des besoins individuels et collectifs et qui participent ainsi à l'accroissement de la production* » (Morvan, 1991, p. 495). Sur le plan national, le système productif génère un surplus lié à son activité productive. L'utilisation de ce surplus varie selon sa rareté pour les autres systèmes productifs nationaux mais aussi selon la facilité d'acquisition de ce surplus. Dès lors, la croissance économique des Etats n'est plus uniquement dépendante de la performance de leurs systèmes productifs. En effet, la valeur d'un produit (une ressource naturelle ou une technologie) est étroitement liée à la demande du marché. Pourtant à la lumière des théories de la croissance endogène (Romer, 1986 ; Lucas, 1988), il est possible de postuler que les pays, pour augmenter la compétitivité de leurs systèmes productifs, ont tout intérêt à renforcer leurs capacités à absorber et valoriser les connaissances générées au sein comme à l'extérieur de leurs systèmes productifs pour s'adapter aux crises systémiques. La compétitivité des systèmes productifs est alors étroitement liée aux priorités sectorielles et aux dynamiques d'apprentissage et d'innovation lancées par les gouvernements. Afin d'initier une meilleure intégration au commerce mondial, l'objectif dès lors est pour les pays de se spécialiser.

Dans le cas d'une économie de rente, cette spécialisation se concentre sur un secteur en particulier. La rareté du produit entraîne une forte demande des marchés. Si la nature de la rente est une ressource naturelle, la pérennité du secteur repose sur les réserves dont dispose le pays. En effet, les Etats sont tributaires des procédés industriels d'extraction et de transformation mais surtout de la quantité de réserves disponibles et exportables en fonction de la demande des marchés internationaux. La demande durable d'un marché pour cette ressource génère des dynamiques de croissance pour le pays. En effet, malgré les déséquilibres intersectoriels, tant que la demande du marché pour cette ressource est élevée et que les réserves permettent de la satisfaire, le secteur à l'origine de la rente se présente comme la locomotive du développement économique et social du pays. Cependant, si la nature de la rente est une ressource qui évolue constamment, telle la technologie, la pérennité du secteur repose sur la capacité des firmes (privées et publiques) à protéger et développer cette ressource pour profiter d'un certain degré de rareté sur les marchés. Dès lors, les économies nationales possédant ce type de rente sont amenées à renforcer sans cesse leur système national d'innovation pour dominer un marché tout en contribuant parallèlement à la mise en place d'un cadre juridique international pour la protection des innovations technologiques (en l'occurrence, un organisme supra-national d'enregistrement des brevets, des partenariats multilatéraux, etc.). Du fait de l'importance des dynamiques d'apprentissage et d'innovation dans l'évolution du système productif national, le concept d'« *économie de rente* » n'est pas approprié[2], En effet, en fonction de la nature de la rente et de sa demande sur les marchés, les Etats n'auront pas les mêmes difficultés à maintenir leur rente dans un environnement en constante évolution.

1.2. L'économie de rente appliquée à la Russie

La Russie possède une quantité et une diversité de ressources naturelles colossales : d'importants gisements de gaz naturel, de pétrole, de fer, de charbon, d'uranium, mais aussi d'importantes réserves de minerais tels que le nickel, le cobalt, l'aluminium, le cuivre, l'or, l'argent, le cassitérite, le crocoite, les polymétaux, le tungstène, etc., et des minerais non métalliques tels que les phosphorites, les apatites, les stéatites, l'asbeste, le granit, la sylvinite, des diamants, l'ambre, les pierres précieuses et semi-précieuses. Par ailleurs, la terre renferme de nombreux matériaux utilisés pour la construction tels que le bois, le sable, l'argile, le calcaire, le gypse, le marbre, etc. Mais ce qui caractérise la Russie n'est pas tant ses énormes quantités de ressources que la capacité de son système productif à les exploiter. En effet, l'effondrement de l'URSS en 1991 offre aux acteurs de la nouvelle sphère privée, un héritage industriel loin d'être négligeable. Cet héritage industriel se caractérise autant par son parc industriel (usines, bureaux, entrepôts, etc.) que par les structures de recherche (instituts, universités, centres de recherches, etc.) qui s'y rattachent. Cet héritage industriel, cohérent et performant dans un système économique centralement planifié nécessitait une restructuration dans une économie

---

[2] Ou plus approprié. En effet, dans les années 1950, l'économiste argentin Raùl Prebisch (1950) décrivait des rapports d'échanges entre le Nord et la Sud qui se dégradaient avec le développement du progrès technique (alors mis en œuvre, selon lui uniquement par les pays développés et requérant toujours plus de capitaux). Ainsi, selon cette logique, si les pays du Sud, pays producteurs de matières premières, n'étaient pas en mesure de substituer la composition de leurs importations, les pays de Nord s'octroyaient une rente de situation, répercutant leurs coûts de développement industriel sur la périphérie. Par la suite, cette vision linéaire du progrès technique a été sévèrement critiquée par les économistes évolutionnistes des années 1980 (Rosenberg, 1982 ; Freeman, 1988, etc.).

de marché (Laperche et Uzunidis, 2007), celui-ci demeurant une base matérielle et immatérielle particulièrement riche pour les firmes (existantes et nouvelles) appelées à se concurrencer dans le nouveau système productif national russe.

L'objectif affiché d'économie d'abondance mis en avant par les leaders politiques des économies socialistes pour valoriser le système planifié d'allocation des ressources présentait la production monopolisée par l'Etat comme une rente pour tout citoyen. Théoriquement, si une économie centralement planifiée peut permettre à l'Etat de capter cet effet de rente pour en redistribuer le surplus à l'ensemble de la population, cette captation ne supprime pas pour autant les effets de rente. En ce sens, c'est la propriété qui fait émerger la rareté (Vercelonne, 2007). La transition économique initiée dans les années 1990 s'est traduite par la refonte complète du système soviétique vers une économie de marché. Ce processus de marchéisation se définissant comme « d'une part, l'ouverture à la concurrence des marchés concentrés ou protégés et, d'autre part, l'introduction de critères de profitabilité dans le fonctionnement des organisations, publiques ou privées » (Boutillier et Uzunidis, 2008, p. 34) nécessitait de nouvelles institutions. Ainsi, l'instauration de nouvelles institutions (soit un corpus législatif nouveau : droit du travail, procédures contractuelles, encadrement de la propriété privée, etc. découlant de nouvelles institutions : bourses de commerce, administrations judiciaires spécialisées, etc.) et la suppression de celles qui n'ont plus de réelles raisons de fonctionner (Hirschhausen, 1996) deviennent le levier d'action pour initier de nouvelles dynamiques organisationnelles dans l'économie russe. Cette « *nouvelle économie de marché* », dès les années 1990, a peiné à reconvertir l'ensemble de son système productif national. En effet, la concurrence internationale, comme la baisse drastique des financements étatiques ont très vite mis « à genoux » une grande majorité de firmes de la structure productive post-soviétique. Cette faible résistance à la compétitivité internationale s'explique par la structure même de l'industrie soviétique, essentiellement tournée vers l'industrie lourde et le secteur militaire, mais surtout par son système d'allocation des ressources administré qui n'utilisait et ne requérait pas les mêmes canaux de sélection des produits que l'économie de marché. En effet, pour ce dernier, les prix décrétés par le Parti ne reflétaient pas la rareté ou le coût d'un produit brut, semi-fini ou fini. Les critères de sélection obéissaient aux mécanismes d'une économie de pénurie où les prix sont fixes et la demande est supérieure à l'offre, la création d'entreprises n'étant pas liée au marché mais aux injonctions du Parti (Kornaï, 1996).

En Russie, la rente créée par l'exploitation et la transformation des réserves de ressources naturelles à l'export a permis au gouvernement russe de réaffirmer le rôle de l'Etat dans les dynamiques organisationnelles locales. La part des exportations d'hydrocarbures est passée de 43,1% en 1992 à 61,8% en 2005 et 70,3% en 2012 dans les exportations totales du pays (UNCTAD, 2013). La transition économique des années 1990 avait plongé l'économie du pays dans un chaos politique et institutionnel qui s'est répercuté sur les mécanismes de coordination des agents économiques. L'arrivée de V. Poutine au pouvoir en 2000 a réaffirmé le rôle de l'Etat dans les circuits économiques. Dans un premier temps, la reprise en main par l'Etat des secteurs industriels à forte plus-value financière se concentre sur celui des hydrocarbures. L'objectif est double : restaurer le pouvoir de l'Etat sur des groupes financiers qui s'étaient accaparés les structures productives de ressources exportatrices et ne s'acquittaient que partiellement de leur fiscalité (Eckert, 2012); et permettre à l'Etat de disposer du levier géopolitique des hydrocarbures pour conserver son influence politique et économique sur les pays de l'ex-URSS (Durand et Petrovski, 2008). Dès lors, la rente que procurent les hydrocarbures doit pouvoir soutenir le développement économique du pays. La « *Conception de développement socio-économique de long terme de la Fédération de Russie sur la période 2008-2020* », document officiel du ministère du développement économique énonçant les principaux axes de développement socio-économique de la Russie dans un contexte international, souligne clairement le rôle des ressources naturelles dans le développement d'une économie de la connaissance et de l'innovation. De plus, en 2010, le président Medvedev n'a pas hésité à marteler que « *la prospérité économique de l'Etat dépend de la stabilité de ce secteur* » (Kastéouva-Jean, 2013, p. 203). Cependant, si la rente qu'offre l'extraction et la transformation des hydrocarbures peut théoriquement permettre des dynamiques de croissance économique, celle-ci peut aussi générer certains effets pervers propres aux économies de rente.

1.3. Les méfaits de l'économie de rente et le cas de la Russie

Le géographe Norton Ginsburg comme l'économiste Walter Rostow voyait (respectivement en 1957 et en 1960) dans la possession d'importantes quantité et diversité de ressources naturelles un réel avantage pour une croissance économique rapide[3]. Pourtant, dans la seconde moitié du XXème siècle, la modernisation de nombreux pays ayant d'importantes ressources naturelles n'a pas connu de trajectoires de développement économique calquées sur le corpus théorique de l'époque. Dès lors, la corrélation négative entre dépendance aux ressources naturelles et croissance économique de long-terme a donné naissance au concept théorique de « *malédiction des ressources (resource curse)* » *ou* « *paradoxe de l'abondance* » (Auty, 1990 ; Sachs et Warner, 1995).

[3]« *The possession of a sizable and diversified natural resource endowment is a major advantage to any country embarking upon a period of rapid economic growth* » (Ginsburg, in Rosser, 2006, p. 557). Dans son ouvrage « *The Stages of Economic Growth: A Non-Communist Manifesto* » (1960), Walter Rostow reconnaissait des avantages certains de la possession de ressources naturelles dans l'étape du « *décollage (take-off)* » économique d'un pays.

Pour comprendre ce paradoxe, il est nécessaire de détailler les méfaits de l'économie de rente. Pour Sachs et Warner (1995), l'économie se divise en trois secteurs : l'un englobe l'extraction et l'exploitation des ressources naturelles commerciales (*tradeable natural resource sector*), l'autre, manufacturier mais ne reposant pas sur les ressources naturelles (*tradeable non resource manufacturing sector*) et le dernier non commercial (*non-traded sector*). Si la découverte et l'exploitation de ressources naturelles à forte plus-value financière se développe, le travail et le capital vont se concentrer sur le secteur des ressources naturelles commerciales, délaissant le secteur manufacturier que ne repose pas sur les ressources naturelles. Dès lors, il est commun d'observer un « *effet de mouvement* » (*resource movement effect*), soit un déplacement des emplois, devenus attractifs par les excédents liés à la rente, vers le secteur à l'origine du boom économique. Le secteur en question devient la « *locomotive* » de l'économie nationale. Par ailleurs, il est possible d'observer une augmentation de la demande en biens et services non-échangeables internationalement. Ce qui a pour conséquence, en plus d'initier des dynamiques inflationnistes, de diminuer la production des biens et services échangeables internationalement. En effet, le rapport entre les prix des biens et services échangeables et non-échangeables internationalement s'accroît et les opportunités d'affaires qui se dessinent dans le secteur des biens et services non-échangeables internationalement n'encouragent pas l'investissement dans le secteur manufacturier (sauf celui à l'origine de la rente). A cela s'ajoute un « *effet de dépense* » (spending effect) qui découle d'un accroissement de la demande de l'ensemble des produits liée à l'augmentation des revenus issus du secteur en question. Les prix des biens et services échangeables étant déterminés par les marchés internationaux, le prix des biens et services non-échangeables internationalement rattrapent progressivement les prix des biens et services échangeables internationalement, ce qui renforce la tendance inflationniste. Ces deux effets à l'origine du concept de « *syndrome hollandais* »[4] ont été mis en lumière par Corden and Neary (1982). Même si c'est l'Espagne du XVIème siècle à l'origine du « *bullionisme* » qui dans l'Histoire est le cas d'économie de rente le plus frappant, il est commun de se référer au cas des Pays-Bas des années 1960 (Sachs et Warner, 1995). Par ailleurs, les revenus de la rente, étroitement liés aux fluctuations des cours des matières premières, sont pénalisés par la grande volatilité des prix du marché. En ce sens, l'instabilité des prix se répercutent sur les revenus et donc sur la demande intérieure, rendant difficile la mise en place d'une politique de développement économique de long-terme cohérente (Hausmann et Rigobon, 2003).

Pour enrayer ce syndrome hollandais, la stabilisation de l'économie doit pouvoir passer par un redéploiement de la rente sur d'autres secteurs de

---

[4] L'expression « *dutch disease* » a été popularisée par les journalistes de l'hebdomadaire *The Economist* en 1977.

l'économie, afin d'atténuer la violence des chocs économiques liés aux crises systémiques. Car ce « *boom* » économique se traduit par une appréciation du taux de change réel au détriment d'une compétitivité de l'ensemble des secteurs de l'économie nationale. Cependant, nombreux sont les pays qui peinent à initier des dynamiques économiques de sortie de ce syndrome hollandais, d'où l'intérêt pour le concept de « *malédiction des ressources* » (Auty, 1990 ; Sachs et Warner, 1995). Mais, les études empiriques sont loin d'être concluantes pour énoncer un lien direct entre la dépendance des ressources et le développement économique d'un pays (Rosser, 2006 ; Brunnschweiler et Erwin, 2008). En effet, pour Tornell et Lane (1999), c'est la fragilité institutionnelle ainsi que les divisions socio-politiques qui expliquent les dynamiques entropiques des économies de rente. Dès lors, il est possible d'observer un « *effet de voracité* » (Tornell et Lane, 1999). Celui-ci se caractérise par « *une augmentation plus que proportionnelle d'une redistribution discrétionnaire en réponse à une augmentation du taux brut de rendement dans le secteur efficient* »[5]. Selon Tornell et Lane (1999), cette redistribution discrétionnaire tend à s'affirmer avec la formation de groupes industriels puissants étroitement liés aux acteurs politiques qui captent littéralement la majeure partie, voire l'ensemble de la rente perçue. Aussi, si les acteurs possédant la rente constatent que leur profits sont étroitement liés à leurs activités de lobbying, alors ils n'hésiteront pas à consacrer plus de ressources à « *l'économie politique* » et moins à « *l'économie productive* » (Rapoport, 1995). Ce phénomène, mettant en lumière les fragilités institutionnelles des architectures politiques internes des pays, a été étudié par Tullock (1967) et Krueger (1974) et est à la base du concept de « *Rent Seeking* » appronfondi par la suite par Baghwati (1982) par le concept de « *Directly Unproductive Profit-Seeking* ». D'après ces concepts, les risques économiques liés à la rente cessent d'être le résultat d'un monopole naturel ou d'un jeu économique concurrentiel et basculent dans le jeu politique. Dès lors, le « *coussin* » économique que représente l'extraction et la transformation des ressources naturelles est une « *fausse sécurité* » car elle permet de retarder des décisions difficiles en matière de réformes socio-économiques (Kim, 2003).

Au lendemain de la transition économique des années 1990, les avantages comparatifs de la Russie sont étroitement liés à l'extraction et la transformation de ses ressources naturelles et plus précisément de ses réserves en hydrocarbures. Les revenus liés à cette rente contribue alors à concentrer l'activité productive sur le secteur de l'extraction et la transformation des ressources[6], à attirer une main d'œuvre plus ou moins

---

[5] « *The « voracity effect » is a more-than-proportional increase in discretionary redistribution in response to an increase in the raw rate of return in the efficient sector* » (Tornell et Lane, 1999, p. 34) (Trad. G. Achermann).

[6] La part des produits manufacturiers importés (produits chimiques, machines et matériel de transports, articles manufacturiers divers) est passée de 48,8% en 1992 à 78% en 2005 et à 80,9% en 2012 de la part des importations totales de la Russie quand les exportations

qualifiée à la recherche de salaires élevés[7], et à apprécier le rouble durablement[8]. Ce qui a pour conséquence d'exposer négativement les secteurs manufacturiers (non liés à la rente) à la concurrence internationale et d'augmenter le niveau des importations. Cette tendance au syndrome hollandais s'affirme avec les difficultés que rencontre l'Etat russe à redéfinir sa politique industrielle. Dès 2005, l'Etat, afin de restructurer et réorganiser l'industrie nationale, renationalise certains secteurs industriels (comme le secteur automobile ou l'aéronautique) et accélère la création des « *corporations d'Etat* » (« *goskorporatsii* ») regroupant les entreprises les plus importantes d'un même secteur industriel au sein de holdings publiques. Si ce soutien économique ciblé sur des secteurs-clés de l'industrie russe redonne un nouveau souffle à l'économie nationale, les résultats en matière de compétitivité internationale peinent à apparaître. Dès lors, l'enjeu est d'initier de nouvelles dynamiques de croissance dans l'ensemble des secteurs du système productif national. Pour cela, l'Etat russe injecte massivement des financements du budget fédéral et des budgets des sujets de la Fédération de Russie par le biais de programmes cibles au niveau fédéral et régional et de commandes (militaires) d'Etat dans des secteurs-clés prédéfinis.

---

de produits manufacturiers ont baissé de 26,1% en 1992 à 18,2% en 2005, et à 14,2% en 2012 (UNCTAD, 2013). Cependant, ce processus de désindustrialisation est selon Eckert (2012) en partie « *fictif* » : en gonflant jusqu'à des prix irréalistes la vente de produits industriels à une filiale, les marges des entreprises se retrouvent trop infimes pour être sanctionnées par l'Impôt. Ce que les statistiques publiques peinent à relever (Eckert, 2012).

[7] Par exemple dans le cas de la Russie, les rémunérations dans le secteur de l'extraction des ressources naturelles et plus particulièrement celui des hydrocarbures sont particulièrement attractives : « *un Russe sur trois souhaiterait travailler chez Gazprom et un sur quatre chez Rosneft* » selon un sondage réalisé par le centre WCIOM (2009) (Kastouéva-Jean, p.11).

[8] Un Fond de stabilisation est créé en 2004 et réorganisé en 2008 (création d'un Fond de réserve et d'une Fond de bien-être national et modification du Code budgétaire) pour stabiliser la structure monétaire de l'économie russe en cas de chocs systémiques liés à la volatilité des prix du baril de pétrole ou aux crises financières internationales.

2. La politique d'innovation ou profiter des atouts de la rente pour se diversifier

2.1. L'innovation pour sortir de l'économie de rente

A l'échelle micro-économique, dans une perspective évolutionniste, les agents économiques, dotés d'une « *rationalité limitée* » (Simon, 1957), évoluent dans un environnement complexe, qu'il leur est difficile d'appréhender. Dès lors, leur évolution dépend de leurs capacités à s'adapter à leur environnement qui se caractérise par un aspect dynamique. En s'appropriant des compétences propres, les agents économiques développent des « *routines* » qui s'accumulent pour créer un répertoire de compétences. A l'échelle de la firme, cette « *mémoire* » est inscrite dans les « *gènes* » des structures productives. Dès lors, l'adaptation des firmes dépend étroitement des routines forgées par les trajectoires évolutives passées. Dans l'objectif de se maintenir sur un marché, les firmes doivent produire, mais surtout apprendre à intégrer les connaissances qu'elles peuvent acquérir au sein comme à l'extérieur de leurs structures. Ces dynamiques d'apprentissage constituent le terreau des activités d'innovation. En effet, celles-ci sont étroitement liées à la formation d'un « *capital-savoir* » englobant autant les connaissances réunies par la firme que leur transformation et leur exploitation dans un processus de création de valeur (Laperche, 2007). Dans le cas où les dynamiques d'apprentissage ne sont pas initiées de façon affirmée et systématique par la firme, la vulnérabilité économique de celle-ci s'accroît, surtout si l'environnement économique est fortement concurrentiel. La rente permet à la firme d'atténuer les chocs systémiques mais ne les supprime pas. En effet, la rente possède un caractère temporel, et ne demeure en aucun cas acquise indéfiniment par la firme évoluant dans une économie de marché. Les travaux menés par Schumpeter (1935) ont montré que les dynamiques de rentes opérées par les firmes ne peuvent former un « *abri* » solide et résistant face à l'« *ouragan perpétuel de destruction créatrice* » qui anime l'économie. Dès lors, les firmes, pour survivre, n'ont que le choix de renforcer constamment leur capital-savoir. Les dynamiques endogènes d'apprentissage et d'innovation deviennent alors la meilleure parade pour renouveler continuellement les rentes acquises au cours du temps mais aussi conquérir de nouveaux marchés. En effet, l'innovation renforce la compétitivité des firmes et demeure « *le moyen le plus sûr pour reconstituer, transformer et étendre les marchés* » (Uzunidis, 2003, p. 61).

A l'échelle macro-économique, la compétitivité économique des pays est étroitement liée à la performance de leur système productif national. Dans l'objectif de remédier aux fragilités structurelles économiques des Etats possédant une économie de rente, les dynamiques de croissance et de diversification qu'offrent les activités économiques innovantes sont « *séduisantes* ». Le système national d'innovation est un concept pouvant se définir comme l'ensemble d'institutions privées et publiques, qui par leurs interactions (flux informationnels, financiers et de personnes), contribuent à favoriser l'intégration de dynamiques d'innovation dans les circuits économiques nationaux (Laperche et Uzunidis, 2007). Ainsi, la compétitivité et la diversification du système productif national sont étroitement liées à la performance du système national d'innovation. Un pays possédant une économie de rente en quête de modèle économique relevant d'une économie de la connaissance et de l'innovation est dès lors fortement encouragé à réorganiser son système national d'innovation. Ainsi, tout l'enjeu est de renforcer la coopération entre acteurs du processus d'innovation dans l'utilisation de ressources partagées (réseau de compétences, flux financiers et d'information, technologie, etc.). En initiant une politique d'innovation, l'Etat s'offre un levier d'action qui, une fois les priorités sectorielles définies, peut cibler une pluralité de secteurs-clés de l'économie nationale pour y favoriser des dynamiques intersectorielles d'apprentissage et d'innovation qui font tant défaut dans une économie de rente.

La transition d'une économie de rente vers une économie de la connaissance et de l'innovation soulève la question des institutions. En effet, la stabilité d'un cadre institutionnel est cruciale pour encourager les firmes à initier des trajectoires innovantes. Cette stabilité institutionnelle s'acquiert dans le temps par un processus de « *tâtonnements* » des acteurs économiques en vue d'un arrangement institutionnel pour minimiser les coûts de transaction (Davis et North, 1971 ; Williamson, 1979). Pour North (1990), les institutions sont des « *contraintes inventées par les hommes qui s'imposent à leurs interactions* » (North, 1990, in Amable, 2005, p. 49). Il distingue les contraintes formelles (englobant les textes de lois, les règlements, etc.) des contraintes informelles (regroupant les normes, les pratiques non écrites, tels que certaines coutumes ou traditions, etc.). Les premières peuvent être modifiées délibérément par les acteurs en présence alors que les secondes évoluent de façon plus complexe intégrant des dynamiques de dépendance de sentier (David, 1985) et ne permettent pas aux acteurs d'avoir une emprise certaine sur leur évolution. Pour Ménard (2003), les institutions se définissent comme « *un ensemble de règles durables, stables, abstraites et impersonnelles, cristallisées dans des lois, des traditions ou des coutumes, et encastrées dans des dispositifs qui implantent et mettent en œuvre, par le consentement et/ou la contrainte, des modes d'organisation des transactions* » (p. 106). Si la stabilité des institutions est structurante pour l'économie, c'est surtout l'équilibre dynamique institutionnel généré entre les multiples acteurs du système productif national qui est primordial. Si les firmes innovantes sont particulièrement sensibles à cet aspect, c'est que la stabilité de l'architecture institutionnelle d'une économie de marché leur offre théoriquement de nombreux avantages, tels la liberté d'entreprendre, la protection de la concurrence des marchés, de la propriété intellectuelle, etc. ou d'un cadre juridique et fiscal favorable aux dynamiques d'innovation. Pourtant, ce n'est pas tant l'existence que la capacité de cette architecture institutionnelle d'être à l'origine d'un milieu institutionnel local particulièrement attractif pour les firmes innovantes qui est recherché. Dès lors, l'Etat s'efforce de créer de nouvelles formes de proximité (spatiales, organisationnelles et cognitives) entre les acteurs du processus d'innovation pour augmenter leurs interactions multiscalaires et intersectorielles.

2.2. La politique d'innovation russe ou la volonté d'une diversification de son système productif national

Avec pour objectif de moderniser la structure productive nationale, le gouvernement ne peut se passer d'un « *réservoir* » de connaissances dans lequel les firmes sont amenées à puiser pour initier, encadrer et accélérer leur évolution : l'accumulation de connaissances générée par le système national d'innovation. Les universités et instituts de recherche sont dès lors des acteurs incontournables dans le renforcement de ce système. Cette troisième hélice (après l'Etat et l'industrie) du modèle de Leydesdorff et Etzkowitz (1998), avait été fortement mise à contribution dans le système économique centralement planifié pour former une solide base d'accumulation des connaissances. Après la période de transition économique (1991-1993), la majeure partie des structures productives post-soviétiques (universités, instituts, entreprises, etc.) se sont confrontées à de nouveaux mécanismes de coordination relevant du marché. De ce fait, le nouveau paramètre de compétitivité à intégrer par les firmes mais aussi les universités et les instituts de recherche était étroitement lié à la marchéisation de leur structure. Les prix élevés des hydrocarbures ont eu pour conséquence de concentrer les ressources productives sur le secteur de l'extraction des ressources naturelles. Par ailleurs, malgré une volonté affirmée des politiques pour initier des dynamiques d'innovation, la concentration de ressources (scientifiques, techniques, financières, etc.) sur un secteur unique n'est plus suffisant pour être compétitif sur le long-terme. En effet, les travaux théoriques évolutionnistes sur le processus d'innovation montrent que les trajectoires innovantes des firmes s'appuient sur un maillage dense d'interactions intersectorielles produisant une grande diversité de flux humains, matériels, informationnels, scientifiques, techniques et financiers. Dès lors, l'objectif de la politique d'innovation du gouvernement est de diversifier pour sortir de l'économie de rente et pour renforcer la performance du système national d'innovation.

La dépendance croissante de l'économie russe du secteur des hydrocarbures et les caractéristiques visibles d'un syndrome hollandais depuis le début des années 2000 ont conforté le gouvernement russe dans l'impérativité d'initier une nouvelle politique de développement économique. Déjà, dans la « *Conception de la politique d'innovation de la*

Fédération de Russie sur la période 1998-2000 »[9], l'innovation et les politiques de développement qui s'y rattachent étaient présentées comme la solution à la crise économique et sociale que traversait la Russie. Le document soulignait l'importance de mettre en œuvre les mesures juridiques, les infrastructures institutionnelles relatives au processus d'innovation mais aussi des mécanismes financiers (soutien étatique pour des projets liés à la sécurité nationale, organisation de concours semi-publics pour des entreprises innovantes, etc.) pour initier des dynamiques d'innovation. Dans les années 2000, l'arrivée de V. Poutine au pouvoir ne réorienta pas les grandes lignes tracées par ce document mais réaffirma l'importance d'initier des mécanismes institutionnels favorisant l'émergence d'innovations. En effet, dans les « *Fondements de la politique russe dans le domaine du développement de la science et des technologies sur la période 2002-2010 et dans une perspective de long terme* »[10], la formation d'un système national d'innovation est l'objectif principal de la politique économique de l'Etat. En ce sens, selon ce document, il est nécessaire d'améliorer les interactions entre les institutions liées au processus d'innovation, d'initier la création et le développement d'infrastructures favorisant l'innovation (centres technologiques, technoparcs, incubateurs, etc.) et de définir des priorités sectorielles nationales. Dans la continuité des secteurs-clés de la période soviétique, l'Etat décrète que ces dernières sont[11]: les technologies de l'information et des télécommunications et l'électronique, les technologies aéronautiques et aérospatiales, les nouveaux matériaux et les technologies chimiques, les technologies militaires, les technologies productives, les technologies des systèmes vivants, l'écologie et l'utilisation modérée des ressources naturelles, les technologies de la préservation énergétique[12]. Cet éventail de priorités sectorielles doit pouvoir réorganiser (institutionnellement) et diversifier (économiquement) l'économie russe présentant les caractéristiques d'un syndrome hollandais.

Parallèlement à cet engouement politique pour initier de nouvelles dynamiques de croissance dans l'économie russe, le gouvernement s'est

---

9 Décret du 24 juillet 1998 (№832), *http://www.zakonprost.ru/content/base/part/169058*

10 Approuvé par le président de la Fédération de Russie le 30 mars 2002 (№ПР-576), *http://archive.kremlin.ru/text/docs/2002/03/30293.shtml*

11 Décret présidentiel du 30 mars 2002 (№ПР-577) « sur les priorités de développement de la science, de la technologie et de la technique de la Fédération de Russie » *http://archive.kremlin.ru/text/docs/2002/03/30294.shtml*

12 Ces priorités ont été mises à jour par Vladimir Poutine en 2006 (Décret du 21 mai 2006, №ПР-843) et par Dimitri Medvedev en 2011 (Décret du 7 juillet 2011, №899). Ce dernier approuve huit priorités : la sécurité et la lutte contre le terrorisme, l'industrie des nano-systèmes, les systèmes de l'information et de la télécommunication, les sciences de la vie, la défense militaire et ses techniques spéciales, l'utilisation modérée des ressources naturelles, les systèmes de transports et de l'espace (cosmos), la performance et la préservation énergétique ainsi que l'énergie nucléaire. Par ailleurs, ces priorités sont accompagnées d'une liste de technologies critiques permettant de préciser un cadre de recherche et de développement, *http://www.garant.ru/hotlaw/federal/335057/*

efforcé dès le début de la transition économique de repenser le rôle des universités dans l'évolution du système productif national et le renforcement du système national d'innovation. Cependant, ce n'est que dans les années 2000 avec le retour progressif de l'activité étatique dans la structure de l'économie nationale que de réelles mesures de soutien économique sont lancées pour développer la sphère de l'enseignement supérieur. Aux crises que traverse l'enseignement scolaire et universitaire en matière de financements et aux difficultés liées aux faiblesses de sa base juridico-légal, le gouvernement initie un « *Programme fédéral pour le développement de l'enseignement sur la période 2000-2005* »[13], suivi par la rédaction d'une « *Conception pour la modernisation de l'Enseignement russe sur la période 2002-2010* »[14]. Viendra ensuite, en 2006, un « *Programme-cible fédéral pour le développement de l'Enseignement sur la période 2006-2010* »[15] qui fait état d'une stratégie de développement suivie (à l'aide d'indicateurs) pour 165 établissements de l'Enseignement supérieur soutenue par des financements croissants du budget fédéral et régional. En 2011, la « *Conception pour les programmes-cibles fédéraux du développement de l'Enseignement sur la période 2011-2015* »[16] souligne le lien étroit entre l'innovation et la mise en œuvre de programmes-cibles. Par ailleurs, parallèlement à ce soutien financier massif, des subsides ciblés sont répartis sur des universités à fort potentiel d'attractivité international ou répondant aux besoins de secteurs de pointe pouvant satisfaire la demande des marchés internationaux (Kastouéva-Jean, 2013).

2.3. Résultats, limites et perspectives

Dans les années 1950, les effets de blocages centre-périphérie mis en avant par l'économiste argentin Raùl Prebisch dans ses travaux avec la CEPALC (Commission économique pour l'Amérique latine et les Caraïbes, anciennement CEPAL) n'ont pas pris en compte les processus d'appropriation de la technologie par les pays du Sud. Dans les années 1980, la complexité croissante du progrès technique a contribué à se réinterroger sur l'intégration verticale de la technologie dans l'économie. Les travaux des économistes évolutionnistes sur l'innovation (Rosenberg, 1982 ; Freeman, 1988) et les travaux théoriques sur la croissance endogène (Romer, 1986 ; Lucas, 1988) ont mis en lumière le processus de recherche et d'apprentissage qui accompagne la technologie. En effet, la technologie est le « *résultat d'un processus d'apprentissage engagé avec l'environnement* » (Quéré,

13 Approuvé par la loi fédérale du 10 avril 2000 (№51-ФЗ), *http://base.garant.ru/181929/*

14 Décret du 29 décembre 2001 (№1756-р) : *http://archive.kremlin.ru/text/docs/2002/04/57884.shtml*

15 Décret du 23 décembre 2005 (№803), *http://base.garant.ru/189041/*

16 Décret du 7 février 2011 (№ 163-р), *http://www.garant.ru/products/ipo/prime/doc/55070647/*

1995, p.102) et « *doit être pensée à la fois comme un ensemble d'actifs physiques et comme un cadre cognitif qui permet l'accès aux connaissances dans une technique* » (Storper, 1996, p. 238). Dans cette optique, la technologie est fortement « *encastrée* » dans un système technique et scientifique qui évolue selon le mode d'organisation économique des pays. La transition économique des années 1990 dans les pays de l'ex-bloc socialiste d'Europe de l'Est a ainsi eu un impact non négligeable sur les dynamiques évolutives de la technologie « *socialiste* ».

Depuis la transition économique des années 1990, l'économie russe possède de nombreux attributs d'une économie de rente. D'ailleurs les faiblesses du système productif national sont ouvertement mentionnées par les leaders politiques russes. V. Poutine déclarait ainsi en 2008 : « *Malgré les quelques succès limités de ces dernières années, nous n'arrivons pas aujourd'hui à sortir d'un modèle de développement paralysant. Naturellement, il n'y a rien de mal à développer les énergies ou à augmenter l'extraction de matières premières. Bien au contraire, la formation d'un secteur énergétique moderne et le meilleur du monde fait partie de nos priorités absolues. Or, bien que la conjoncture économique actuelle nous soit favorable, nous menons, pour l'instant, une modernisation économique très fragmentée. Inévitablement, cela rend la Russie de plus en plus dépendante de l'importation de produits et de technologies, et la renforce dans son rôle annexe de fournisseur de ressources naturelles pour l'économie mondiale. Cela peut, ultérieurement, nous laisser loin derrière les pays meneurs de l'économie mondiale, nous faire perdre notre place parmi les leaders économiques de la planète* »[17]. Si de multiples initiatives du gouvernement pour enrayer cette dynamique sont prises, telles que l'augmentation de financements ciblés sur divers secteurs-clés de l'économie, l'intégration de nouveaux mécanismes incitatifs pour soutenir le processus d'innovation, ou l'amélioration du fonctionnement des institutions relatives aux acteurs du processus d'innovation, les résultats demeurent toutefois limités.

La Russie a hérité d'un système scientifique et technique diversifié lui octroyant une base d'accumulation de connaissances particulièrement riche pour réorienter vers le civil son système productif national à tendance militaire. Pourtant, depuis plus d'une vingtaine d'années, excepté les firmes russes transnationales exportant des ressources naturelles ou de l'armement, la majorité des firmes du système productif national peinent

---

[17] En russe : « *Несмотря на отдельные успехи последних лет, нам пока не удалось уйти от инерционного энергосырьевого сценария развития. Естественно, ничего плохого ни в подъёме энергетики, ни в росте добычи сырья нет. Напротив, формирование современного, лучшего в мире энергетического сектора, создание высокотехнологичных предприятий, добывающих и перерабатывающих сырьё, входят в число наших безусловных приоритетов. Однако и сейчас на фоне благоприятной для нас экономической конъюнктуры мы пока лишь фрагментарно занимаемся модернизацией экономики. И это неизбежно ведёт к росту зависимости России от импорта товаров и технологий, к закреплению за нами роли сырьевого придатка мировой экономики, а в дальнейшем может повлечь за собой отставание от ведущих экономик мира, вытеснение нашей страны из числа мировых лидеров* », Trad. G. Achermann, *http://archive.kremlin.ru/text/appears/2008/02/159528.shtml*

à devenir compétitives à l'international. En effet, leur compétitivité est étroitement liée à leurs capacités à innover. Dans une perspective évolutionniste, les firmes innovantes sont extrêmement sensibles à l'architecture institutionnelle de leur milieu. Dès lors, tout l'enjeu de la gouvernance de l'innovation par les pouvoirs publics est d'initier de nouvelles dynamiques de proximités (spatiales, organisationnelles et cognitives) avec l'ensemble des acteurs du processus d'innovation (tels que les firmes de la même branche industrielle, mais aussi les universités, les centres de recherche, etc.) pour favoriser les interactions croisées. Cette tâche est loin de s'avérer facile en Russie. En effet, certaines pratiques institutionnelles demeurent profondément enracinées. C'est en ce sens que la « *Conception du développement socio-économique de long terme de la Fédération de Russie sur la période 2008-2020* » dénonce un « *nihilisme juridique* »[18] qui s'est immiscé dans les pratiques des citoyens russes. Par ailleurs, pour Mendras (2008), ce phénomène est un choix délibéré de la part des populations de Russie[19]. Pour endiguer ce processus, l'Etat doit pouvoir se doter d'un système judiciaire performant pouvant répondre aux conflits possibles entre citoyens mais aussi entre firmes. Pour ces dernières, la décision d'initier des dynamiques d'innovation est étroitement liée à l'assurance de pouvoir profiter d'une architecture institutionnelle qui leur permettra de se développer et d'augmenter leur compétitivité. A ce jour, le système judiciaire russe est étroitement lié à la sphère du politique, dès lors les firmes ne peuvent innover de manière à devenir compétitives internationalement sans tisser des liens étroits avec les acteurs politiques locaux. En ce sens, le premier rôle de l'Etat est de redessiner les relations

[18] Selon la « *Conception du développement socio-économique de long terme de la Fédération de Russie sur la période 2008-2020* », « *en Russie, un fossé significatif s'est creusé entre les normes formelles (les lois) et les normes informelles (le comportement réel des sujets économiques), qui se traduit par le faible degré de respect de la législation et par la tolérance de ce non-respect de la part des organes étatiques, du monde des affaires et de larges couches de la population, c'est à dire par un nihilisme juridique. Cette situation complexifie significativement la formation de nouvelles institutions, englobant de fait, celles indispensables au développement d'une économie de l'innovation* », en russe « *В России образовался существенный разрыв между формальными нормами (законами) и неформальными нормами (реальным поведением экономических субъектов), что выражается в низком уровне исполнения законодательства и терпимом отношении к такому неисполнению со стороны власти, бизнеса и широких слоев населения, то есть в правовом нигилизме. Такая ситуация значительно осложняет формирование новых институтов, в том числе необходимых для развития инновационной экономики* » (Conception, p. 88). (Trad. G. Achermann), *http://www.ifap.ru/ofdocs/rus/rus006.pdf*

[19] « *Le règne du flou et de l'interprétation ne résulte pas d'une dérive mais bien d'une préférence. Et cette préférence est bon gré mal gré partagée par la population autant que par les élites. Car même si les administrés méprisent leurs gouvernants et ne se sentent pas protégés par le droit, peut-être justement à cause de cette méfiance innée, ils ont aussi une préférence pour le flou. Une décision peut être révisée ou simplement non appliquée : « On peut s'entendre. » L'impression que la porte reste entrebâillée et que l'on peut se faufiler, renégocier, retarder, oublier une obligation, domine les relations entre personnes et entre institutions ou entreprises. Et les uns et les autres y trouvent une forme de confort incompréhensible pour un citoyen suédois ou suisse* » (Mendras, 2008, p. 168).

entre le pouvoir fédéral et les pouvoirs locaux pour stabiliser l'architecture des dynamiques institutionnelles locales.

Dans une perspective de long-terme, si la Russie espère à l'instar de l'URSS se forger une place de puissance économique mais aussi scientifique incontournable sur la scène internationale, il lui est nécessaire d'épauler ses exportations croissantes de ressources naturelles par une diversification de son système productif national. En effet, si la rente des hydrocarbures lui assure un pouvoir politique et économique régional de fait, la Russie reste fragilisée par les effets d'un syndrome hollandais. Une fois cette rente réinvestie dans la structure du système productif national, l'Etat russe doit se prémunir des effets de « *rent seeking* » de la part de ses élites politiques. Pour cela, celui-ci peut privilégier un modèle de fécondation de l'innovation : par le milieu (territorial et sectoriel), auquel cas, les efforts se concentrent sur une redéfinition des interactions institutionnelles entre acteurs du processus d'innovation ; ou par une augmentation des flux d'investissements directs à destination d'acteurs territoriaux dans des secteurs prédéfinis, auquel cas, les efforts se concentrent sur la restructuration de secteurs industriels-clés. Ce dernier modèle, trouvant un écho dans l'héritage scientifique et technique soviétique, semble rejoindre les décisions politiques et économiques du gouvernement actuel. Cependant, le défi n'en est pas pour autant diminué. En effet, les dynamiques d'innovation traduisent un processus complexe qui nécessite une bonne adéquation institutionnelle multiscalaire, mais aussi une bonne capacité d'adaptation dans le temps de l'ensemble des acteurs du système productif national face aux crises systémiques. En ce sens, bien que l'impérativité de réformes ciblées ait des avantages certains pour concentrer les ressources du pays sur des objectifs précis, celle-ci ne demeure pas toujours la méthode la mieux adaptée pour renforcer les dynamiques systémiques de l'appareil productif national. En effet, des mesures d'incitations adaptées aux dynamiques locales soutenues par une planification indicative nationale sont souvent plus à même de répondre aux transformations des territoires (Thoris, 1997).

L'économie de rente se caractérise par l'accroissement soutenu d'un secteur industriel dans l'activité économique au détriment des autres. Pour résorber le déséquilibre sectoriel, il est nécessaire d'initier un redéploiement de la rente sur les autres secteurs de l'économie. Cependant, cette diversification ne se fait pas toujours sans entrave. En effet, la compétitivité des secteurs industriels s'appuie sur les capacités des firmes à initier des dynamiques d'innovation. Le processus d'innovation étant complexe, une multitude d'acteurs (firmes, Etat, universités, instituts de recherche etc.) y est intégrée plus ou moins directement et forme des systèmes (sectoriaux et territoriaux) d'innovation. En relevant le défi de la diversification, l'Etat se présente comme l'acteur moteur de cette transition. La politique de l'innovation s'avère dès lors un levier d'action particulièrement attrayant pour les pays possédant une économie de rente et qui cherchent à rediriger leur système productif sur les chemins d'une économie de la connaissance et de l'innovation.

La Russie, pour endiguer le syndrome hollandais qui touche le pays, s'efforce de promouvoir une politique de l'innovation pour diversifier son économie. Si l'enjeu semble impératif, c'est que la Russie a hérité d'une base d'accumulation industrielle non négligeable qu'il s'agit de moderniser pour éviter son délitement progressif. Par ailleurs, c'est sur ce « *réservoir* » de connaissances qu'elle peut compter pour permettre aux firmes d'initier des dynamiques d'innovation. Cependant, la structure institutionnelle de la « *nouvelle économie de marché* » russe présente des dynamiques d'instabilité qui se révèlent souvent contre-productives pour augmenter la performance du système national d'innovation. Dès lors, la sortie de l'économie de rente de la Russie ne pourra se réaliser sans une amélioration du climat institutionnel des acteurs du processus d'innovation.

BIBLIOGRAPHIE

AMABLE, B., 2005, *Les cinq capitalismes, Diversité des systèmes économiques et sociaux dans la mondialisation*, Seuil, Paris.

AUTY, R-M., 1990, *Resource-Based Industrialization: Sowing the Oil in Eight Developing Countries*, Oxford University Press, New York.

BOUTILLIER, S., UZUNIDIS, D., 2008, « De la planification au marché. Trajectoires croisées du capitalisme industriel et du socialisme soviétique », in *L'économie russe depuis 1990*, sous la direction de BoutillierS., Peaucelle I. et Uzunidis D, 2008, Ouvertures économiques, De Boeck, pp. 28-46.

BRUNNSCHWEILER, C-N., ERWIN, H-B., 2008, « The resource curse revisited and revised: A tale of paradoxes and red herrings », in *Journal of Environmental Economics and Management*, n°55 (3), pp. 248-264.

CORDEN, W., NEARY, J., 1982, « Booming Sector and De-Industrialisation in a Small Open Economy », in *Economic Journal*, n°92 (December), p. 825-848.

DAVID, P., 1985, « Clio and the Economics of QWERTY », *The American Economic Review*, Vol.75, n°2, Papers and Proceedings of the Ninety-Seventh Annual Meeting of the American Economic Association, May, pp. 332-337.

DAVIS, L-E., NORTH, D-C., 1971, *Institutional Change and American Economic Growth*, Cambridge University Press, Cambridge (UK).

DURAND, C., PETROVSKI, M., 2008, « Un développementalisme russe? », in *Autrepart*, n° 48, pp. 25-43.

ECKERT, D., 2012, *Le monde russe*, 3ème edition, ed. Hachette supérieur, Paris.

FREEMAN, C., 1988, « Japan: a new national system of innovation? » in

DOSI G., FREEMAN C. NELSON R.R., SILVERBERG G., and SOETE L., 1988, *Technical Change and Economic Theory*, Pinter Publishers, London.
HAUSMANN, R., RIGOBON, R., 2003, « An Alternative Interpretation of the « Resource Curse » : Theory and Policy Implications », NBER, Working Paper n°9424, in *http://www.nber.org/papers/w9424*
(VON) HIRSCHHAUSEN, C., 1996, *Du combinat socialiste à l'entreprise capitaliste, Une analyse des réformes industrielles en Europe de l'Est*, L'Harmattan, Collection « Pays de l'Est ».
KASTOUEVA-JEAN, T., 2013, *Les universités russes sont-elles compétitives?* Sous la direction de Kastouéva-Jean, Ifri, CNRS éditions, Paris.
KIM, Y., 2003, *The Resource Curse in a Post-Communist Regime: Russia in Comparative Perspective*, Ashgate Publishing Limited, Londres.
KORNAI, J., 1996, *Le système socialiste, L'économie politique du communisme*, Presses Universitaires de Grenoble
KRUEGER, A., 1974, « The political economy of the rent-seeking society », in *American Economic Review*, n°64, pp. 291-303.
LAPERCHE, B., 2007, « Knowledge capital and innovation in multinational corporations », in *Journal of Technology and Globalization*, n°3 (1), pp. 24-41.
LAPERCHE, B., UZUNIDIS, D., 2007, « Le Système national d'innovation russe en restructuration », *Innovations*, 2, n° 26, pp. 69-94.
LEYDESDORFF, L., ETZKOWITZ, H., 1998, « The Triple Helix as a Model for Innovation Studies », Conference Report, in *Science and Public Policy*, Vol. 25, n°3, pp. 195-203.
LUCAS, R., 1988, « On the mechanics of economic development », in *Journal of Monetary*, Economics, n°22, pp. 3-42.
MARX K., 1867, *Le Capital*, livre 1, édition de 1963, établie et annotée par Rubel M (Œuvres, Economie I, Paris, Gallimard), folio essais, Paris.
MENARD, C., 2003, « L'approche néo-institutionnelle : des concepts, une méthode, des résultats », Cahiers d'économie Politique/Papers in *Political Economy*, 1, n°44, pp. 103-118.
MENDRAS, M., 2008, *Russie l'envers du pouvoir*, Odile Jacob, Paris.
MORVAN, Y., 1991, *Fondements d'économie industrielle*, 2ème édition, Economica, Paris.
NORTH, D-C., 1990, *Institutions, Institutional Change, and Economic Performance*, Cambridge University Press, Cambridge.
QUERE, M., 1995, Systèmes d'innovation et dynamique des territoires, in Savy M. et Veltz P., 1995, *Economie globale et réinvention du local*, datar/éd. De l'Aube, Chap.8, pp. 97-106.
RAPOPORT, H., 1995, Recherche de rente, politique commerciale et développement, in: *Revue française d'économie*, Vol. 10, N°2, pp.147-185.
RICARDO, D., 1821, *Des principes de l'économie politique et de l'impôt*, Trad. SOUDAN, C., 1992, Collection GF-Flammarion, Paris.

ROMER, P-M., 1986, « Increasing Returns and Long-Run Growth », *Journal of Political Economy*, Vol. 94, N°5, pp.1002-1037.
ROSENBERG, N., 1982, *Inside the Black Box, Technology and Economics*, Cambridge University Press, Cambridge.
ROSSER, A., 2006, « Escaping the resource curse », in the *New Political Economy*, Vol. 11, N° 4, pp. 557-570
SACHS, J-D., WARNER, A-M., 1995, « Natural resource abundance and economic growth, National Bureau of Economic Research », *Working paper* N°5398, Cambridge, MA, *http://www.nber.org/papers/w5398*
SCHUMPETER, A-J., 1935, *Théorie de l'évolution économique, Recherches sur le profit, le crédit, l'intérêt et le cycle de la conjoncture*, édition de 1999, Dalloz, Paris.
SIMON, H., 1957, *Models of Man: Social and Rational*, J. Wiley et Sons, New York.
STORPER, M., 1996, Economie régionale évolutionniste, in *Dynamiques territoriales et mutations économiques*, sous la direction de Pecqueur B, 1996, Chap.11, pp. 227-244.
THORIS, G., 1997, *Analyse économique des systèmes*, Armand Colin, Paris.
TORNELL, A., Lane, P-R., 1999, « The Voracity Effect », *The American Economic Review*, n°89 (1), pp. 22-46.
TULLOCK, G., 1967, « The welfarecosts of tariffs, monopoly and theft », *Western Economic Journal*, n°5, (June), pp. 224-232.
UNCTAD, 2013, Manuel de Statistiques de la CNUCED 2013, Genève, United Nations, in *http://unctad.org/en/PublicationsLibrary/tdstat38_en.pdf*
UZUNIDIS, D., 2003, Emergence d'acteurs d'innovation locaux, in *L'innovation orchestrée, Risque et organisation*, sous la direction de LAPERCHE B, Collection Economie et Innovation, Innoval, l'Harmattan, pp. 61-74.
VERCELONNE, C., 2007, La nouvelle articulation salaire, profit, rente dans le capitalisme cognitif, *European Journal of Economic ans Social Systems*, Vol. 20, n°1, pp. 45-64.
WILLIAMSON, O-E., 1979, « Transaction-Cost Economics: The Governance of Contractual Relations », *Journal of Law and Economics*, Vol. 22, N°2, Oct. In *http://www.jstor.org/stable/725118*

DES POLES DE CROISSANCE VERS DES SYSTÈMES D'INNOVATION TERRITORIALISES DANS UNE « NOUVELLE » ÉCONOMIE DE MARCHE : LE CAS DE GDANSK (POLOGNE)

Maria LOREK
Docteure en sciences économiques,
Enseignante-chercheur
IRTES-RECITS, UTBM,
maria.lorek@utbm.fr

INTRODUCTION

La réinstauration de l'économie de marché dans les pays centralement planifiés marque un tournant important permettant le retour à l'autonomie locale. Cette dernière ne se traduit pas seulement par l'élargissement des compétences des autorités locales, mais elle englobe l'ensemble des transformations institutionnelles et organisationnelles qui contribue à la convergence des intérêts publics et privés. Ces transformations nous amènent sur la voie d'une « *nouvelle* » économie de marché en raison, de l'émergence de différentes formes de coopération et de systèmes de gestion basés sur l'action collective. Le nouvel intérêt pour les territoires industriels, qui ont fonctionné comme des pôles de croissance durant la période de l'économie centralement planifiée, est de réorienter leurs activités de base par le rôle intermédiaire de l'entrepreneuriat et des innovations afin de s'intégrer dans les nouvelles conditions économiques. Pour décrire les économies locales, qui ont réussi au cours de leur reconversion de faire émerger des acteurs ayant des capacités innovatrices nécessaires pour le renouveau du tissu productif, nous proposons une approche en termes de système d'innovation territorialisé. Ce dernier est défini comme un ensemble territorialisé dans lequel des relations entre les agents économiques se développent. Le développement est favorisé par la convergence des actions publiques et privées qui donnent lieu à des formes plus performantes de gestion collective et, par l'apprentissage permettant de passer des transactions multilatérales, génératrices d'externalités spécifiques à l'innovation.

La problématique de cet article repose sur les liens étroits entre la reconversion des économies locales à forte concentration industrielle et la libéralisation économique. La principale question à laquelle nous chercherons à répondre est : dans quelles conditions un pôle de croissance centralement planifié et administré peut-il se transformer en système d'innovation territorialisé, et tenir sa place dans la « *nouvelle* » économie de marché ? Pour répondre à cette question, nous nous appuyons sur la théorie évolutionniste de la firme (Nelson et Winter, 1982) et la théorie des coûts de transaction (Coase, 1937 ; Williamson, 1975).

La région de Gdansk (anciennement Dantzig), en Pologne, est révélatrice à ce sujet. Cette région incarne une économie basée sur l'attractivité du port dans l'objectif de construire une base industrielle nationale. Le phénomène paraît d'autant plus intéressant parce que les théoriciens relient l'accroissement de l'industrie motrice à la forte intervention de l'État (Perroux, 1955, 1961). La région de Gdansk joue toujours un rôle moteur pour l'économie polonaise en raison de son potentiel industriel, mais aussi en raison de son potentiel d'innovation lié à l'implantation récente des entreprises du secteur de haute technologie.

L'étude de la région de Gdansk sera fondée sur les données statistiques provenant principalement des rapports annuels de l'Office central de la statistique que nous désignerons par son acronyme polonais 'GUS', du répertoire national des entreprises REGON et de l'Institut d'économie de marché (fondé en 1989[20]). Pour compenser la carence de données statistiques officielles sur la région de Gdansk, nous travaillerons également sur la base d'enquêtes menées par le GUS sur des échantillons représentatifs d'entreprises ou, plus modestement d'études de cas. Pour décrire son potentiel d'innovation, nous mobiliserons quatre grandes séries des travaux réalisés par le GUS sur les *Activités d'innovation des entreprises*. L'analyse du potentiel d'innovation sera complétée par l'identification des actifs secondaires accumulés au sein du système productif de Gdansk.

1. Pôles de croissance et reconversion des territoires industriels dans une « *nouvelle* » économie de marché : une approche théorique

La théorie des pôles de croissance s'inscrit dans un contexte spécifique dans lequel l'organisation hiérarchique détermine les économies locales en les présentant comme des systèmes d'acteurs complexes, fortement hiérarchisés et structurés par des relations asymétriques de domination et de dépendance (Perroux, 1955, 1961, 1969). La libéralisation économique change cette systémique territoriale contribuant à l'émergence d'un système productif local qui dépend des capacités innovatrices des acteurs. Dans ce cadre, nous proposons une nouvelle approche en termes de système d'innovation territorialisé.

[20] L'institut fait de la recherche non gouvernementale indépendante.

1.1. Pôles de croissance selon l'approche de François Perroux

1.1.1. L'origine, la définition et le fonctionnement des pôles de croissance

Les fondements théoriques et les caractéristiques des pôles de croissance sont issus d'un cadre théorique ancien dont le précurseur est F. Perroux (1955). Selon celui-ci, la « *croissance n'apparaît pas partout à la fois, mais elle se manifeste sous forme des points ou pôles de croissance avec des intensités variables, elle se répand par divers canaux et avec des effets terminaux variables pour l'ensemble de l'économie* » (Perroux, 1961, p. 178). Les pôles de croissance ont une double fonction. D'une part, ils accumulent des surplus - « *du fait d'une dynamique propre ou par le prélèvement sur l'environnement* », d'autre part, ils forment des lieux d'impulsion économique - « *dans la mesure où ils utilisent ces surplus pour susciter des effets d'entraînement* » plus ou moins conséquent sur l'ensemble de l'économie (Morvan, 1991, p. 537). Ils sont fondés sur des grandes entreprises qui sont elles-mêmes des sous-ensembles dotés d'une hiérarchie et d'un décideur. Elles sont soumises aux processus de coordination spécifique en raison d'une forte implication de l'État.

Au sein de ces pôles, l'industrie, qui par « *son action propre et dans son intérêt propre est capable de modifier son environnement, c'est-à-dire des unités avec lesquelles elle est en relation : elle adapte son environnement à son programme au lieu d'adapter son programme à son environnement* », joue un rôle moteur (Perroux, 1973, p. 99). Son développement dépend « *des conditions du temps, du lieu et du réseau qui caractérisent le milieu de la propagation de leurs effets* » (Perroux, 1961, p. 271). Elle dispose des *pouvoirs asymétriques* à travers lesquels elle peut agir sur le reste de l'économie en générant les effets d'entraînement ou des effets de stoppage/de blocage. La théorie d'influence productive avancée par F. Perroux explique que les relations asymétriques produites par l'industrie motrice sont à l'origine des effets de domination (d'attraction) qui déterminent le développement des économies locales. Cette théorie aide à identifier les industries qui ont un sens fondamental pour une économie donnée. De ce fait, l'industrie motrice est présentée comme celle qui peut encourager le développement local ou conduire à la situation de blocage en fonction non seulement de la dimension ou de la productivité des entreprises, mais aussi de leur organisation (économies internes), et du le système relationnel et de la localisation (économies externes) (Morvan, 1991).

Les effets d'entraînement jouent un rôle fondamental dans la constitution de pôles de croissance. Ils permettent aux entreprises en amont (fourniture de matières premières, industries d'outillage et de biens d'équipement...), en aval (industrie de transformation, opérations de sous-traitance, industrie de biens d'usage) et à celles spécialisées dans les activités latérales (transport, crédit commerces, services et autres activités tertiaires) de tirer profit de la proximité de l'industrie motrice. Les effets d'apprentissage sont souvent présentés sous forme d'un triple effet externe : les flux d'échanges (achats et ventes), la diffusion de gains de productivité, l'innovation et de l'investissement attaché au poids de l'industrie motrice (Perroux, 1955 ; Boudeville, 1975). Les effets d'enchaînement, traités à travers la logique de filière, peuvent être présentés comme les conséquences d'une « *succession d'opérations de production formant des enchaînements techniques, un espace de relations (commerciales et financières), et un ensemble d'actions économiques qui président à la mise en valeur des moyens de production et qui assurent l'articulation des différentes opérations* » (Bellais, 1998). Les boucles d'interaction résultant des effets d'enchaînement/des effets de liaisons (linkages) renforcent les effets d'entraînement en contribuant à la hiérarchisation des activités économiques (la domination par les achats) et en assurant leur meilleure cohésion.

F. Perroux accorde une grande importance à la stratégie de la firme et à son milieu. Selon lui, « *tout cela revient à distinguer, dans l'écoulement du temps, les économies d'échelle (en un sens étroit) et les économies externes. Pour le dire autrement, les économies qui dépendent de la décision de la firme et les économies qui dépendent du milieu dans lequel elle opère… Mais, il est clair que ces deux sortes d'économies sont étroitement liées et qu'elles sont nécessairement considérées ensemble en dynamique* » (Perroux, 1982, p. 235). Les économies d'échelle sont liées à l'augmentation de taille et de capacité productive des unités de production qui diminuent les coûts unitaires afin d'obtenir un profit élevé. A. Marshall est le premier qui a mis en évidence que les économies d'échelle peuvent être non seulement internes (« *qui tiennent aux ressources des entreprises individuelles, à leur organisation et à l'excellence de leur direction* »), mais aussi externes à l'entreprise (« *tiennent au développement général de l'industrie* ») (Marshall, 1906, p. 459). Les économies externes sont issues de l'accélération du progrès technique, de la division du travail, de l'apparition de nouveaux services, du développement de plus grands assortiments de biens et de l'émergence d'un marché spécialisé (où les fournisseurs de biens et de services, et les clients travaillent dans le même secteur) (Marshall, 1906 [1890], p. 500). Les économies externes et les économies d'échelle constituent les biais par lesquels les unités motrices encouragent la croissance économique.

Le concept de l'industrie motrice de F. Perroux retrouve son prolongement dans les travaux de Gérard Destanne de Bernis (1966) qui introduit la notion de l'industrie industrialisante. Cette dernière est définie comme « *l'industrie ou le groupe d'industries, dont la fonction économique fondamentale, est d'entraîner dans son environnement localisé et daté un noircissement systémique ou une modification structurelle de la matrice interindustrielle et des transformations des fonctions de production grâce à la mise à disposition de l'entière économie d'ensemble de machines qui accroissent la productivité de l'un des facteurs et la productivité globale et, en tout cas, un accroissement de la maîtrise de l'homme sur sa production et son produit* » (op. cit., p. 217). G. Destanne de Bernis élargit l'apport théorique de F. Perroux en mettant l'accent sur la nature des échanges industriels et leur organisation territoriale. Son concept de l'industrie industrialisante repose sur le *noircissement systémique de la matrice input-output* correspondant aux effets d'entraînement amont (influence par les achats) et sur la « *mise à la disposition de l'ensemble de l'économie d'ensembles nouveaux de machines* » correspondant aux effets d'entraînement aval (influence par les ventes, substitution d'un capital d'origine nationale à un capital importé) (Destanne de Bernis, 1966, p. 217). Le rapprochement avec le principe de « *noircissement de la matrice des échanges interindustriels* » explique le développement subséquent de l'industrie et la modification des fonctions de production des branches géographiquement proches.

1.1.2. La constitution des complexes industrialo-portuaires et leur crise

Les complexes industrialo-portuaires, qui sont issus des mutations majeures opérées sous la tutelle de l'État après la Seconde Guerre mondiale, répondent à la problématique des pôles de croissance en raison de la présence d'une industrie-clé/industrie-motrice susceptible d'engendrer les effets d'entraînement, d'un régime non concurrentiel favorisant les effets d'enchaînement/de liaison entre les activités portuaires et industrielles et d'une agglomération constituée autour de l'industrie motrice. Sur les littoraux maritimes, les industries motrices ont pu profiter de coûts moindres pour l'importation des matières premières et l'exportation des produits finis grâce à la proximité du port et aux larges espaces mis à leur disposition (ex. usine d'automobiles). Les territoires portuaires ont constitué des lieux d'intervention publique privilégiés.

Dans les pays centralement planifiés et administrés, les pôles de croissance se sont développés sous la main visible de l'administrateur du plan. L'organisation hiérarchique et le tableau d'échanges interindustriels ont constitué des outils administratifs opérationnels qui ont assuré l'approvisionnement en ressources et la distribution des biens finis (Pourdany, 1958). Les effets d'entraînement ne se développaient que dans le cadre du plan. Ce dernier a contrôlé la production provisionnelle (à long terme) et la gestion des entreprises (à court terme). La configuration spécifique des territoires portuaires (la forte concentration de l'industrie motrice et des secteurs spécialisés dans les biens intermédiaires, le port, etc.) déterminait la capacité d'entraînement des industries motrices. La forte intervention de l'État favorisait l'émergence des formes d'accumulation et de distribution particulières qui ont fonctionné selon une logique d'optimisation des processus économiques (Nove, 1981, p. 42).

Les différentes approches qui traitent du développement des complexes industrialo-portuaires présentent des divergences en termes d'efficacité et de performance. D'une part, l'installation de l'industrie lourde au bord de la mer a été présentée comme une source d'avantages économiques. D'autre part, ce choix a été critiqué en raison d'exigences fortes concernant le changement des fonctions portuaires d'origine. Les liaisons structurant les complexes industrialo-portuaires ont été déterminées par les attitudes liées aux capacités des acteurs à consommer, à épargner et à investir.

Partant du principe que les caractéristiques organisationnelles influencent fortement la production, les complexes industrialo-portuaires peuvent être identifiés (dissociés) en fonction de leur mode d'organisation de la production, plus précisément, des relations contractuelles les structurant (Coase, 1937, Williamson, 1975). Selon la théorie des coûts de transaction, la forme organisationnelle recommandée pour mener une transaction doit minimiser la somme des coûts de production et de transaction (coûts de planification et de pilotage des tâches). Ces derniers sont définis comme « *l'ensemble des coûts spécifiques liés à la gestion de face à face entre deux agents économiques* » (Williamson, 1986, p.48). Après la Seconde Guerre mondiale, l'action de l'État a largement contribué à diminuer les coûts générés grâce à l'internalisation des activités dans les pays centralement planifiés. La croissance des complexes industrialo-portuaires a été assurée, en interne, par la fusion des fonctions industrielles et portuaires des industries motrices et en externe par des conditions d'organisation et de fonctionnement du système économique international.

Dans les pays centralement planifiés, les complexes industrialo-portuaires se sont développés dans des conditions spécifiques où l'organisation hiérarchique et la planification impérative ont réduit les organes régionaux et locaux à un statut subordonné. Chaque organisme local a été, à la fois, une partie intégrante d'une autorité locale et une partie représentative du gouvernement central dans cette zone géographique (Nove, 1981). L'absence d'organes administratifs au niveau local autonome a conduit à la « *surcentralisation* » de l'économie (Kornaï, 1984). Les actions locales ont été déterminées par l'action de l'État au point que la région n'avait ni le pouvoir de gestion, ni le pouvoir décisionnel en matière budgétaire. La réalisation des ordres imposés par un centre éloigné n'a pas encouragé l'initiative locale. Les exigences des autorités centrales ont été souvent une source d'incohérence, car les entreprises locales ont déformé intentionnellement les informations sur leur production pour avoir la quantité d'inputs nécessaire à leur nécessaire à leur production.

La rigidité administrative du système de gestion des pôles industrialo-portuaires, qui a assuré leur fonctionnement, n'a pas diminué les coûts générés par les industries lourdes. Ces dernières se sont progressivement retrouvées en difficultés (fermeture d'unités industrielles, licenciements massifs) en raison des fonds propres insuffisants, de l'endettement excessif des pays, de l'équipement souvent obsolète, de l'activité structurellement déficitaire et mal orientée. De plus, la pénurie d'approvisionnement, les retards dans la communication des plans, les changements apportés dans le plan en cours ont été des contraintes fortes pour les entreprises. De nombreux secteurs de l'économie ont rapidement été touchés par des phénomènes de pénurie. Les industries lourdes ont été les premières concernées en raison de leurs importants besoins en ressources et en énergie. Les nouvelles exigences du côté des fonctions portuaires et la pression de la concurrence ont révélé la nécessité d'une plus grande diversification des activités industrielles et d'une amélioration des liaisons entre les fonctions portuaire et industrielle. La crise, qui a touché les économies centralement planifiées, a été de nature différente de celle qui a touché les économies de marché. Selon J. Kornaï, cette crise « *ne découle pas simplement de l'erreur humaine, celle des dirigeants ou des planificateurs, mais elle résulte du mécanisme économique et du cadre institutionnel* » (1984, p. 6). Dans le même sens, W. Andreff (2007) relève le manque chronique d'efficacité économique du système centralement planifié.

La situation de l'industrie lourde s'est aggravée avec la diminution de l'investissement public, donnant lieu au développement d'activités parallèles (l'économie informelle). L'ensemble des difficultés qui s'est manifesté au cours de cette période a remis définitivement en question le modèle de développement centralement planifié. La crise des pays centralement planifiés s'est traduite par l'augmentation du nombre de déséquilibres sur le marché des biens et sur le marché du travail, par la généralisation de la pénurie et par l'utilisation peu efficace des ressources. Les industries lourdes ont été appelées à réorienter leur activité de base ce qui a fortement influé sur leur capacité à impulser une dynamique endogène. Les secteurs traditionnels ont dû supporter le prix élevé de la restructuration. Leur développement s'appuie sur une logique d'activation autonome des ressources locales dans le but de redynamiser des activités locales.

1.2. La place des pôles de croissance dans une « *nouvelle* » économie de marché

1.2.1. Reconversion locale et territorialisation de l'innovation

La libéralisation des activités économiques devient inéluctable pour améliorer la compétitivité des territoires à forte concentration industrielle et assurer leur réintégration dans les nouvelles conditions économiques (la mondialisation et la concurrence élevée qui en découle). L'application des principes libéraux change la systémique des économies locales conduisant à la décentralisation institutionnelle et organisationnelle. La première se traduit par l'émergence d'autorités locales dotées de pouvoirs réels. La seconde est liée au changement du système de grandes entreprises industrielles, qui après la privatisation, sont conduites à se restructurer et à rationaliser leur stratégie. L'externalisation de certaines activités par les grandes entreprises au profit des PME contribue au changement de l'organisation locale qui se traduit par l'émergence des systèmes productifs locaux au sens marshallien du terme, c'est-à-dire fondé sur une combinaison technico-productive qui réunit les grandes entreprises et les petites et moyennes entreprises (PME) en réseau (Marshall, 1906).

Une nouvelle répartition des compétences entre l'administration centrale et les services exercés par les autorités locales, et la mise en place d'un système de gestion local décentralisé contribue à renforcer la position de l'économie locale. Les autorités locales deviennent les principaux organisateurs des activités économiques à l'échelle locale. Le changement de rapports entre l'État et la Région se traduit par la mise en place de nouveaux outils d'intervention publics. La marchéisation du secteur public, qui se réalise en parallèle, favorise l'amélioration de la qualité des services publics et la diminution de leurs coûts en raison d'implication des acteurs privés (Uzunidis et Laperche, 2003). Les nouvelles institutions locales apportent un soutien incontestable non seulement à la transformation des entreprises d'État, mais aussi au développement de nouvelles entités économiques, à la promotion des activités locales, au développement des interactions entre les acteurs locaux (Andreff, 2007). La nouvelle politique économique locale s'appuie sur des facteurs endogènes liés à la formation de la main-d'œuvre qualifiée, à l'amélioration de l'offre scientifique et technique locale, etc. (Lucas, 1988 ; Romer, 1991 ; Barro, 1997). La détermination endogène de la structure industrielle fait l'objet de la théorie des marchés contestables ou encore des « *marchés disputables* » introduit par W. Baumol, J.C. Panzar et R.D. Willing (1982). Ces auteurs insistent sur deux conditions majeures : 1) la première est liée à l'entrée libre sur le marché. Aucune firme présente sur le marché ne peut empêcher l'entrée d'autres firmes sur ce même marché ; 2) la deuxième condition revient sur la nécessité de garantir la sortie du marché sans coûts. La concurrence devient le nouveau mécanisme de l'organisation des échanges qui incite les économies locales à se diversifier et réorienter leurs activités de base. Elle favorise le développement des nouvelles technologies et des nouveaux produits et plus largement de l'innovation même. Cette dernière joue un rôle essentiel dans la reconversion des pôles de croissance fondée sur l'industrie lourde.

La diminution des obstacles liés aux échanges, à l'accès aux sources d'épargne (banques, Bourse, subventions) et l'introduction des mécanismes de coordination basés sur des règles de concurrence et de coopération, favorise l'émergence de l'organisation en réseau et la coopération plus intensive entre le milieu universitaire et le milieu des affaires. Par conséquent, les entreprises peuvent avoir plus facilement l'accès à des technologies plus avancées. Après la libéralisation économique, le développement des pôles de croissance basés sur l'industrie lourde dépend de la capacité des acteurs locaux à mener et structurer des liaisons productives, technologiques, commerciales, financières et humaines. L'accumulation des connaissances et des compétences devient une nécessité pour l'industrie qui cherche à imposer ou à affirmer son pouvoir technologique et financier en tant qu'industrie motrice. À l'issue de l'analyse de la reconversion locale découlent les nouveaux déterminants des effets d'entraînement, à savoir :

- les *déterminants institutionnels* relatifs au cadre institutionnel (règles et lois) et au rôle des institutions mêmes ;
- les *déterminants territoriaux* relatifs aux effets d'agglomération : proximité et externalité ;
- les *déterminants organisationnels* liés aux capacités des acteurs locaux à mener une action collective ;
- les *déterminants technologiques* relatifs à l'apprentissage collectif qui favorise l'accumulation des compétences, des connaissances, d'informations susceptibles d'engendrer la mise en place de l'innovation.

L'articulation entre les différentes formes de relations de proximité (géographique, organisationnelle et cognitive) et les externalités qui en découlent contribuent à la construction d'un « capital relationnel » comme la montre le schéma 1. Ce capital permet aux acteurs locaux de capter, de transformer et de créer des ressources spécifiques territoriales. Les choix stratégiques des entreprises contribuent à l'émergence des attitudes susceptibles de transformer les pôles de croissance en système d'innovation territorialisé, à savoir : coopération et synergie, confiance et réciprocité, cohésion et sens d'appartenance. Ces attitudes conduisent à la réduction de l'incertitude, à une bonne coordination des acteurs, à l'apprentissage collectif et à l'accumulation d'actifs secondaires. Les relations de confiance et de réciprocité facilitent la diffusion de connaissances, la collaboration entre les acteurs locaux, la circulation, l'échange d'informations et la mise en place de l'action collective. G. Colletis (2010, p. 236) précise que « *la relation de confiance qui existe entre les acteurs, la capacité à partager des représentations, les mêmes valeurs ou des valeurs suffisamment proches* » sont essentielles pour stimuler la co-création des territoires. La valorisation de relations contractuelles contribue au développement de l'innovation. Cette dernière joue un rôle essentiel pour le renouveau des territoires industriels en raison des améliorations qu'elle peut apporter dans l'efficacité des process industriels et/ou la performance des produits ou des services.

Schéma 1 : Système d'innovation territorialisé

Effets d'agglomération (proximité et externalités)
(Marshall, 1890 ; Rallet et Torre, 2002 ; Nooteboom, 2002 ; Uzunidis, 2008)

↓

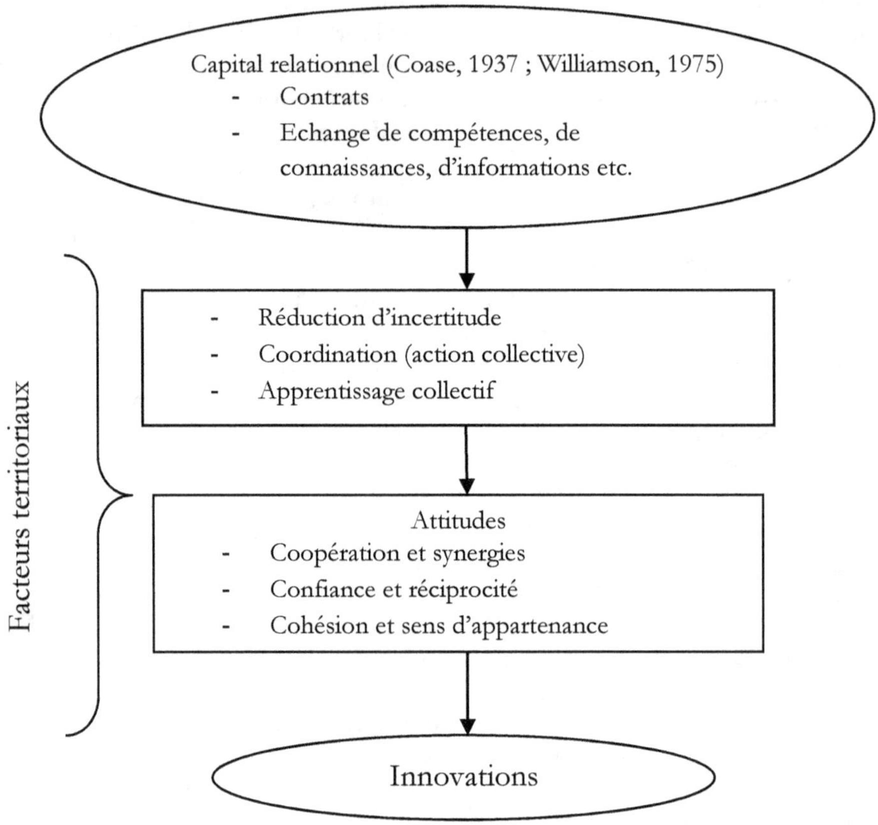

Source : auteur

Au sein des systèmes d'innovation territorialisés, les acteurs s'intègrent de manière spontanée et développent des relations favorisant la diffusion des informations, des compétences, des connaissances et de l'innovation. Leur valorisation alimente le processus d'innovation qui se manifeste par l'augmentation de la part des entreprises innovantes dans le tissu industriel, le développement d'un avantage concurrentiel et une plus grande variété des compétences au niveau local. Les effets d'agglomération et les effets de dispersion nourrissent les compétences technologiques des acteurs, encourageant leur spécialisation. Des connaissances et des compétences nouvelles sont accumulée par les territoires (Nelson et Winter, 1982).

1.2.2. Les conditions permettant la reconversion locale

L'émergence du système d'innovation territorialisé est possible à deux conditions : la première est relative à la mise en place de nouvelles institutions et la seconde est liée à l'accumulation des actifs secondaires.

D'où l'intérêt de l'application de la théorie évolutionniste de la firme et de la théorie des coûts de transaction selon lesquelles l'innovation dépend non seulement du potentiel scientifique et technique, mais de l'ensemble des actifs spécifiques accumulés au cours du temps (Dosi, Teece et Winter, 1991 ; Williamson, 1975). O. Williamson fait la distinction entre deux types d'actifs spécifiques : primaires (ou principaux) et secondaires (construits). Les premiers permettent aux territoires de protéger leur avantage comparatif et d'assurer leur position. Alors que, les actifs secondaires (des nouvelles connaissances, réseaux sociaux) peuvent être considérés comme les actifs préalables au changement (Laperche, Lorek et Uzunidis, 2011). Ces actifs sont endogènes à l'organisation (Boissin, 1999). Ils sont construits par les interactions sectorielles ou filiérisées des acteurs qui permettent aux économies locales de s'ouvrir à l'extérieur. L'accumulation d'actifs secondaires permet d'entamer le processus de la reconversion locale, en favorisant la diversification/réorientation des activités économiques. Nous présentons dans le tableau 1 la typologie d'actifs secondaires faite sur la base des études d'O. Williamson (1986) et d'O. Boissin (1999).

Tableau 1 : Actifs secondaires

Actifs secondaires issus des économies de proximité (géographique, organisationnelle et cognitive)	Une spécificité construite liée non seulement à la proximité géographique, mais aussi à la mise en place de dispositifs techniques et d'infrastructures contribuant au développement des relations contractuelles susceptibles d'encourager le transfert et la diffusion des compétences, des connaissances, des savoir-faire, etc.
Actifs secondaires infrastructurels	Une spécificité construit par les équipements physiques favorisant l'intégration et la coopération des acteurs locaux.
Actifs secondaires immatériels	Une spécificité construit relative à l'accumulation des compétences, des connaissances humaines et à la création des réseaux sociaux.

Source : à partir de Williamson (1986) et Boissin (1999).

Le rapprochement entre les acteurs faisant partie de différents réseaux institutionnels contribue à l'émergence d'un système de coordination basé sur l'action collective (Lecoq, 1991). Les institutions qui encouragent le « *partage de valeurs ou de règles permettant aux acteurs de coopérer* » et la solidarité des acteurs provenant de réseaux institutionnels différents, notamment, l'autorité locale, les chambres consulaires, les entreprises… constituent une nouvelle voie pour assurer le développement local (Colletis, 2010, p. 237). L'innovation est un processus interactif territorialisé qui alimente le développement des économies locales. La performance des systèmes d'innovation territorialisés (avantage spécifique, actifs spécifique et secondaire) dépend des interactions entre les décisions publiques et les stratégies d'entreprises.

L'utilisation des concepts développés dans le cadre de la théorie évolutionniste de la firme et de ceux de la théorie des coûts de transactions permet de comprendre l'évolution des régions à forte concentration industrielle (le changement d'activité principale ou la diversification notable d'activité) (Laperche, Lorek et Uzunidis, 2011).

2. Reconversion du pôle de croissance de Gdansk par la libéralisation économique

L'histoire retiendra que la région de Gdansk fut une ville hanséatique qui s'est rapidement engagée sur la voie de l'industrialisation après la Seconde Guerre mondiale. Elle a joué un rôle capital pour le développement local de l'industrie navale, puis de l'industrie. La constitution d'un complexe industrialo-portuaire lourd a marqué un tournant important pour l'économie de Gdansk. Cette dernière offre un cas d'étude intéressant du rôle moteur de l'industrie lourde installée au bord de la mer.

Après la libéralisation des activités économiques, la région de Gdansk est passée par une transformation majeure d'autant plus que les nouvelles politiques locales appliquées au cours des années 1990, ont favorisé la création d'entreprises et l'amélioration de son potentiel scientifique et technique. L'autorité locale à Gdansk s'est engagée dans le développement de ce territoire en donnant la priorité au développement de l'innovation. D'une part, ce territoire est un exemple intéressant d'une économie régionale disposant d'un héritage sous forme d'industrie industrialisante installée depuis la fin de la Seconde Guerre mondiale. D'autre part, il présente un potentiel d'innovation important développé après la réinstauration de l'économie de marché. Nous y décelons de nouvelles activités de haute technologie qui peuvent constituer des sentiers de croissance pour l'économie de Gdansk.

2.1. La constitution et la crise du pôle de croissance de Gdansk

2.1.1. Constitution du pôle de croissance à Gdansk : l'effet d'une trajectoire industrielle lourde

La région de Gdansk a été choisie par l'État polonais pour devenir la capitale polonaise de l'industrie navale. Le déplacement des industries lourdes au bord de la mer a renforcé sa position. Le port de Gdansk a été tourné vers l'activité industrielle et logistique associée et l'accueil des navires (Gaworecki, 1971). Il est devenu rapidement dépendant d'un trafic quasi exclusivement lié à l'industrie lourde. La croissance annuelle moyenne de transbordement a augmenté de 1,6% entre les années 1951 et 1960 et de 11,8% dans les années 1971-1974. Dans le port de Gdansk était réalisé 30% du transbordement du pays. En 1956, la région de Gdansk a concentré 37,9% de l'emploi industriel et 18,6% des unités de production de la voïvodie de Gdansk (GUS, 1958). Le développement dynamique de l'industrie lourde a engendré un avantage sous forme d'économies d'échelle qui s'est traduit dans la région de Gdansk par l'augmentation continue de la production industrielle et la présence de grandes unités de production. La production industrielle est passée de 8,5% à 11,5% en croissance annuelle moyenne entre les périodes 1961-1970 et 1970-1974. Son tissu productif reposait principalement sur de grandes unités de production de 1 000 salariés et plus. Ces dernières représentaient 53% du total des unités de production à Gdansk en 1968.

Les chantiers navals de Gdansk ont élargi leurs fonctions en passant par des modernisations importantes et en diversifiant leurs activités. Un centre de recherche et développement public dédié à l'industrie navale a été construit à proximité. En 1960, l'industrie navale occupait 1 965 salariés qui représentaient 1,7% du total d'emploi de la voïvodie de Gdansk. La part de l'industrie navale dans la production globale de la région de Gdansk est passée de 40,5% à 45,3% entre les années 1965-1968. Cette augmentation a été principalement engendrée par la réparation navale qui est passée de 7,6% à 8,7% sur la même période. En 1974, la région de Gdansk a contribué à raison de 63,4% à l'ensemble des réparations navales réalisées en Pologne. La majorité des navires construits au sein des chantiers navals de Gdansk étaient destinés à l'exportation, soit 81% en 1974. La plus grande partie est livrée aux pays socialistes, soit 74,3%.

Au cours de cette période, les industries navales ont généré des effets d'industrialisation spécifiques pour l'*industrie industrialisante* en encourageant la constitution d'un complexe industrialo-portuaire sur le territoire de Gdansk. L'unité de production publique de Centrostal, spécialisée dans la sidérurgie, qui produisait de la fonte, s'est implantée à Gdansk en 1946. Son activité a été complétée par l'unité de production Budimor, spécialisée dans le secteur de métallurgie en 1960. Ces unités avec les entreprises spécialisées dans la production des biens intermédiaires ont constitué une filière sidérurgie/métallurgie à Gdansk. À côté de cette filière, les raffineries de Gdansk se sont développées par l'intermédiaire du port, et donc à proximité de celui-ci, car leurs productions étaient basées sur des matières premières importées. L'activité du port et des entreprises de transport leur a permis de fournir le pétrole nécessaire à la production des produits pétroliers et raffinés ainsi que d'exporter les produits finis. L'URSS a été le principal fournisseur de pétrole pour la région. L'État polonais a assuré ainsi les besoins de l'industrie installée à Gdansk par l'intermédiaire de ses unités de production : en énergie (ex. construction d'une centrale énergétique

Wybrzerze), en moyens logistiques (ex. l'accès aux transports ferroviaire et maritime) en approvisionnement en matières premières à un prix moindre (ex. la fourniture du pétrole pour les raffineries de Gdansk). Dans la deuxième moitié des années 1960 a été construit un terminal d'exportation de soufre pour répondre aux besoins de l'établissement Fosfory, producteur de pesticides. Son activité a été complétée par le terminal charbonnier mis au point en 1974 et le terminal dédié aux produits pétroliers en 1975. L'État a conservé la direction exclusive des politiques territoriales. Un grand nombre d'unités de production s'est installé à Gdansk pour bénéficier des économies externes engendrées au sein de cette agglomération.

Le complexe industrialo-portuaire à Gdansk était constitué de trois principales activités : la sidérurgie/la métallurgie, la pétrochimie et l'énergie. Autour de ce complexe a été créée une Zone industrielle centrale (ZIC) du Nord qui en 1965 avait une position supérieure à celle de Varsovie ou de Bydgoszcz en concentrant 4,4% de l'emploi industriel de l'ensemble des zones industrielles de Pologne. La région de Gdansk avait une position capitale dans cette zone en représentant 60,3% de l'emploi industriel, 42,8% des unités de production, et 66,5% de la production industrielle (GUS, 1983). Entre les années 1965-1968, la valeur ajoutée de la production des industries sidérurgiques et métallurgique a augmenté de 19% en taux de croissance annuelle moyenne. À la fin de cette période, cette production représentait 4,8% de la production nationale. L'industrie chimique avait augmenté de 20%, représentant 3,2% à la production nationale. La production en valeur des produits pétroliers et raffinés augmenta de 14%. En 1968, la région de Gdansk contribuait en hauteur de 11,8% à la production nationale d'électrotechnique et de 45% à la production de moyens de transport sur l'échelle nationale. Entre 1971 et 1974, la croissance de la production industrielle de la région de Gdansk était supérieure à la production industrielle du pays (10,1%) et elle dépassait légèrement celle de la voïvodie de Gdansk (11,4%) soit 11,5% ce qui permet de la présenter comme un des pôles de croissance de la Pologne.

2.1.2. Crise de l'industrie lourde à Gdansk

Le développement, selon la logique des économies d'échelles croissantes, a provoqué une accélération de la production tout en conduisant à une « ouvriérisation » de la main-d'œuvre. D'une part, la présence de la main-d'œuvre peu qualifiée a limité le progrès économique, technique et organisationnel des unités de production à Gdansk. D'autre part, les machines et les équipements mis en place se sont avérés insuffisants pour entretenir la production de la région de Gdansk. La production des chantiers navals de Gdansk commençait à stagner. Ces industries ont supprimé 4,3% (en moyenne annuelle) des emplois industriels entre les années 1974 et 1984. Le taux de chômage s'est élevé en passant de 4,3% en 1970 à 14% en 1992. La production des raffineries de Gdansk a été perturbée par les coûts élevés du pétrole livré par l'URSS engendrés par la règlementation défavorable des échanges commerciaux. Les exportateurs locaux qui vendaient leur production à l'Ouest se sont retrouvés en difficultés en raison de la saturation des marchés. Entre 1975 et 1979, l'investissement public réalisé à Gdansk a été divisé par trois, ce qui s'est traduit par une hausse des coûts des activités industrielles, et une baisse de la production (GUS, 1979). Les industries de la sidérurgie et de la métallurgie ont été les premières concernées.

Les exigences des autorités centrales continuaient cependant à croître. Les ouvriers étaient exposés à des difficultés au travail liées au manque du matériel et d'équipements. Ils travaillaient sous une pression croissante dans des conditions de plus en plus précaires. L'augmentation des prix pour des produits de première nécessité en juin 1976 déclencha une série de révoltes dont la première a eu lieu au sein du chantier naval de Gdansk. Une séparation importante entre les instances de décision et les organes d'exécution a fait que le consensus a été difficile à mettre en place.

Le déclin, dans lequel a été entraînée la région de Gdansk, a provoqué des dégâts très importants qui ont définitivement remis en question le modèle de développement centralement planifié. Le PIB par habitant dans la région de Gdansk a diminué de 107,7 points à 105,4 points entre 1986 et 1992. La région de Gdansk a dû affronter deux problèmes majeurs :

- une forte présence d'industries lourdes en voie de restructuration conduisant au licenciement massif de salariés (sous-emploi) ;
- une forte concentration d'industrie donnant lieu à l'ouvriérisation de la main-d'œuvre et à la pénurie de main-d'œuvre qualifiée.

2.2. La reconversion du pôle de croissance de Gdansk

2.2.1. Les transformations de l'économie de Gdansk suite aux changements institutionnels

La mise en place d'un nouveau cadre réglementaire par le Conseil d'État en 1989 a progressivement séparé les intérêts publics et privés en Pologne. Ce cadre a permis d'élargir la compétence des régions, se traduisant, pour une grande part, par l'augmentation des ressources financières mises à leur disposition et une plus grande liberté en matière d'aménagement du territoire et de planification locale (la loi du 8 mars 1990 sur l'autonomie territoriale des communes). Les autorités locales ont obtenu une compétence plus large en matière d'animation et de planification du développement économique, les plaçant au cœur des politiques d'aménagement de leur territoire et des procédures de négociation avec l'État. Entre 1990 et 1992, les PECO (dont la Pologne qui en faisait partie depuis l'année 1986) ont mis en place la plupart des lois sur l'économie de marché, notamment la loi sur les contrats, les lois sur les sociétés (liberté d'entreprendre), la loi sur les faillites, la loi anti-trust, la loi sur la sécurité sociale, le nouveau plan comptable, la nouvelle réglementation bancaire et la réforme de la justice. Le cadre institutionnel s'est reconstitué de manière à permettre aux entreprises d'accéder librement aux informations et aux ressources. Les nouvelles mesures ont changé de manière radicale les relations institutionnelles et économiques structurant le système productif de Gdansk.

La signature de la Charte de l'autonomie locale proposée par le Conseil de l'Europe s'est inscrite dans la continuité de la reconversion locale. La réforme administrative et territoriale (1993) s'est faite dans la perspective de la future adhésion de la Pologne à l'Union européenne (entrée en vigueur le 1er mars 1994) (Zaborowska, 2001). Seize nouvelles structures sont créées pour remplacer les 49 anciennes (la loi du 5 juin 1998). La voïvodie de Gdansk est supprimée et son territoire est intégré dans la voïvodie de Poméranie. La région de Gdansk, est devenue le chef-lieu de la Poméranie, lui permettant de rester un siège important des autorités locales. Par ailleurs, les institutions locales et régionales, qui ont été construites au cours du processus de la transition sur le territoire de Gdansk, forment un réseau institutionnel important, notamment par les fondations, les associations, les centres de soutien aux entrepreneurs, l'incubateur entrepreneurial, l'Agence de Développement Régional Baltique (1992), l'Agence de Développement Régional Poméranien, le Centre de Services pour les entrepreneurs et autres. Ces institutions apportent un soutien considérable à la transformation des entreprises locales, au développement de nouvelles structures économiques, à la promotion des activités économiques locales et régionales ainsi qu'au développement des interactions entre les acteurs locaux (réseau informel).

Leur fonctionnement dépend des aides financières publiques et des fonds fournis par les entreprises locales. La création des organisations participant à l'autonomie économique joue un rôle important. La plus ancienne organisation établie à l'initiative de l'autonomie locale est la Chambre de Commerce et de l'Industrie (1990) qui regroupe aujourd'hui environ 1500 agents économiques. Ces agents prennent des initiatives, définissent leurs propres stratégies, réussissant à modifier la situation locale. La région de Gdansk se transforme en un environnement propice à la création et au développement d'entreprises et à la recherche de partenaires. L'initiative collective des acteurs publics et privés à Gdansk a contribué à la création de plusieurs institutions dédiées au développement d'entreprises innovantes. Ces institutions ont des statuts et des fonctions différents. Leur activité améliore le système local d'offre surtout en matière de conseils, de soutien financier, d'aide à la recherche de lieu d'implantation et à la création d'un système relationnel.

Les autorités locales de Gdansk ont acquis un savoir-faire dans la constitution de dossiers pour la demande de financement européen. La région de Gdansk bénéficie en effet du Fonds Européen de Développement Régional (FEDER) depuis l'adhésion de la Pologne à l'Union européenne en 2004. Plusieurs programmes européens sont réalisés à Gdansk (ex. ORATE, INTERREG). En 2011, les subventions de l'Union européenne couvraient presque la moitié des dépenses de Gdansk. La région de Gdansk profite également du Fonds Fédéral de Soutien aux Régions (FSFR) distribué par l'État polonais. Le développement de la région de Gdansk est ainsi assuré grâce à des articulations entre l'action des instances européennes, de l'État et des autorités locales.

Après la loi sur la privatisation, qui a été promulguée le 13 juillet 1990, la région de Gdansk a enregistré un recul important du secteur public. Le nombre des entreprises privées a augmenté de 43% en 1991 à 67,7% en 1998, témoignant du désengagement progressif de la puissance publique (GUS, 1999). Le processus de la privatisation s'est déroulé sous le contrôle du Ministère de la Transformation de la Propriété. Cependant, après la privatisation des chantiers de Gdansk (plus précisément le Chantier naval de Gdansk (8 204 travailleurs), le Chantier naval du Nord localisé également à Gdansk (1 412 travailleurs)) l'État polonais conservait la majorité de leurs actions. Ce phénomène contribua à la transformation du tissu économique de Gdansk au sein duquel nous constatons la coexistence de deux groupes d'unités de production distinctes : les entreprises qui après leur transformation en société par actions ont conservé le statut d'entreprises publiques (secteur public) et les entreprises privatisées. La plupart des entreprises privées travaille dans la réparation, la construction, les services aux entreprises, le commerce, etc. Alors que, les entreprises publiques sont spécialisées dans la production industrielle.

La privatisation a changé le statut juridique des entreprises en donnant lieu à la naissance des sociétés par actions, des sociétés à responsabilité limitée, etc. L'analyse des entreprises locales en fonction de leur statut juridique montre la domination des entreprises individuelles. Celles-ci peuvent bénéficier d'un avantage conjoncturel sous forme d'un impôt sur le revenu plus bas par rapport aux autres types d'entreprises. Sur le territoire de Gdansk, elles profitent également des aides publiques plus élevées d'après les conditions définies dans la Zone économique spéciale de la Poméranie, qui a été créée en 2001, pour mettre en place un environnement concurrentiel. Le deuxième plus grand groupe d'entreprises était constitué en 2011 par des sociétés commerciales (7566) où le nombre de sociétés polonaises (4338) est plus élevé que celui à participation étrangère (1306). Le troisième groupe minoritaire concerne les fondations (260) et les sociétés coopératives (319). L'attractivité de la région de Gdansk s'est améliorée, se traduisant par le développement dynamique des entreprises sur son territoire. Ces entreprises jouent un rôle important pour le secteur traditionnel qui ont accumulé un retard technologique considérable. Le taux de création d'entreprises a augmenté de 14,6% en moyenne annuelle entre 1990 et 2011. Cette hausse est due aux entreprises de services dont la part est passée de 36,4% à 58,2% entre 1995 et 2011. Le taux de disparition d'entreprises a également augmenté, soit une hausse annuelle de 10,4% entre 2003 et 2011. Cette hausse est pour une grande part due à des entreprises industrielles qui ne représentaient que 10,3% du total d'établissements en 2011. Mais, les nouvelles entreprises ont pu également profiter de la main-d'œuvre hautement qualifiée.

Les entreprises étrangères ne représentaient que 2,3% du nombre total des entreprises en 2011. Le changement dans la structure productive locale fait cependant que leur part est plus importante dans les services (423 entreprises) que dans l'industrie (132 entreprises). Les entreprises de services de l'information et de la communication (40 entreprises étrangères) et des activités scientifiques et techniques (82 entreprises étrangères) représentent 21,9% de l'ensemble d'entreprises étrangères à Gdansk. Elles ne sont pas si nombreuses sur le territoire de Gdansk, mais elles jouent un rôle important en raison de la compétence et du savoir-faire qu'elles peuvent partager avec les entreprises locales.

Pour faire face aux contraintes liées au fonctionnement du marché et à l'ouverture à la concurrence internationale, plusieurs grands établissements industriels à Gdansk ont décidé d'externaliser une partie de leurs activités au profit des PME et des TPE. Leur nombre est passé de 56 398 en 2000 à 65 242 entreprises en 2011 (GUS, 2012). Les petites entreprises du secteur privé se sont révélées plus aptes à répondre aux exigences du marché. Les grandes entreprises n'ont cependant pas disparu. Leur nombre a diminué de 42% par rapport à 1968, quand les établissements de plus de 1000 salariés représentaient 53% du nombre des établissements sur le territoire de Gdansk. Cette baisse s'est traduite par la diminution de la production industrielle et du nombre de salariés industriels.

L'industrie reste à l'heure actuelle le premier employeur de la région en concentrant 41,2% du total des emplois à Gdansk grâce à la présence de grandes unités de production, notamment l'entreprise Energia (11 009 salariés en 2011), le Chantier naval de Gdansk (3 339 salariés en 2011), la raffinerie de Gdansk (471 salariés en 2011), Polpharma (1 590 salariés en 2011), le groupe Lotos (5 015 salariés en 2011). Les entreprises de services représentaient 30,5% du total des entreprises de Gdansk en 2011. La politique des autorités locales accorde toujours une grande importance au développement de l'industrie sur ce territoire. Le nouveau parc industriel et technologique qui est en cours de construction à proximité de l'aéroport de Gdansk s'inscrit dans cette perspective. La zone industrielle de Gdansk cumulait 1,9% de l'emploi industriel de la Pologne en 2006, soit une diminution de 1,3% par rapport à 1965. Les grandes entreprises industrielles qui sont restées sur le territoire de Gdansk, ont plutôt réussi leur restructuration contribuant au développement de nouvelles activités à l'exemple des chantiers navals de Gdansk qui se sont spécialisés dans la production de « navires de niche » (navires offshore, roulier, navires de pêche, porte-conteneurs, cargos polyvalents) permettant le développement d'autres activités (production des éoliens) ou de la raffinerie de Gdansk qui a diversifié sa production de base (production de bio-carburants). Les tendances positives de développement de l'économie de Gdansk diminuent considérablement le taux de chômage qui dans la première moitié de l'année 2012 est passé à 5,8%, contre 13% en 2002.

La conséquence de la modernisation des activités du port, par la mise en place de nouvelles techniques de traitement des marchandises, comme la mécanique et la conteneurisation, a été une diminution du nombre de salariés, qui entre 2007 et 2011 est passé de 15 000 à 13 400. Le nombre d'établissements du secteur portuaire et naval présente aussi une tendance à la baisse avec une décroissance de 4,8% par an sur la même période. À la fin de cette période, les entreprises du secteur représentaient 30% du total des entreprises du secteur dans la voïvodie de Poméranie et 2,7% du total d'établissements de Gdansk en 2011. La majorité des établissements est spécialisée dans la construction navale, soit 71% en 2011. Le port de Gdansk s'est transformé en une plate-forme d'échange, génératrice de valeur ajoutée et d'emplois. La modernisation de techniques de traitement a fait de lui un outil de massification des trafics. La conteneurisation offre aussi les services basés sur la technologie de l'information (IT) qui sont assurés par les entreprises comme Cisco, Microsoft, IBM, LXE, The Jade Corporation et Consultx, Incom. Les nouvelles techniques de trafic ont contribué à la diversification des marchandises transportées en favorisant le trafic de marchandises à l'origine d'une plus grande valeur ajoutée que celle produite par le transport des vracs de matières premières industrielles.

Le terminal à conteneurs portuaires LPG entré en activité en 1998 et deux terminaux à conteneurs portuaires DCT (Deep Water Container Terminal) qui ont démarré en 2007, constituent l'enjeu essentiel du développement du port de Gdansk. Le nombre de connexions avec l'Europe occidentale (principalement ferry, conteneurs et ro-ro) ne cesse de croître et, depuis 2009, le nouveau service direct de conteneurs pour l'Extrême-Orient a ouvert de nouvelles perspectives de développement pour le port de Gdansk (GUS, 2011). Ce dernier est ainsi devenu le plus grand centre de transbordement sur la côte polonaise de la mer Baltique bénéficiant de différentes aides fiscales, financières et infrastructurelles de l'État. La proximité du port et de l'aéroport permet aux entreprises de faire le choix entre une grande variété de voies d'exportation pour leurs produits finis. Le secteur des transports et des communications s'est modernisé pour servir à l'ensemble du territoire. Les entreprises de production ont renforcé leurs capacités techniques par la mise en place des systèmes informatisés de gestion de procédé de fabrication. Les autorités locales offrent plusieurs instruments qui aident les entreprises locales à modifier leur mode de production et de consommation, à savoir les subventions, la fiscalité (tarifs progressifs sur l'eau), la formation (éducation axée sur le développement durable) et le financement de la recherche (investissements dans les innovations technologiques).

2.2.2. Tentatives de transformation du pôle de croissance de Gdansk en système d'innovation territorialisé : le rôle des actifs secondaires

L'accumulation des *actifs secondaires issus des économies de proximité* renforce la coopération entre les écoles supérieures locales et d'autres acteurs locaux. Les travaux de recherche menés au sein de l'Université de Gdansk sont concentrés plutôt sur la recherche fondamentale, ce qui explique la coopération moins fréquente avec les acteurs privés, soit 17 contrats signés en 2007. L'Université de Gdansk s'engage faiblement dans la valorisation de la recherche, soit 3 brevets déposés en 2007. Contrairement à l'École Polytechnique qui travaille d'une manière plus régulière avec les acteurs privés comme le centre de R-D de l'entreprise Intel Technology Poland. Elle a déposé 154 brevets en 2008. Les données plus récentes montrent que les demandes de brevets déposées seulement par la Polytechnique de Gdansk représentent 4,2% de l'ensemble des demandes de brevets déposés par des organisations non marchandes en Pologne en 2010.

Les *actifs secondaires infrastructurels,* liés à la création du parc technologique et du centre de transfert technologique à Gdansk, contribuent à l'intégration des acteurs locaux et conduisent au développement du climat de confiance en facilitant l'accès aux résultats de la recherche. L'émergence des laboratoires de recherche privés intensifie les échanges entre les acteurs publics et privés. Le développement des laboratoires publics spécialisés dans la nanotechnologie et la biotechnologie contribuent à la diversification du tissu productif de Gdansk. Les autorités locales à Gdansk ont donné la priorité au développement d'une économie du savoir au niveau local, favorisant le développement des entreprises de haute technologie.

Les *actifs secondaires immatériels* sont liés à la présence des écoles supérieures (6 publiques et 14 privées) et des instituts de R-D qui constituent un potentiel scientifique et technique important. Le nombre des diplômés à Gdansk représentait 6,4% de diplômés du pays en 2011. Les étudiants de Gdansk peuvent faire leur choix dans un grand nombre de disciplines enseignées qui se sont diversifiées en parallèle avec le tissu productif (ex. biotechnologie, informatique, technologie environnementale sciences humaines). Le nombre de professeurs a augmenté de 4,2% en moyenne annuelle entre 2003 et 2012. Le potentiel important, bien qu'émergent de diplômes spécialisés dans le secteur des TIC (informatique, électronique et télécommunications) et de biotechnologie joue un rôle important. Les écoles supérieures de Gdansk attirent chaque année de plus en plus d'étudiants étrangers. Les écoles supérieures de Gdansk couvrent la plus grande partie des dépenses consacrées à la R-D soit 39% en 2007. Elles concentraient 71,8% du personnel de R-D au niveau local la même année.

Entre 2001 et 2010, le poids des entreprises de haute technologie dans le tissu productif de Gdansk a augmenté de 43% en moyenne annuelle. Ces entreprises représentent 4% du tissu productif de Gdansk. Cette percée des entreprises de haute technologie favorise un très profond renouvèlement du tissu économique. À peine douze ans après la libéralisation, la région de Gdansk concentre 2 606 entreprises de haute technologie. Ces entreprises ne se sont pas développées d'une manière isolée, mais grâce à leur réseau. Ces réseaux sont identifiés comme des clusters de haute technologie en raison de leurs connexions fortes avec le milieu universitaire et leur caractère spontané.

Sur la période 2006-2011, les entreprises de services ont augmenté les dépenses liées à l'innovation de 13,7% en moyenne annuelle. Cette hausse est due pour environ 43,8% aux dépenses en capital fixe, principalement les machines et les matériels d'équipements, contre 25,5% pour les dépenses en R-D en 2011. Les entreprises industrielles publiques ont augmenté considérablement la part des produits nouveaux ou sensiblement améliorés dans la vente de 28,9% à 85,7%, soit plus que le double sur la même période. Cette augmentation est due à des grandes entreprises qui dépassent 250 salariés. En Poméranie, la part du chiffre d'affaires des grandes entreprises provenant de la vente de produits nouveaux (conformément à la définition du GUS) est supérieure à la moyenne nationale, qui est de 31,3% pour l'ensemble des entreprises quelle que soit leur taille.

La présence d'une main-d'œuvre spécialisée dans les technologies et l'ingénierie de protection environnementale joue un rôle important pour le développement des entreprises d'éco-industrie et de l'écologie industrielle. Ces entreprises ne sont pas très nombreuses sur le territoire de Gdansk, mais elles jouent un rôle important à côté de grandes entreprises polluantes, permettant de diminuer leur impact sur l'environnement local, soit 29 entreprises en 2010 dont la majorité fait partie du secteur privé (28 entreprises privées et une publique). Elles permettent à ce territoire à forte concentration industrielle de répondre aux enjeux environnementaux (Lorek, 2012). L'ensemble des transformations au sein du tissu productif local est encouragé par la mise en place de bonnes pratiques inspirées de l'écologie industrielle. Les synergies locales autour de ces activités concernent encore à l'heure actuelle un petit nombre d'entreprises industrielles. Parmi les synergies identifiées, nous pouvons citer la récupération des déchets de l'entreprise Energa Wybrzerze par l'entreprise Pollytag (124 752 tonnes de déchets recyclés en 2007) (GUS, 2009). Les entreprises industrielles, les plus polluantes, qui sont restées sur le territoire de Gdansk, modifient leur mode de production grâce à l'adoption des innovations éco-technologiques. Ces innovations servent principalement à réduire la production de déchets (36%) ou à réduire les flux de matières et d'énergies (36%) (Lorek, 2012).

À l'heure actuelle, à l'ensemble de sources d'énergie « traditionnelle » présentes sur le territoire de Gdansk, sont venues s'adjoindre les nouvelles sources d'énergie qui complètent ce dispositif, plus précisément, l'éolien et la biomasse. Les nouvelles sources d'énergie couvrent une partie importante de l'énergie produite en Poméranie, soit 27,3% en 2009 (GUS, 2012). À proximité de la région de Gdansk, plusieurs centrales d'éoliennes ont été construites pour diminuer l'exploitation de ressources naturelles, principalement du charbon. L'intérêt de la création de centrales éoliennes réside dans l'amélioration de l'image de Gdansk qui concentre la majorité de l'industrie lourde polluante de la Poméranie. Cette diversification des sources d'énergie, que présente l'augmentation de l'énergie renouvelable, s'est aussi concrétisée par la création du cluster éco-énergétique « *baltique* » en 2007.

ÉLÉMENTS DE CONCLUSION

À la lumière de l'ensemble des résultats mis en évidence et de l'apport théorique présenté dans la première partie de cet article, nous avons prolongé le débat théorique sur les pôles de croissance ouvert au cours des années 1950 par F. Perroux, puis par G. Destanne de Bernis (1966) en montrant que les capacités de l'industrie motrice ne dépendent pas de la dimension ou de la productivité des entreprises, mais également fortement des innovations introduites au cours de leur activité. Ce qui renforce notre intérêt pour une approche en termes de système d'innovation territorialisé. L'émergence et le développement de ce système est conditionné par les nouvelles institutions, la qualité de l'environnement local et de ce fait par l'accumulation d'actifs secondaires.

Ciblant le cas de l'économie de Gdansk nous avons démontré que la libéralisation des activités économiques, qui a engendré le changement brutal des structures économiques et sociales en Pologne, a été le facteur clé contribuant au renouveau de son tissu productif, en facilitant l'accès aux ressources financières. L'analyse sectorielle des entreprises locales témoigne que ce renouveau a été le produit de la conjonction de trois facteurs : tout d'abord, un fort dynamisme en termes de création d'entreprises au cours de la reconversion locale, en particulier dans les technologies de pointe et les éco-technologies, ensuite un renforcement du tissu des petites et moyennes entreprises et des micro-entreprises grâce à la croissance des effectifs et du nombre d'établissements et enfin le développement des nouvelles activités en amont et en aval de filières existantes expliquant la forte croissance économique et la transformation des structures d'emploi. Le nouveau système administratif de Gdansk s'est fixé pour objectif de concilier le développement industriel par l'amélioration de la qualité de l'environnement et le développement de l'innovation, facilité par la diversification du tissu industriel et portuaire de Gdansk.

L'ensemble des transformations de l'économie de Gdansk fait que la croissance de l'ensemble de la région est aujourd'hui assurée par les capacités innovatrices des acteurs locaux, le développement du secteur de haute technologie et l'amélioration des compétences d'entreprises des secteurs traditionnels. Le développement de la région de Gdansk dépend fortement de la diffusion/acquisition de l'innovation, ce qui suppose l'application de nouveaux schémas organisationnels aussi bien au niveau de la grande entreprise (dont le siège se trouve dans cette région) que sur le plan des relations entre les acteurs économiques (entreprises, collectivités, associations, consommateurs). La région de Gdansk est en train d'accumuler les actifs secondaires, cependant en dépit de l'accumulation de ces indicateurs positifs, il est encore trop tôt pour parler de l'émergence du système d'innovation territorialisé sur son territoire.

La région de Gdansk est performante grâce aux interactions riches et évolutives entre l'action des autorités locales et la stratégie des entreprises. Son développement est fondé sur le rapport entre l'initiative privée combinée avec l'action étatique ou territoriale ciblée, qui a permis de dynamiser son économie favorisant l'émergence de l' « *atmosphère industrielle* » propice à la création et au développement des entreprises. Cependant, les synergies identifiées sur le territoire de Gdansk ne sont pas encore suffisamment importantes pour mener une démarche collective sur laquelle pourrait reposer le développement d'activités d'écologie industrielle. L'atmosphère industrielle repose à Gdansk sur les actions collectives et spontanées des acteurs publics et privés. Cependant, le tissu productif de Gdansk est essentiellement constitué par des micro-entreprises dont les ressources financières sont limitées, réduisant du même coup leur capacité à innover.

BIBLIOGRAPHIE

ANDREFF, W., 2007, *Économie de la transition*, Bréal éditions, Rosny-sous-Bois cedex, p. 494.

BARRO, R.J., 1997, « Myopia and Inconsistency in the Neoclassical Growth Model », *NBER Working Papers 6317*, National Bureau of Economic Research, Inc.

BAUMOL, W.J., PANZAR, J., WILLIG, R.D., 1982, *Contestable market and the Theory of Industry Structure*, Harcourt Brace, New-York.

BELLAIS, R., 1998, *Investissement administré, technologie et innovation : le cas de la production d'armements en relation avec les industries concurrentielles*, thèse de doctorat, ULCO.

BOISSIN, O., 1999, « La construction des actifs spécifiques : une analyse critique de la théorie des coûts de transaction », in *Revue d'économie industrielle*, n°90, pp. 7-24.

BOUDEVILLE, J.R., 1975, « Polarisation et urbanisation », *Économie appliquée*, Archives de l'ISEA, Tome XXVIII, n°1.

COASE, R.H., 1937, « The nature of the firm », Economica, n° 4, N.s., novembre, pp. 386-405; traduction française « La nature de la firme », *Revue Française d'Economie*, (1987), n°1, pp. 135-157, (Commentaires de X. Gillis, pp. 157-161).

COLLETIS, G., 2010, « Co-évolution des territoires et de la technologie : une perspective institutionnaliste », *Revue d'Economie Régionale et Urbaine*, n°2, pp. 235-249.

DESTANNE DE BERNIS, G., 1966, « Industries industrialisantes et contenu d'une politique d'intégration régionale », *Économie appliquée*, t. XIX, n° 3-4, Id, pp. 415-475.

DOSI, G., TEECE, D. J., WINTER, S. G., 1991, « Les frontières de l'entreprise : vers une théorie de la cohérence de la grande entreprise », *Revue d'Economie Industrielle*, n° 51, 1er trimestre 1990, pp. 238-254.
GAWORECKI, W., 1971, Activité maritime comme un facteur de création du complexe industrialo-portuaire, Université de Gdansk, Gdansk (Gospodarka morska jako czynnik ksztaltowania gdanskiego zespolu portowo-miejskiego, Uniwrsytet Gdansk, Gdansk).
GUS, 1958, Annuaire statistique de voïvodie de Gdansk, Gdansk (Rocznik statystyczny woj. Gdanskiego)
GUS, 1968, *Annuaire industriel*, Série A, Cahier 8, N°344, GUS, Varsovie, (Spis przemysłowy 1965, Seria A, Przekroje terenowe, zeszyt 8, Wojewodztwo Gdanski, n°344, zakłady przemysłowe).
GUS, 1969, Le développement économique et social de la zone industrielle de Gdansk entre les années 1960-1968, Bureau de statistique de voïvodie de Gdansk, Cahier 6, Statistiques régionales, Gdansk (Rozwoj społeczno gospodarczy gdańskiego okregu przemysłowego w latach 1960-1968, zeszyt 6, wojewódzki urzad statystyczny w Gdańsku, Statystyka Regionalna).
GUS, 1973, Le développement économique et social de la voïvodie de Gdansk 1971-1972, Bureau de statistique de voïvodie de Gdansk, avril (Rozwój społeczno gospodarczy województwa gdańskiego 1971-1972, Wojewodzki urzad statystyczny w Gdańsku Gdansk, Grodzien).
GUS, 1974, *Rapport statistique sur la mise en œuvre du plan et de la situation économique de la ville de Gdansk*, N°3/33, exemplaire 28, Bureau municipal des statistiques, décembre, (Sprawozdanie statystyczne z wykonania planu oraz sytuacji gospodarczej województwa).
GUS, 1979, Le développement économique et social de la voïvodie de Gdansk 1970-1980, Bureau de statistique de voïvodie de Gdansk, décembre (Rozwój społeczno gospodarczy województwa gdańskiego 1970-1980, Wojewodzki urzad statystyczny w Gdańsku, Gdansk).
GUS, 1983, *Annuaire statistique de la ville de Gdansk 1975-1983*, Gdansk (Rocznik statystyczny miasta Gdansk 1975-1983).
GUS, 1999, *Informations sur la situation socio-économique de Gdansk en 1998*, Gdansk, (Informator o sytuacji sploleczno-gospodarczej Gdanska za rok 1998).
GUS, 2009, *Les changements structurels dans des entreprises enregistrées dans la base de REGON en Poméranie en 2008*, GUS, (Zmiany strukturalne grup podmiotow gospodarki narodowej wpisanych do rejestru Regon w woj. Pomorskim w 2008).
GUS, 2011, *Les changements structurels dans des entreprises enregistrées dans la base de REGON en Poméranie en 2010*, N°1, GUS, (Zmiany strukturalne grup podmiotow gospodarki narodowej wpisanych do rejestru Regon w woj. Pomorskim w 2010).
GUS, 2012, *Les changements structurels dans des entreprises enregistrées dans la base de REGON en Poméranie en 2008*, GUS, (Zmiany strukturalne grup

podmiotow gospodarki narodowej wpisanych do rejestru Regon w woj. Pomorskim w 2008).
KORNAÏ, J., 1984, *Socialisme et économie de la pénurie*, Economica, [1980 en anglais]
LAPERCHE, B., LOREK, M., UZUNIDIS, D., 2011, « Crise et reconversion des milieux industrialo-portuaires : dépendance de sentier ou renouveau économique ? Les exemples de Dunkerque (France) et de Gdansk (Pologne) », *Revue d'Economie Régionale et Urbaine*, N° 2, pp. 341-368.
LAPERCHE, B., UZUNIDIS, D., 2003, « Étatisme et marchéisation du secteur public. Le cadre d'une régulation keynésiano-libérale », *Document de travail n°63*, pp. 1-18.
LOREK M., UZUNIDIS, D., 2013, « Transition économique, système de production local et l'entreprise : une approche théorique », *La Revue des Sciences de Gestion*, 2013/1, N° 259-260, pp. 143-152.
LOREK, M., 2012, « Eco-industrie et reconversion du territoire industriel et portuaire : le cas de Gdansk », in Cardebat J.-M., Uzunidis D., Territoire vert, *Marché et Organisations*, pp. 129-152.
LUCAS, R., 1988, « On the Mechanics of Economic Development », *Journal of Monetary Economics*, vol. 22, n°1, pp. 3-42.
MARSHALL, A., 1906, *Principes d'économie politique*, livres IV, trad.fr. F. Sauvaire-Jourdan [1890], Giard et Bière, Paris.
MORVAN, Y., 1991, *Fondements de l'économie industrielle*, édition 2, Collection Gestion, Economica, Paris.
NELSON, R. R., WINTER, S. G., 1982, *An evolutionary theory of economic change*, Mass., Belknap Press of Harvard University Press, Cambridge.
NIEDBALSKA, G., DOBOSZ, A., PEKLARSKI, T., PRAZUCH, A., BAK, A., 2006, Activités d'innovation des entreprises 2002-2004, GUS, Varsovie, (Dzielalnosc innovacyjna przedsibiorsta 2002-2004).
NOOTEBOOM, B., 2002, « A cognitive theory of the firm », *Paper for ESNIE workshop Alternative Theories of the Firm,* November, Paris.
NOVE, A., 1981, *L'Économie soviétique*, Economica, Paris.
PERROUX, F., 1955, « Note sur la notion de pôle de croissance », *Economie appliquée*, janvier-juin, pp. 307-320.
PERROUX, F., 1961, La firme motrice et la région motrice, in *Cahiers de l'ISEA*, Série AD.
PERROUX, F., 1969, *L'Économie du XXe siècle*, 3éme édition [1961], PUF.
PERROUX, F., 1973, « L'effet d'entraînement : de l'analyse au repérage quantitatif », *Économie Appliquée*, n° 2, 3, 4, pp.647-674.
PERROUX, F., 1982, *Dialogue des monopoles et des nations : équilibre ou dynamique des unités actives*, PUG, Grenoble.
POURDANY, N., 1958, « Étude de synthèse sur les différents types de planification », document réalisé pour l'Organisation des Nations Unies pour l'Education, la Science et la Culture, DEV-87/WS/55, pp.1-38.

RALLET, A., TORRE, A., 2002, « Proximité géographique ou proximité organisationnelle ? Une analyse spatiale des coopérations technologiques dans les réseaux localisés d'innovation », *Économie Appliquée*, 3, pp.147-171.
ROMER, P., 1991, Progrès technique endogène, *Analyses d'économie et de statistique*, n°22, p. 32
ROZKRUTA D., 2012, Activités d'innovation des entreprises 2009-2011, GUS, Szczecin, (Dzielalnosc innovacyjna przedsibiorsta 2009-2011).
SZULTKI, S., 2007, Innovation Barometer Poméranie - Édition 2006, GUS, Gdansk (Barometr Innowacyjności Województwa Pomorskiego – edycja 2006).
SZULTKI, S., 2013, Spécialisation technologique de Poméranie, IBnGR - Institut des Marchés Économiques, Gdansk (Specjalisacja technologiczna Pomorza).
TAMOWICZ, P., 2010, « L'entrepreneuriat universitaire les cas des entreprises spin-off en Pologne », l'Agence polonaise pour le développement de l'entrepreneuriat, Varsovie, (Przedsiebiorczosc akademicka. Spolki spin-off w Polsce)
TKACZYK, W., PEKALSKI, T., JOZWIK, M., DOBOSZ, A., KULCZYCKA, J., 2008, Activités d'innovation des entreprises 2004-2006, GUS, Varsovie, (Dzielalnosc innovacyjna przedsibiorsta 2004-2006).
TRAIMOND, P., 1968, « Le renouvellement de la théorie du rôle des industries motrices dans le développement », *Revue économique*, volume 19, n°2, pp. 268-301.
UZUNIDIS, D., 2008, « The logic of the innovative milieu », in B. Laperche, D. Uzunidis, N. von Tunzelmann (éds), *Genesis of Innovation. Systemic Linkages between Knowledge and Market*, E. Elgar, Cheltenham, pp. 187-207.
WILLIAMSON, O.E., 1975, Market and Hierarchies : Analysis and Antitrust Implications, Free Press, a division of Macmillan, Inc., New York.
WILLIAMSON, O.E., 1986, Economic Organizations: Firms, Markets, and Policy Control, Brighton, Wheatsheaf Books LTD.
WILMANSKA, A., 2010, « Innovation 2010 », l'Agence polonaise pour le développement de l'entrepreneuriat, Varsovie, (Innowacyjnosc, 2010)
ZABOROWSKA, M., 2001, « La réforme administrative et territoriale polonaise dans le contexte européen », Étude effectuée pour Notre Europe.

LE MANAGEMENT DES RESEAUX TERRITORIALISES : LE CAS DE LA MACRO-REGION DU CAUCASE (RUSSIE)

Issa BOKOV
Université d'État d'Ingouchie (Russie)
5 place Jean MOULIN
57000 Metz
ibokov@live.fr

INTRODUCTION

La Russie, au cours des dernières décennies, a développé un programme de modernisation de son économie, mettant fin au modèle soviétique fondé sur une trop forte dépendance vis-à-vis de ses ressources naturelles.

Aujourd'hui, la politique de clusters est un élément nouveau de modernisation régionale destiné à renforcer la compétitivité territoriale à l'échelle régionale de la Fédération de Russie. Selon une publication de l'OCDE (Synthèses, novembre 2007, p. 6) : « *l'innovation est un facteur déterminant de la croissance et des performances de l'économie mondialisée. Elle donne naissance à de nouvelles technologies et de nouveaux produits qui aident à répondre aux enjeux mondiaux comme ceux de la santé ou de l'environnement. En transformant les modalités de production des biens et de prestation des services, elle stimule la productivité, crée des emplois et contribue à améliorer la qualité de vie des citoyens* ».

De différentes formes d'organisation productives territorialisées, comme le district industriel (Becanttini, 1981), le milieu innovateur (Crevoisier, 2001), le Système Productif Localisé (Becattini, 1992) et le cluster (Porter, 1998), ont été successivement créées à partir des cas des pays d'Europe occidentale. Mais, à l'heure actuelle, le cluster est considéré, par nombre de chercheurs, comme l'un des meilleurs concepts pour mieux appréhender ce phénomène de la concentration géographique des activités économiques et ses impacts sur le développement régional.

Depuis 2005, le gouvernement russe a mis en place une série de réformes pour tenter de diversifier l'économie du pays et favoriser l'innovation. Les managers régionaux de la Fédération de Russie mettent de plus en plus fréquemment en place les différents types de réseaux territoriaux d'organisation (RTO), comme les clusters, les zones d'économie spéciales (ZES) sur l'exemple chinois, des « techno-parcs » comme en Europe, et plus récemment, des cités dédiées à l'innovation telles que SKOLKOVO (à l'ouest de Moscou), sur le modèle de la Silicon Valley américaine.

En France, les clusters constituent également un instrument de politique d'innovation très utilisé. Lancée à la fin de l'année 2004 à la suite du rapport Blanc (2004) analysant les origines du ralentissement économique français, et effectif en juillet 2005, la politique des pôles de compétitivité a connu une deuxième vague de labellisation en 2007. La question de la gouvernance des pôles de compétitivité et des clusters a fait l'objet de nombreux travaux théoriques. Selon Ehlinger et al. (2007), la gouvernance d'un réseau territorialisé est constituée des « *modes de régulation des rapports entre différentes unités* » (p. 155). Il s'agit, plus précisément, d'une « *forme hybride de relations marchandes et non marchandes visant à adapter, coordonner et contrôler des échanges entre des entités hétérogènes par des mécanismes de régulation complexes de nature transactionnelle et relationnelle, économique et sociale* » (p. 158).

Pour Porter (1998), le cluster constitue une forme de réseau qui se développe dans un territoire donné : la proximité d'entreprises et d'institutions assure certains éléments communs et améliore la fréquence et l'impact des interactions, et in fine la compétitivité et l'innovation des firmes.

Ainsi, la volonté d'observer les modalités pratiques innovantes de développement des réseaux territorialisés en matière de développement durable nous amène à poser la question suivante qui constitue autant de pistes de recherche : quels sont les outils de gestion que les acteurs territoriaux au sein d'un réseau territorialisé d'innovation de type cluster touristique doivent adopter ? Cette problématique sera complétée par le questionnement suivant :

Q1. Quels sont les acteurs locaux et quels nouveaux modèles de gestion mobilisent-ils pour tirer profit des richesses de leur territoire ?

Q2. Existe-t-il encore un certain espace de liberté pour les collectivités locales russes en matière de stratégie de l'innovation des territoires après les différentes réformes déjà mises en œuvre ?

Q3. Quelles préconisations managériales peuvent être formulées ?

Pour répondre à ce questionnement, nous reviendrons tout d'abord sur les différents travaux académiques ayant appréhendé la notion de gouvernance des réseaux territoriaux d'organisation. Notre réflexion s'appuiera sur un champ d'investigation, croisant les différentes approches, économique, sociologique et environnementale. Pour cela, nous nous appuyons sur le cas du cluster touristique du Caucase du Nord.

L'objectif de cet article est d'apporter un éclairage nouveau sur le management des réseaux territorialisés de la macro-région du Caucase (Russie). Il s'agit également d'évaluer les politiques d'innovation, des actions régionales et le rôle des acteurs territoriaux dans le management stratégique en matière de développement économique, de cohésion sociale et plus récemment pour faire face aux défis environnementaux à l'échelle régionale de la Fédération de Russie.

L'article est organisé de la façon suivante : dans la première partie, une revue de littérature sera réalisée à travers les principales contributions sur le concept de cluster. Nous revenons tout d'abord sur les différents travaux académiques ayant appréhendé la notion de gouvernance des réseaux territoriaux d'organisation. La deuxième partie sera consacrée à l'étude du cluster touristique dans le Caucase du Nord en Russie avec une courte présentation de notre méthode de recherche. Enfin, la troisième partie discutera nos résultats de recherche.

1. Revue de littérature

Pour Ehlinger, Perret et Chabaud (2007 p. 155), les réseaux territorialisés apparaissent le plus souvent dans la littérature en gestion sous la forme de clusters (au sens de Marshall ou Porter), de districts industriels selon le modèle italien, ou plus récemment en France de pôles de compétitivité. Les auteurs définissent alors les réseaux territorialisés comme « *des ensembles coordonnés d'acteurs hétérogènes, géographiquement proches, qui coopèrent et participent collectivement à un processus de production* ». L'ancrage des organisations au territoire est donc un élément essentiel de la constitution du cluster. Il existe en effet une surenchère dans les termes relatifs à ces groupements d'entités localisés sur un même territoire: clusters, grappes technologiques et industrielles, districts industriels, districts technologiques, districts « rayonnants », milieux innovateurs, régions apprenantes (« learning regions »), pôles (technologiques, d'excellence, de compétitivité), système territorial de production, systèmes productifs locaux (SPL). Carluer (2006 p. 195) propose une typologie de six types de réseaux d'organisation à partir de trois caractéristiques relatives au territoire (ancrage), aux interactions (intensité des échanges) et à l'apprentissage : le cluster, la technopole, l'espace serviciel, le district italien, la « *learning region* » et le milieu innovateur. Nous avons retenu essentiellement le système productif local, le milieu innovateur, la « *learning region* » et le district industriel auxquels nous consacrerons la plus grande partie du présent article.

Le système productif local (SPL) est un concept développé par des chercheurs français mettant en évidence une agglomération d'entreprises proches géographiquement entretenant des relations de coopération/concurrence/émulation et transformant les espaces géographiques en zones de spécialisation productive. Le SPL met en évidence les dynamiques d'évolution et les temporalités de ces formes d'organisation dérivant de la définition du district industriel italien : « *une entité socio-territoriale caractérisée par la présence active d'une communauté de personnes et d'une population d'entreprises dans un espace géographique et historique donné* » (Becattini, 1992, p. 36)

Le milieu innovateur est un concept qui se concentre sur la dimension territoriale de l'innovation. L'innovation serait le résultat d'une articulation avec le milieu local compris à la fois comme une forme d'organisation permettant de réduire les coûts de transaction, mais aussi comme un déterminant cognitif, vecteur d'apprentissage, de compétences et de savoir-faire (Crevoisier, 2001 p.156).

La « *learning region* » est un système qui se caractérise avant tout par sa faculté à attirer les compétences les plus recherchées et à capter la rente informationnelle via son prestige et sa production scientifiques, sa richesse culturelle et ses aménités environnementales. La « *learning region* » met la question de l'apprentissage au centre de la compréhension du développement des régions. La région comme entité apprenante est vecteur de développement endogène (Munier et Rondé, 2001) par sa capacité à favoriser le développement et la diffusion de plusieurs sortes d'apprentissages (Maillat et Kebir, 1999) : interactif, institutionnel, organisationnel et par l'action.

À la fin du XIXème siècle, l'économiste anglais Alfred Marshall (1890) fut l'un des premiers à aborder le concept de cluster et à poser les fondements de ce qui deviendra la théorie moderne des clusters en conceptualisant les bénéfices de la concentration d'entreprises sur un territoire géographique donné, au sein des districts industriels. La notion de district industriel a en effet été reprise un siècle plus tard par Giacomo Becattini, qui a mis en évidence l'importance d'éléments informels (historique, collaborations informelles entre les industries) dans le cas de l'organisation industrielle des régions de l'Italie du Nord.

Le processus d'émergence des dynamiques productives territorialisées donne lieu depuis plus d'une trentaine d'années à une littérature dense. S'enracinant dans les travaux d'Alfred Marshall sur les économies d'agglomération et les districts industriels, les apports issus de la convergence de réflexion en économie industrielle et en économie spatiale permettent d'envisager des synergies rendues possibles par la proximité d'entreprises, essentiellement petites et moyennes.

Au début des années 1990, Michael Porter, professeur de stratégie d'affaire à Harvard, réactualise et popularise le phénomène des agglomérations d'activités économiques en développant le concept de « *cluster* » (déjà utilisé par Schumpeter en 1911) qu'il définit comme : une concentration géographique de entreprises liées entre elles, de prestataires de services, de firmes d'industries connexes et d'institutions associées (universités, agences de normalisation, organisations professionnelles notamment), dans un secteur particulier, qui s'affrontent et coopèrent (Porter, 2008, p. 213-214).

Il est évident qu'il n'existe pas une définition unique de la notion de cluster dans la littérature. Porter (1998) identifie pour sa part trois catégories de clusters : les *traded clusters*, qui abritent les industries exportatrices, les local clusters, orientés services, qui s'adressent à un marché local (commerce, construction) et les « *resource-based clusters* », qui reposent sur des ressources naturelles (charbon, pétrole, forêts). Selon Porter (2000), Rosenfeld (2002) et Torre (2006), on trouve, au cœur de la définition, la concentration géographique et la spécialisation, la mise en réseau ou encore l'échange de connaissances, qui sont le moteur essentiel du développement territorial.

La multiplicité des définitions et des pistes d'explication sèment non seulement la confusion quant au véritable caractère des clusters, mais a surtout pour effet que chaque concentration d'entreprises peut être qualifiée de cluster ; un phénomène qui va en s'amplifiant. Les définitions ci-après témoignent de l'étendue du champ sémantique du terme de cluster :

a) Les clusters sont des groupes d'organisations qui travaillent dans un secteur économique défini et un environnement géographique limité. Cela permet de générer une série de synergies opérationnelles qui constituent des sources d'avantages compétitifs.
b) Les clusters sont des groupes ayant une base géographique commune, formés d'entreprises et d'industries en rapport entre elles, opérant dans un environnement caractérisé par un degré élevé de spécialisation, une compétitivité intense et une masse critique d'employés hautement qualifiés. (Forum économique mondial).
c) Les clusters sont des groupes d'entreprises et d'institutions partageant un même domaine de compétences, proches géographiquement, reliées entre elles et complémentaires (Porter, 1998).
d) Les clusters sont une masse critique d'entreprises (suffisante pour attirer des services, des ressources et des fournisseurs spécialisés) ayant des relations systémiques fondés sur des complémentarités et des similarités, sur une étendue géographique limitée (Rosenfeld, 2002).
e) Les clusters sont une concentration géographique unie par des chaînes de valeur économique, évoluant dans un environnement bénéficiant d'infrastructures de soutien, partageant une stratégie commune et visant à attaquer un même marché (Cooke et Huggins, 2003).
f) Enfin, les clusters peuvent se définir suivant trois axes :
    - l'axe économique (chaines de valeurs, complémentarités, regroupement entreprises et institutions sur un même domaine d'activité),
    - l'axe relationnel (liens, coordinations),
    - l'axe territorial (étendue géographique et concentration d'acteurs).

La prise en compte des interactions complexes entre les acteurs et l'organisation de ces acteurs, ainsi que leur engagement sur leur territoire d'ancrage, permettent de différencier le cluster des autres phénomènes d'agglomération spatiale. Selon Torre (2006, p. 18), si le concept de cluster a autant de succès c'est d'abord parce qu'il repose sur quatre fondamentaux théoriques :

a) l'économie de la connaissance, avec l'importance de la circulation du savoir tacite et explicite entre les agents ;

b) les externalités de réseaux et d'infrastructures, qui contribuent à créer une « communauté d'intérêts communs partagés » ;

c) l'intégration verticale des entreprises, qui réduit les coûts de transaction des entreprises en place et favorise des relations hors marché ;

d) le cluster est un système ouvert, qui permet aux acteurs de participer activement à la mondialisation.

Selon Mayneris (2011a, p. 114), les politiques en faveur des clusters sont, de plus, apparues comme un moyen de relier deux logiques de politique industrielle présentées jusque-là comme exclusives : une approche sectorielle, ciblant des industries précises, et une approche plus horizontale, ne cherchant pas à soutenir un secteur particulier mais à agir sur l'environnement productif des entreprises (à travers le rapprochement entre entreprises et laboratoires de recherche notamment). On assiste ainsi depuis le milieu des années 2000 à une multiplication dans le monde du nombre des politiques publiques visant à promouvoir les dynamiques de clusters.

En Russie, la politique de promotion des clusters s'est développée à l'échelle régionale et nationale. La concurrence internationale croissante a placé la politique russe face à d'importants défis durant la dernière décennie du siècle dernier. Cette situation a donné lieu à une réorientation de la politique en matière de recherche et de technologie. Dans le rapport du gouvernement russe sur la recherche de 2008, la promotion de l'innovation, par la mise en réseau des partenaires, est considérée explicitement comme un instrument de la politique dans ce domaine.

Les pouvoirs publics régionaux attendent de la mise en œuvre des politiques de clusters un retour sur investissement à travers une amélioration des performances des entreprises aidées. Si les objectifs ne sont pas toujours clairement identifiés, les attentes concernent généralement l'innovation, l'emploi et la productivité.

2. Étude de cas : le cluster touristique de la région du Caucase (Russie)

Les politiques de clusters sont aujourd'hui présentées comme l'instrument incontournable du développement régional et de la compétitivité des Etats. Nous avons choisi le cluster touristique de la région du Nord Caucase comme terrain de recherche. Les données statistiques ont été obtenues au moyen de différentes techniques : observation directe, étude documentaire, etc. Nous commençons notre étude de cas d'abord par une présentation de la Région Nord-Caucase pour avoir une vision générale des clusters en Russie.

Le district fédéral du Caucase du Nord est le plus petit district fédéral du pays (172 360 km², 1% de la superficie de la Russie), il compte 9 260 000 d'habitants (12% des habitants du pays y vivent). Le district est composé des six régions: la Tchétchénie, l'Ingouchie, l'Ossétie du Nord, la Karatchaïevo-Tcherkessie, le Daghestan et la Kabardino-Balkarie.

Carte 1 : Le district fédéral du Caucase du Nord

Le district fédéral du Caucase du Nord	Chiffres-clés
Superficie	172 360 km²
Population	9 254 940 hab.
Densité	54 hab./km²

Source : http:skfo.gov.ru

Vocabulaire: découpage administratif

- *La région (république) de la Fédération de Russie* est l'unité administrative, elle s'organise autour d'une grande ville. Elle est dirigée par le gouvernement local et le gouverneur.

- *Districts fédéraux* : toutes ces unités administratives sont regroupées en 8 districts fédéraux administrés chacun par un gouverneur nommé par le président de la fédération.

Nord Caucase : un programme de cluster touristique soutenu par l'Etat

Le tourisme, vecteur d'une nouvelle forme de coopération internationale est une source de diversification des revenus. Le tourisme permet de renforcer, de moderniser les infrastructures, de densifier le territoire et de l'aménager, et il est créateur d'activités (PME, services associés). Il nécessite des ressources alimentaires, en eau et en énergie. Les investissements s'élèvent en dizaines voire en centaines de milliards d'euros. La Russie dispose d'un patrimoine important et d'un potentiel de développement unique qui peut être avantageusement valorisé sur le plan touristique.

L'Etat fédéral et les autorités locales se sont engagés tant en modifiant la législation qu'en permettant à la Russie de participer à des évènements internationaux. Pour atteindre l'objectif d'excellence en matière d'organisation et d'accueil, les autorités ont décidé de mobiliser toutes les ressources disponibles en optant sur les partenariats publics/privés. L'opération Nord Caucase en est la parfaite illustration.

Le cluster touristique Nord Caucase a été lancé le 15 janvier 2010. Ce projet combine plusieurs types de tourisme sur un large territoire. Le ministère russe de l'économie et de l'industrie a été le promoteur des clusters, dans la lignée de ses projets de renforcement du tissu industriel national. Dans la Région Nord-Caucase plusieurs types d'acteurs clés sont impliqués : les PME, les associations et les services publics, les clients, les établissements financiers, techniques ou universitaires. La collaboration est organisée par un acteur catalyseur : la société d'aménagement touristique du Caucase du Nord.

Ce projet est le plus grand projet touristique au niveau mondial en cours de réalisation. La zone concernée couvre plus de 50 000 kilomètres carrés et s'étend sur 1200 kilomètres de la Mer Caspienne à la Mer Noire. La société d'aménagement touristique du Caucase du Nord (Kurorty Severnogo Kavkaza) conduit un projet qui devrait aboutir à la création de 300 000 emplois. En plus des problèmes de développement de l'industrie touristique afin de réaliser le potentiel de la région, ce plan permettra de résoudre le problème du chômage. Le chômage de longue durée - est sans aucun doute le mal social et psychologique le plus aigu du Caucase du Nord.

Aujourd'hui un habitant sur cinq ne peut pas trouver du travail. En Ingouchie, plus de 35% de la population active est au chômage, en Tchétchénie, près de 30%. Pour attirer les touristes étrangers dans un proche avenir, il faut améliorer le système de transport dans la région. Tous les aéroports du nord du Caucase seront ainsi reconstruits. Il est également prévu le développement des routes, qui contourneront les grandes villes, pour éviter les problèmes d'embouteillages et de la dégradation de l'environnement. Des actions spécifiques sont prévues dans les secteurs de l'industrie, de l'agriculture et pour la formation des jeunes afin de réussir ce développement. Plus de 30 milliards de dollars devront être mobilisés afin de réaliser cinq stations balnéaires et cinq stations de ski. Les sites mettront en valeur les sources thermales de la région.

Ce projet repose sur la combinaison d'initiatives privées et publiques permettant de gagner du temps, de l'argent et d'agréger le maximum de compétences. Les autorités russes ont décidé d'adapter la législation et de créer des zones franches, des capitaux ont été mobilisés soit directement par les pouvoirs publics, soit via les fonds souverains. L'appel au privé pour la logistique, le développement d'infrastructures dans le cadre de société mixte est la règle. Cet appel s'effectue au niveau international. Le partenariat se veut équilibré dans la répartition des compétences. Il ne s'agit pas de créer des enclaves, mais bien enclencher des cycles de croissance intégrés au niveau local.

Déjà plus de 20 sociétés françaises ont ou sont prêtes à participer à ce projet. Par exemple, la Caisse des Dépôts et des Consignations par sa filiale « *La Compagnie des Alpes* » qui a construit et gère de grandes stations de ski en France et à l'étranger, fournira son expertise technique, juridique et environnementale ainsi que ses compétences en matière de planification. Tout cela a déjà porté ses fruits. Ainsi, la station de ski « *Aramkhi* » d'Ingouchie est en cours de construction, et pourra accueillir ses premiers visiteurs dès la saison 2014-2015. D'autres stations sont également en cours de construction.

Dans la Région d'Ingouchie, la station de ski « *Aramkhi* » offre des prestations touristiques : le tourisme urbain et culturel, le tourisme rural, sportif, thermal ou le tourisme d'affaire.

Source : Comité régional de tourisme région d'Ingouchie, http://tourismri.com

Comme dans tous les pays en développement, le manque d'infrastructure de base constitue un des grands problèmes. On observe qu'en phase de démarrage du cluster, les infrastructures matérielles de base comme la route, l'électricité et la télécommunication sont primordiales. Mais, le savoir-faire en matière de gestion d'entreprise et de gouvernance de cluster est aussi important (Roy et Banerjee, 2007) pour les clusters en Russie où il est cependant souvent absent.

Le gouvernement régional joue un rôle important en matière de politique publique dans les clusters de la Russie. Ce rôle peut aller à de celui de planificateur, à celui de l'investisseur en matière d'infrastructures, ou encore à celui de promoteur du cluster et aux fonctions de gouverneur de la région. Un mécanisme de soutien étatique du projet a été mis en place, des modifications ont été apportées à la loi fédérale sur les clusters. Cette loi apporte aujourd'hui des solutions à des problèmes très complexes. Ce mécanisme était inexistant auparavant. Les résidents des clusters du type touristique dans le Caucase du Nord bénéficient désormais de privilèges d'ordre fiscal et douanier :

a) exonération des taxes sur les transports pendant 10 ans,
b) exonération de l'impôt sur les sociétés pendant 10 ans,
c) exonération des impôts fonciers pendant 5 ans.

L'expérience de la Russie montre, comme dans d'autres pays, que l'intervention de l'Etat, notamment au niveau régional, est volontariste pour le développement des clusters, lesquels participent aussi du développement des moyens de transport dans la région. Dans l'ensemble, on observe qu' il y a en effet une perspective d'intégration du Caucase du Nord dans l'axe de transport international nord-sud, qui reliera la Russie et l'Europe avec les états de golfe Persique et d'Asie centrale, précisément grâce à la politique des clusters.

CONCLUSION

L'article avait pour objectif de caractériser la place du tourisme dans la construction du territoire Caucase du Nord et l'importance de sa relation avec son mode d'organisation. Notre étude de cas nous confirme que le cluster est un outil politique efficace en termes de création d'emplois et d'augmentation du niveau de vie, notamment dans le cas de la région du Nord Caucase. Les régions russes moins développées pourront réduire les écarts de développement par le développement de clusters spécialisés dans une industrie compétitive.

Les clusters de la Russie ont des caractéristiques différentes, comparés aux clusters des pays européens. On observe que le développement des infrastructures est très important dans les régions russes pour bien favoriser le développement de l'économie régionale. Les clusters ont aussi des effets positifs sur la création d'emplois dans le secteur du tourisme qui accélère l'industrialisation et l'urbanisation de la région.

La notion de cluster touristique reste encore assez neuve en Russie et il faudra attendre le développement du cluster touristique de la région Nord Caucase, pour comprendre l'effet d'une telle caractérisation sur l'organisation du cluster et de son impact sur les touristes. En ce sens, l'évaluation des politiques de clusters en Russie est nécessaire pour mettre de l'ordre dans la diversité des expériences conduites. D'un point de vue méthodologique, deux étapes sont nécessaires à une évaluation économique des politiques en matière de cluster :

- l'identification des caractéristiques particulières des entreprises aidées,
- la mesure de l'impact de cette politique.

Notre recherche peut fournir des outils aux gouvernements régionaux de la Russie pour développer l'économie régionale par la politique de clusters.

BIBLIOGRAPHIE

AGRIDOC, 2004, *Tourisme solidaire et développement durable*, Agridoc, GRET, Paris.

AMAR, A., BERTHIER, L., 2007, « Le nouveau management public : avantages et limites », *Gestion et Management Publics*, Vol.5, Décembre : http://www.airmap.fr/images/stories/pdf/GMP/GMP2007_5.4._Amar Berthier.pdf

ANTIER, G., 2005, *Les stratégies des grandes métropoles : enjeux, pouvoirs et aménagements*, A. Colin, Paris.

BECATTINI, G., 1981, Le district industriel : milieu créatif, *Espace et Société*, n°66-67, pp. 147-64.

BLANC, C., Pour un écosystème de la croissance, Assemblée Nationale, rapport au Premier ministre : http://www.ladocumentationfrancaise.fr/var/storage/rapports-publics/044000181/0000.pdf

BOCQUET, R., MOTHE, C., 2008, « Quelle place pour les institutions publiques dans la gouvernance des pôles de compétitivité à forte dominante PME ? » Actes du XIVème congrès de l'ASRDLF, *Territoires et action publique territoriale : nouvelles ressources pour le développement régional*, Rimouski, 25-27 août.

CASARIN, F., ANDREANI, J.-C., 2002, « L'étude marketing du comportement du touriste. Problèmes théoriques et enjeux opérationnels », *Revue Française du Marketing*, vol. 188, N°3, pp. 15-22.

CARLUER, F., 2006, Réseaux d'entreprises et dynamiques territoriales : une analyse stratégique, *Géographie Economie et Société*, Vol. 8, N°2, pp. 193-214.

CHIA, E., TORRE, A., REY-VALETTE, H., 2008, « Vers une « technologie » de la gouvernance territoriale. Plaidoyer pour un programme de recherche sur les instruments et dispositifs de la gouvernance des territoires, Norois, Dispositifs et outils de gouvernance territoriale », Vol. 209, n°4, pp. 167-177.

COOKE, P., HUGGINS, R., 2003, « High-technology clustering in Cambridge (UK) », in A. Amin, S. Goglio and F. Sforzi (eds.), The institutions of local development, Ashgate, London.

CREVOISIER, O., 2001, « L'approche par les milieux innovateurs : état des lieux et perspectives », *Revue d'Economie Régionale et Urbaine*, N°1, pp. 153-166.

DEPRET, M-H, HAMDOUCH, A., 2009, « Clusters, réseaux d'innovation et dynamiques de proximité dans les secteurs high-tech », *Revue d'économie industrielle*, 128 (4 trimestre), pp. 21-52.
EHLINGER, S., PERET, V., CHABAUD, D., 2007, « Quelles gouvernance pour les réseaux territorialisés d'organisations ? », *Revue Française de Gestion*, N°170, pp.155-171.
GERARDIN, H., POIROT, J., 2010, « L'attractivité des territoires : un concept multidimensionnel », *Mondes en Développement*, vol. 38, N°149, pp. 27-41.
GOMEZ, P.Y., 2008, « La gouvernance des pôles de compétitivité ; impasse théoriques et reformulation de la spécificité des pôles », *Revue Française de Gestion*, 35, pp. 187-209.
GRANEM (Groupe de recherche angevin en économie et management), 2013, « Les clusters ou districts industriels du domaine culturel ou médiatique », *Revue du savoir économique et questionnement*, N°49, p. 58.
HAMDOUCH, A., 2008, « La dynamique d'émergence et de structuration des clusters et réseaux d'innovation : revue critique de la littérature et éléments de problématisation », XIVème colloque de l'ASRDLF, Rimouski (Québec).
LAPERCHE, B., UZUNIDIS, D., 2007, « Le système national d'innovation russe en restructuration : réformes institutionnelles et politique industrielle », *Innovations, Cahiers d'économie de l'innovation*, n°26. pp. 69-94
CHOLAJ, H., 1998, Transformation systémique en Pologne. Esquisses théoriques, Édition de l'Université de Marii Curie-Sklodowskiej, Lublin (Transformacja systemowa w Polsce, Szkice teoretyczne).
MADIES, T., RAGER, J.C., 2008, « Innovation et compétitivité des régions, rapport du Conseil d'analyse économique », *La Documentation française*, p. 4.
MAILLAT, D., KEBIR, L., 1999, « Learning régions et systèmes territoriaux de production », *Revue d'Economie Régionale et Urbaine*, Vol. 3, pp. 429-448.
MAYNERIS, F., 2011, « Évaluation des politiques de clusters : sélection, auto-sélection et impact », *Reflets et perspectives de la vie économique*, N°1, Tome L, pp. 109-115.
MAYNERIS, F., 2011, « Impact des politiques de clusters sur les performances des entreprises. Enseignements de l'expérience française », *Économiques*, Octobre, N° 91 :
http://perso.uclouvain.be/florian.mayneris/RE091.pdf
MENDEZ, A., BARDET, M., 2008, « Quels systèmes de gouvernance pour les pôles de compétitivité constitués de PME : entre logique d'intégration et de différenciation », *Revue française de gestion*, N°190, pp. 123-142
MUNIER, F., RONDÉ, P., 2001, « Densité scientifique des régions et compétences pour innover des entreprises : une mise en perspective du

concept de learning region», *Revue d'Economie Régionale et Urbaine*, N°4, pp. 515-538.
OCDE, 2007, Synthèse « Innovation et croissance ».
PORTER, M., 1998, « Clusters and the New Economics of Competition°», *Harvard Business Review*, vol. 76, N°6, pp. 77-90.
ROSENFELD, S., 2002, « A Governor's Guide to Cluster-based Economic Development », *National Governors Association,* Washington.
ROY, S., BANERJEE, P., 2007, Developing regional clusters in India: The role of national laboratories, *International Journal of Technology Management & Sustainable Development*, N°6, pp. 193-210.
TIXIER, J. CHABAUL, D. CASTRO CONCALVES, L., 2009, « La gouvernance à l'épreuve des faits : le cas des pôles de compétitivité », *Marché et Organisations*, pp. 119-139.
TORRE, A., 2006, « Clusters et systèmes locaux d'innovation : retour critique sur les hypothèses naturalistes de transmission des connaissances à l'aide des catégories de l'économie de la proximité », *Région et développement*, N°24, pp. 15-44 :
www.philippecrevel.fr « la Russie la terre du tourisme du 21eme siècle »

LA BULGARIE: TRANSITIONS, MODERNISATION, INTEGRATION EUROPEENNE

Sonia VATEVA
Maître de conférences en sciences économiques
Université de Sofia « Saint Kliment Ohridski »
Faculté d'Economie et de Gestion, Chaire Economie
soniavateva@gmail.com

INTRODUCTION

L'intégration de la Bulgarie dans les structures européennes pose naturellement les questions de la continuité et de la complexité du processus du développement économique, politique et social du pays dans le temps. Située géographiquement à la périphérie de l'Europe, l'intégration de la Bulgarie à l'Union européenne est généralement perçue, comme une sorte de modernisation, et le progrès qui en découle comme une réduction de la distance séparant le pays de la partie développée du continent. Mais, le processus est loin d'être indolore puisque, tout en étant porteur de dynamisme, de progrès et de culture, il détruit les routines et les traditions. Pour ces raisons, l'image de l'Union européenne est dotée d'une ambivalence suscitant à la fois le respect et la crainte, la sécurité et l'incertitude.

La modernisation désigne une transition, ou une succession de transitions, de la société traditionnelle vers la société industrielle. Elle prend appui sur l'Europe occidentale, qui depuis la fin de la seconde guerre mondiale, a mis en place des institutions économiques et politiques nouvelles compatibles avec des objectifs de développement économique et de bien-être social. Ces institutions sont reconnues en tant que modèle de développement et un cadre de référence pour les autres sociétés. Dans un sens plus large, la modernisation se présente comme une théorie générale du processus de transformations économiques, politiques et sociales ou encore comme une méthode d'interprétation du développement contemporain de l'humanité (Black, 1976). Les conditions historiques, de leur côté, en déterminent la nature multidimensionnelle de ses formes et de ses fonctions.

Dans le cas bulgare, l'origine de la transformation économique et sociale remonte à une période où l'Etat était inexistant. La société bulgare prend son essor déjà dans les entrailles de l'Empire ottoman : elle atteint notamment un niveau élevé d'éducation et d'auto-organisation ; des éléments d'industrie et de monétarisation font leur apparition. Cette ascension remet à l'ordre du jour les questions du mouvement de libération nationale et de la création d'un Etat national. Après la Libération du pays en 1878, la situation économique change avec la perte des vastes marchés de l'Empire et l'afflux de la production européenne, ce qui porte atteinte au commerce et à l'industrie naissante. Les moyens financiers disponibles sont orientés vers le secteur agraire pour l'achat de terres. La Bulgarie reste en effet un pays de petits propriétaires terriens jusqu'au milieu du XXème siècle. La domination du village avec ses mœurs patriarcales et sa mentalité ancrée dans le collectivisme et le conservatisme demeure et la société reste majoritairement paysanne. Une bourgeoisie et des élites politiques émergent progressivement, mais leur influence est encore limitée. C'est dans ce contexte historique que démarre la modernisation de l'économie et de la société bulgares qui se poursuit jusqu'à nos jours. La mise en place accélérée, après la Libération, d'un Etat de droit est fortement influencée par le modèle institutionnel instauré en Europe par la bourgeoisie libérale au cours de la deuxième moitié du XIXème siècle. A défaut d'un tissu économique et social suffisamment développé, c'est l'Etat bulgare qui intervient massivement dans la modernisation de la société et de l'économie du pays.

Le développement de la Bulgarie après la Première Guerre mondiale est marqué par l'instabilité : les périodes de crise sont suivies de périodes relativement courtes d'essor économique, notamment entre 1924 et 1929, puis entre 1934 et 1939. L'industrie occupe la deuxième position par ordre d'importance dans le PIB après l'agriculture. La main-d'œuvre bon marché, le marché intérieur limité, le déficit de capitaux d'origine nationale, la faible part des investissements étrangers dans l'industrie et l'absence du secteur de biens d'équipement expliquent la lenteur du progrès économique. A la veille de la Seconde Guerre mondiale, la Bulgarie se caractérise par un capitalisme sous-développé, une industrie faible, une agriculture de petits propriétaires. Elle est très en retard par rapport aux pays européens développés compte tenu des indicateurs économiques de base : la production industrielle par habitant, le nombre d'ouvriers industriels, la part de l'industrie dans le revenu national, l'énergie consommée (Bérov, 1994).

L'objectif de cet article est de retracer les grandes phases d'évolution de la Bulgarie depuis la fin de la seconde guerre mondiale à nos jours, en distinguant deux périodes clés, d'une part celle de l'économie socialiste (partie 1), d'autre part celle de la transition vers l'économie de marché, marquée notamment par l'adhésion à l'Union européenne (partie 2).

1. La Bulgarie entre l'Est et l'Ouest : mutations et enjeux

1.1. La modernisation de l'après-guerre sous l'égide de l'Etat et du Parti communiste

Après la Seconde Guerre Mondiale la révolution socialiste en Bulgarie arrive avec la promesse de faire sortir le pays du cercle vicieux du sous-développement et de moderniser son économie. Cette fois, l'Etat bulgare adopte le modèle économique et politique soviétique. Les moyens de ce type de progrès accéléré sont connus : la mobilisation extrême des ressources humaines, des investissements énormes dans l'industrie en capitaux et main d'œuvre, le contrôle sévère du Parti communiste sur l'application des lois sur le progrès socialiste. Vers la fin des années 1940 et dans les années 1950, l'Etat procède à la nationalisation des entreprises industrielles, des mines, des banques, du commerce, du transport et de la plus grande partie de la propriété agricole. L'absence de secteur privé a pour résultat la perte des traditions de travail, car les Bulgares ne sont plus propriétaires de leurs biens et n'ont pas de droit à l'initiative individuelle. La responsabilité du développement économique revient au Parti Communiste et à l'Etat. La nationalisation de la propriété, la suppression du marché libre et le développement renforcé du secteur industriel contribuent au changement de l'économie agraire vers l'industrialisation.

Le gouvernement communiste essaie d'insérer la Bulgarie dans la division et la spécialisation socialiste du travail en vue d'assurer le succès de l'avènement de la société industrielle. La stratégie de croissance économique, basée sur une spécialisation et une intensification de la production, se fonde sur une collaboration de plus en plus active avec les autres pays socialistes. De même, on compte beaucoup sur un certain nombre de privilèges issus de l'appartenance à la zone commerciale du Conseil d'Aide Economique Mutuelle (CAEM). Grâce aux crédits et à l'aide technique de l'Union Soviétique, l'économie bulgare se développe d'une manière stable. Au cours des années 1960-1970, elle atteint des rythmes considérables de croissance. Ses structures économiques et sociales sont transformées en profondeur. Au début des années 1980, le pays apparaît comme étant industrialisé et urbanisé, avec une agriculture collectivisée presque à 100%, une croissance très nette de l'alphabétisation, une éducation de masse, un bon système de prestations sociales, une évolution culturelle évidente et un bon niveau de vie. La structure des exportations bulgares illustre de manière éloquente l'industrialisation accélérée du pays. La part des machines dans la totalité des exportations bulgares atteint 60% en 1987[21]. Ces performances incontestables et le

21 *Bulgaria XX vek. Almanah*, [*La Bulgarie XX*^e^ *siècle. Almanach*], Sofia, Traduction, 1999, p. 364.

climat de sécurité économique et sociale qui règnent dans le pays expliquent la stabilité du régime socialiste.

La Bulgarie ne rencontre pas de problèmes financiers considérables avec les pays occidentaux, ce qui lui permet d'importer les équipements nécessaires pour la construction de machines, l'électronique, l'industrie chimique, etc. On peut dire que l'Etat et le Parti communistes font des efforts pour se rapprocher des pays européens développés. L'avancement de l'industrie est évident, mais il repose sur une relation de dépendance à l'égard de l'Union Soviétique et du CAEM en matière d'énergie, de matières premières et de débouchés commerciaux. Le fait que la Bulgarie soit intégrée aux marchés du CAEM lui permet de rester à l'abri de l'instabilité de l'économie mondiale pendant les années 1970, et ce n'est que très tard, dans les années 1980, qu'elle commence à éprouver des difficultés importantes. Après l'effondrement du socialisme à la fin des années 1980, la Bulgarie ne peut profiter suffisamment du progrès atteint jusqu'alors, dans la mesure où il est réalisé dans le cadre du modèle soviétique et sous la forte dépendance de Moscou.

1.2. Les débuts difficiles du processus de libéralisation des années 1990

Au début des années 1990, la Bulgarie doit de nouveau faire face au défi de reconstruire et de moderniser son économie. Le contexte est extrêmement défavorable. D'une part, l'effondrement du système socialiste entraîne la perte du marché soviétique, vaste et peu exigeant par rapport à la qualité des produits. D'autre part, la production bulgare se caractérise par une faible compétitivité et, de surcroît, le pays manque d'expérience pour écouler ses produits sur le marché international. Ainsi, la Bulgarie plonge dans une crise économique profonde qu'elle a beaucoup de difficultés à surmonter compte tenu de sa méconnaissance de l'économie de marché, de l'insuffisance de moyens financiers et de l'absence de soutien d'une organisation économique régionale.

Les particularités du développement économique et politique de la Bulgarie au début des années 1990 sont déterminées par les conditions intérieures et extérieures dans lesquelles commence la transition d'une économie planifiée et centralisée vers une économie de marché[22]. Les facteurs fondamentaux qui influencent durablement les rythmes et l'enchaînement des processus économiques bulgares sont les suivants :

---

[22] Le plus souvent la transition est conçue comme une période durant laquelle il y a un déplacement linéaire entre deux états bien définis : « *l'économie planifiée classique* » et « *l'économie de marché classique* ». Mais, comme le remarque R. Avramov : « *La simplicité du modèle linéaire suppose que l'on sait où va l'économie de transition, alors qu'en réalité elle est un sujet inconnu, au devenir incertain. C'est un point d'intersection des éléments de l'ancien et du nouveau, de pression contre le statu quo préexistant et de résistance de sa part, d'interaction imprécise entre des formes de vie économique 'apparentes' et 'invisibles'* » (R. Avramov, *Prehodat* [*La Transition*], 1994, p. 5).

manque de capitaux, de ressources premières, traumatismes économiques subis, degré d'ouverture de l'économie, évolution institutionnelle, déclin démographique. Parallèlement à ces facteurs qui agissent en permanence, les conditions concrètes ayant préparé plus ou moins la transition vers une économie de marché sont liées aux tentatives du Parti Communiste Bulgare de réformer le régime socialiste. Le « *nouveau mécanisme économique* », les sociétés mixtes à capital étranger, la libéralisation de l'initiative privée dans le commerce et les services visaient surtout à introduire des éléments de marché dans l'économie socialiste. Ainsi par exemple, à la suite d'une décision du Comité Central du Parti Communiste Bulgare (CC du PCB) de 1984, commencent la formation de petites et moyennes entreprises d'Etat, ainsi que la mise en place d'une « *ligne de crédit* », créée dans une banque spécialisée – la Mineralbank – et destinée en particulier au « *soutien des initiatives économiques* ». De même, le « *Plenum de juillet* » du CC du PCB, qui s'est tenu en 1987, reconnaît officiellement la nécessité de réformer les principes économiques de façon à introduire des formes d'organisation de marché dans l'économie socialiste. En 1989, sept nouvelles banques ont été créées pour créditer les entreprises dans les différents secteurs d'activité. Il s'agit en l'occurrence de la division des banques d'Etat pour les transformer d'agences de la Banque Nationale de Bulgarie en sociétés autonomes selon un schéma qui a été préparé dès la fin de 1988[23]. Ces banques ont une spécialisation relativement étroite et leurs activités sont réduites au financement des entreprises désignées par l'Etat dans différents secteurs d'activité. Bien entendu, dans ce processus de changement, les plus avantagés sont les personnes ou les groupes qui se trouvent le plus près des centres réels du pouvoir (contacts, réseaux d'information, leviers de pression respectifs, etc.) ou des actifs incorporels. Ainsi, par ironie du sort, ce sont ceux qui étaient parmi les plus fervents défenseurs du modèle socialiste qui ont créé les premières nouvelles banques et qui disposaient des fonds et des actifs de l'Etat au profit de leurs propres intérêts.

A la fin des années 1980, pour la structure sectorielle de son économie, la Bulgarie était l'un des pays les plus industrialisés en Europe de l'Est. L'industrie contribuait le plus largement au PIB (59,4% du PIB), l'agriculture et la sylviculture (10,9%) et le tertiaire se plaçait en position intermédiaire (29,7%). A la même époque, la population active occupée dans l'industrie bulgare s'élevait à 46,7%, alors que celle dans l'agriculture représentait 16,2%. Pour cet indicateur, la Bulgarie est devancée uniquement par la Tchécoslovaquie avec respectivement 47,9% et 11,9% alors que la Roumanie se rangeait à la troisième place des pays d'Europe

---

[23] La constitution des banques est réglementée par des décrets du Conseil des ministres jusqu'en 1992, lorsqu'une nouvelle Loi sur les banques et les activités de crédit a été adoptée en Bulgarie. Cf. *Ikonomikata na Balgaria i Evropeiskiat sayouz. Predprisaedinitelen period. Ikonomitcheski institut na BAN* [*L'économie de la Bulgarie et l'Union européenne. Période de préadhésion. Institut économique de l'Académie bulgare des sciences*], Sofia 2001, pp. 80-81.

de l'Est avec respectivement 44,8% et 28,5%. Concernant le rapport entre l'industrie lourde et l'industrie légère, la Bulgarie occupe également l'une des premières places. La part de son industrie lourde dans la production globale de l'industrie est de 63,5% contre 74,8% en URSS, 73,0% en Roumanie, 70,8% en Tchécoslovaquie[24].

Bien que la Bulgarie soit un petit pays, le degré d'ouverture de son économie était élevé comme le montre le tableau 1 qui compare par pays le montant annuel des exportations et des importations en dollars en part de marché et le montant annuel du PIB, toujours en dollars en part de marché.

Tableau 1 : Rapport entre le montant des échanges extérieurs et le PIB en 1989 par pays

Pays	Montant des exportations (en millions de dollars)	Montant des importations (en millions de dollars)	PIB (en millions de dollars)	Degré d'ouverture
Bulgarie	2 579	3 973	12 140	0,53
Tchécoslovaquie	12 849	13 328	42 700	0,61
Yougoslavie	13 363	14 802	54 660	0,51
Slovénie	3 408	3 201	17 560	0,37
Russie (URSS)	140 400	104 400	494 920	0,29
Hongrie	5 975	5 430	47 120	0,24
Roumanie	5 990	3 471	44 710	0,21
Pologne	7 575	7 220	95 620	0,15
Albanie	132	223	3 040	0,11

Source : PlanEcon Review and Outlook. Analysis and Forecasts to 1998 of Economic Development in Eastern Europe, Washington DC, 1993 and PlanEcon Review and Outlook for the former Soviet Republics, Washington DC, 1996.

L'année 1990 a marqué le début des réformes. Mais, elle s'est avérée catastrophique pour l'économie bulgare. La raison est que le gouvernement du Parti Socialiste Bulgare, dirigé par A. Loukanov, a non seulement renforcé les « *distorsions accumulées* » mais la passivité manifeste de la politique macroéconomique, a encore accru les déséquilibres économiques existants[25]. En mai 1990, le gouvernement a décrété un

[24] Statistitcheski godichnik 1990. NSI [*Bulletin statistique. Institut national de la statistique*], 1991, p. 312-316 ; Statistitcheskii ejegodnik stran tchlenov Soveta ekonomitcheskii vzaimopomochtchi [*Bulletin statistique des Etats membres du Conseil d'assistance économique mutuelle*], 1988, Moscou, 1988, pp. 70-71.

[25] Au cours des années 90, sept gouvernements se sont succédés en Bulgarie : deux gouvernements PCB/PSB (A. Loukanov), novembre 1989 à octobre 1990 ; gouvernement de coalition PSB/UDF (D. Popov), décembre 1990 à novembre 1991 ; gouvernement UDF (F. Dimitrov), novembre 1991 à décembre 1992 ; gouvernement d'experts (Professeur L. Berov), décembre 1992 à octobre 1994 ; gouvernement PSB (J. Videnov), janvier 1995 à février 1997 ; gouvernement des Forces démocratiques unies

moratoire sur le remboursement de la dette extérieure. Les conséquences de cet acte ont été en premier lieu l'embargo imposé directement ou indirectement sur les produits d'exportation bulgares vers les marchés occidentaux et l'isolement financier du pays en raison du refus des banques étrangères d'accorder de nouveaux crédits.

Les faits ont montré que le principal effet de la transformation économique bulgare, celui qui a profondément bouleversé la physionomie de l'économie et de la société, a été la redistribution des capitaux d'Etat et de l'ensemble des richesses nationales. C'est en 1990 notamment que commence la décapitalisation active des grandes entreprises d'Etat et que sont accélérés les changements dans le secteur bancaire. En ce sens, l'hypothèse selon laquelle les formes de redistribution du capital d'Etat ont été projetées dès le milieu des années 1980 et qu'elles sont l'aboutissement des réformes technocratiques engagées dans le cadre du régime communiste semble très vraisemblable.

1.3. Une forte dépendance vis-à-vis du CAEM et l'URSS, une marque de fragilité

Les problèmes auxquels l'économie bulgare a été confrontée lors de la mise en œuvre du processus de libéralisation résident en partie dans sa très forte dépendance vis-à-vis des autres pays du CAEM. Les pays les plus dépendants vis-à-vis des échanges extérieurs en 1989 étaient en effet la Bulgarie, la Tchécoslovaquie et l'ex Yougoslavie. Etant donné ce haut degré de dépendance, il importe de savoir vers quels marchés internationaux la Bulgarie était orientée. Si on se réfère aux données du tableau 2, il est incontestable que, dans les conditions d'une économie socialiste, les vastes marchés de l'Union soviétique et du CAEM étaient de la plus grande importance pour la Bulgarie.

(FDU) (I. Kostov), mai 1997 à juillet 2001. Les rotations fréquentes des équipes du pouvoir exécutif en Bulgarie rendent encore plus compliquée la mise en œuvre des réformes déjà assez difficile. Sur la question de l'effondrement de l'économie socialiste et les problèmes de la période de transition voir : G. Petrov, *Krahat na totalitarnata ikonomika* [*Le krach de l'économie totalitaire*], Naouka i izkoustvo, Sofia, 1990, pp. 138-143 ; *Anatomia na prehoda. Stopanskata politika na Balgaria ot 1989 do 2004* [*Anatomie de la transition. La politique économique de la Bulgarie de 1989 à 2004*]. Institout za pazarna ikonomika [*Institut de l'économie de marché*], Ciela, Sofia, 2004, p. 54.

Tableau 2 : Part des pays du CAEM dans le montant global des exportations en 1988 par pays (en %)

Pays	Part relative (en%)
Bulgarie	82,8
Tchécoslovaquie	75,2
Pologne	69,5
Hongrie	45,5
Roumanie	41,0
Albanie	23,0
Yougoslavie	16,0

Sources : Statistitcheskii ejegodnik stran tchlenov Soveta ekonomitcheskii vzaimopomochtchi, p. 336-337. Sur la Bulgarie cf. aussi Statistitcheski godichnik [Bulletin statistique] 1990. NSI, 1991, p. 318.

La Bulgarie apparaît en position désavantageuse par rapport aux pays mentionnés : plus des quatre-cinquièmes de ses exportations globales étaient orientées vers les pays du CAEM. La Tchécoslovaquie, la Pologne et surtout la Hongrie étaient dans une situation plus favorable car leur économie est plus ouverte vers les pays d'Europe occidentale. La Yougoslavie, quant à elle, occupait une bonne position, conséquence du tournant politique effectué par I. B. Tito en 1948, qui a permis au pays de s'ouvrir sur l'Occident, dont il bénéficiait d'importants crédits commerciaux et d'investissement.

La Bulgarie était très fortement serrée dans l'étau des restrictions extérieures, ses relations commerciales et sa politique étant presque entièrement sous le contrôle de Moscou. Dans ces conditions, la dynamique de la dette extérieure brute du pays est aussi dans une grande mesure le résultat de décisions venant de l'extérieur. A cette époque, les investisseurs étrangers ainsi que les institutions financières internationales ne considéraient pas la Bulgarie comme un Etat souverain. Pratiquement tous les paiements extérieurs étaient garantis par l'URSS, riche en ressources naturelles et, par conséquent, un payeur plus fiable. A cela s'ajoutaient les opérations spéculatives admises par Moscou avec la participation de la Bulgarie, et qui étaient liées aux recettes extérieures. Par exemple, la Bulgarie était devenue un ré-exportateur de produits et de matières premières stratégiques surtout vers les pays en développement (pétrole brut, produits pétroliers et armement). Jusqu'au milieu des années 1980, la Bulgarie maîtrisait sa dette extérieure. Selon les informations officielles, la dette extérieure brute de la Bulgarie, qui était de 4,9 milliards de dollars en 1980, a chuté à 2,9 milliards de dollars en 1984. Puis, au cours des cinq années suivantes elle a de nouveau augmenté pour atteindre le montant de 9,2 milliards de dollars, conséquence avant tout de la croissance immodérée des importations liées au développement des secteurs dits « *de haute technologie* »[26].

A la fin de la décennie 1980, la Bulgarie a subi de plus en plus fortement les effets négatifs des décisions économiques erronées de la direction politique précédente, ainsi que les effets négatifs des changements intervenus dans la conjoncture économique internationale. A ce propos, Todor Jivkov, membre de l'ancienne équipe dirigeante du secrétaire général du Parti Communiste bulgare, faisait le constat suivant dès 1990 : « *la politique d'investissement erronée qui a été menée au cours des 10-15 dernières années a commencé à donner ses résultats négatifs. Les premiers qui les ont ressentis ont été les secteurs du « premier échelon »* : *la métallurgie des métaux non ferreux et la sidérurgie, ainsi que l'industrie pétrolière qui avaient épuisé les ressources matérielles pour leur propre développement. Les privilèges d'approvisionnement dont ils bénéficiaient de la part de l'Union soviétique ont commencé à s'estomper. A partir de 1984, les fournitures soviétiques sont devenues plus « formelles » en revendiquant des échanges équivalents, plus équitables et économiquement justifiés... Notre développement technologique comptait sur les importations des pays occidentaux. En un quinquennat, l'électronique a englouti près de 800 millions de dollars et n'a « retourné » que quelques 15 millions. La différence était « pompée » sur des secteurs traditionnels : l'agriculture, l'industrie légère et l'industrie agroalimentaire. Ainsi ces secteurs ont à leur tour cessé de se développer, étant privés jusqu'à leurs moyens de reproduction simple* »[27].

Après les changements intervenus en URSS et l'effondrement du CAEM, les conséquences économiques ont été importantes pour la Bulgarie. Les exportations bulgares ont sensiblement diminué, puisqu'en grande partie orientées vers cette destination. Les rapports contractuels entre les anciens pays socialistes ont cessé d'être en vigueur et tous les flux financiers ont été brusquement réajustés sur des monnaies fortes (surtout en dollars américains). A la suite de la forte contraction des exportations, les recettes en devises étrangères ont également diminué. En 1991, le PIB de la Bulgarie a baissé de 31% par rapport à 1989, tandis que la dette extérieure du pays représentait plus de 60% du PIB[28].

---

26 MINASYAN, G., 2004, Vanchen dalg. Teoria, praktika, oupravlenie [La dette extérieure. Théorie, pratique, gestion.], Ciela, Sofia, p. 30 ; Otchet na BNB [Rapport de la BNB], 1990, p. 83 ; 1992, p. 85 ; Brown, Jim F. Eastern Europe and the Communist Rule., Duke University Press, Durham and London, 1988, p. 507.

27 TCHAKAROV, K., 1990, *Vtoriat etage* [*Le deuxième étage*], p. 173. Pour plus d'informations sur les exportations et les importations de la Bulgarie au cours des années 80 par pays, cf. I. Iliev. *Ikonomikata na Balgaria prez perioda 1949-2001* (*L'économie de la Bulgarie au cours de la période 1949-2001*). Sofia, 2004, pp. 192, 233.

28 MINASYAN, G., 1999, op.cit., p. 31. Sur les problèmes de la dette de la Bulgarie dans le passé et à présent, voir aussi : *120 godini BNB, 1879 – 1999* [*La BNB : 120 ans*], sous la direction de R. Avramov, BNB. Sofia, M. Ivanov. *Polititcheskite igri s vanchnia dalg. Balgarski sujeti na stopanski krizi i vazhod., 1929-1934* [*Les jeux politiques avec la dette extérieure. Sujets bulgares de crises économiques et d'essor*], Sofia, 2001.

2. La transition des années 1990 : la Bulgarie en recherche d'intégration économique

2.1. Les premières réformes

Le modèle initial de la transition à l'économie de marché est formulé en 1989-1990 en même temps que la mise au point et la réalisation du programme polonais de stabilisation. Les réformes structurelles sont à la base des programmes économiques formulés par les partis démocratiques présents en Europe de l'Est, y compris en Bulgarie. Les réformes économiques commencent en 1991 et s'orientent selon quelques axes principaux :

- la réforme structurelle visant à changer les modèles de comportement économique par la substitution de la propriété privée à la propriété publique et par une privatisation rapide,
- la mise en œuvre d'une politique monétaire et fiscale efficace, de manière à parvenir à une stabilité financière, à maîtriser l'inflation et à régler le déficit budgétaire,
- la réalisation d'une gestion efficace de l'économie par l'édification des institutions nécessaires au fonctionnement de l'économie de marché et la mise en œuvre d'une politique économique adaptée.

Le départ des réformes économiques a été donné par la libéralisation des prix de la plupart des biens et des services, qui jusque-là relevaient du régime des prix uniformes fixés par l'Etat. Seuls 14% des prix (surtout les prix des combustibles, des communications, de l'électricité et du transport en commun) restent contrôlés, mais jusqu'à la fin de la décennie ce contrôle a été progressivement supprimé au fur et à mesure de la privatisation des entreprises d'Etat et communales. La libéralisation des prix dans les conditions d'un marché monopolisé et déséquilibré n'était toutefois pas en mesure de modifier le caractère du marché, c'est-à-dire de le transformer en marché d'acheteurs ; au contraire cette mesure n'a fait que renforcer les positions dominantes de l'offre et n'a pas pu empêcher la hausse des prix. Le résultat a été le triplement, en trois mois seulement, de l'indice des prix en Bulgarie, tandis que pour les douze mois la hausse a été multipliée par près de six. Le début de la transition, qu'on peut dater entre le milieu de 1990 jusqu'au milieu de 1991, a été la période où le rythme de l'inflation a été très élevé[29]. Bien que la politique macroéconomique mise en œuvre ait donné la priorité aux mesures anti-inflationnistes, ces dernières n'ont finalement pas eu de résultats sensibles à cause surtout du déséquilibre chronique des processus économiques en

[29] Sur le rythme de croissance de l'inflation en Bulgarie de mai 1990 à janvier 1998 cf. *Ikonomikata na Balgaria do 2000 godina* [*L'économie de la Bulgarie jusqu'à l'an 2000*], Ikonomitcheski institout na BAN [Institut économique de l'Académie bulgare des sciences], Sofia, 1998, pp. 68-76.

Bulgarie. Cela est dû à l'absence de réformes radicales et rapides pouvant aboutir à la restructuration de l'ensemble de l'économie (en tant que système et non seulement en tant que transfert de la propriété). Dans ces conditions, la législation libérale laisse nombre de « *portes ouvertes* » à l'écoulement d'actifs, ce qui crée l'un des problèmes majeurs de la transition. Ce problème ne concerne pas seulement la manière dont se forment les nouveaux agents économiques mais aussi leur capacité à fonctionner en tant qu'agents compétitifs sur un marché.

Le problème mentionné ci-dessus est étroitement lié à la mise en œuvre de la principale réforme économique : la réforme structurelle, qui a pour objectif une restructuration de grande envergure dans les secteurs réels, dans le secteur bancaire et dans les entreprises, par le truchement de la privatisation de la propriété d'Etat et communale. Cette réforme prévoit également une réorientation stratégique des secteurs devenus défaillants dans la nouvelle situation économique. La Loi sur la transformation et la privatisation des entreprises d'Etat et communales a été adoptée au milieu de 1992[30]. Sa mise en application s'est faite lentement entre 1993 et 1994 en raison de la résistance tacite des responsables, tout particulièrement ceux des grandes entreprises, et surtout à cause d'un nombre insuffisant d'acquéreurs potentiels étrangers ou nationaux. Une des principales causes de ces réticences est la pratique fréquente d'une société privée d'intervenir comme intermédiaire à l'entrée et à la sortie d'une entreprise d'Etat donnée et d'en tirer profit rien qu'en imposant des prix élevés sur les matériaux fournis et des prix bas sur l'achat de la production finie. Ainsi le processus de fabrication devient toujours moins rentable alors que les pertes continuent à être couvertes par le budget de l'Etat. En pratique, « *la gestion privée des actifs de l'Etat* » se transforme en forme dominante de gestion des entreprises d'Etat. En même temps, elle reflète l'absence de contrôle de la part du propriétaire fictif. De fait, l'économie se trouve parcellisée entre des intérêts fortement individualisés, qui parviennent à capitaliser à des fins privées le produit de l'exploitation et des actifs incorporels, tout en préservant « *l'enveloppe* » des entreprises. Cette classe d'entrepreneurs nouveaux, qui n'a aucun intérêt à ce que les entreprises d'Etat soient privatisées, est devenue une sorte d'opposition. Jusqu'en 1996 aucune mesure efficace n'a été mise en œuvre en vue de la vente ou de la liquidation des entreprises d'Etat déficitaires. Au cours de cette période, la privatisation est assez limitée et les entreprises d'Etat assurent environ 85% de la valeur ajoutée dans l'industrie[31]. Le processus « *post-*

[30] La restitution des terres et de la propriété urbaine est réglementée par quatre lois « *restitutionnelles* » entre 1991 et 1992, la loi de 1997 et celle de 1998, la Loi sur la propriété et l'exploitation des terres agricoles de 1991, ainsi que par les règlements relatifs à leur application.
[31] Les données statistiques sur le processus de privatisation peuvent être consultées sur le site Internet de l'Agence de privatisation et de contrôle post privatisationnel http://www.priv.government.bg/ap/bg/content06.shtml

privatisation » s'avère encore plus difficile pour une grande partie des entreprises. Il s'agit en fait de mener à bien une politique de rachats, car les investisseurs dits « *stratégiques* » ne sont dans nombre de cas que des intermédiaires qui revendent beaucoup plus cher ce qu'ils ont acheté à un prix très bas. Malgré tout, au cours de la décennie 1990, il s'est formé, bien que lentement, un mince tissu d'entrepreneurs et de sociétés qui sont arrivés à trouver, à exploiter et à capitaliser leur propre créneau sur le marché, c'est-à-dire qui réussissent par leurs propres capacités et leur propre initiative et non par un « *soutien* » de la part de l'Etat.

Dans son ensemble, la mise en œuvre de la réforme structurelle a souffert de la politique contradictoire et inconséquente des gouvernements bulgares, tout comme de l'absence d'une stratégie sectorielle claire. Sa marche ralentie, approfondit les problèmes liés aux capacités de l'offre et à la baisse de la production. Ce fait est confirmé par la faible rentabilité des entreprises, le faible taux d'investissement (15,9% selon le rapport de la Commission européenne) et le fort endettement intérieur et extérieur.

2.2. Les difficultés importantes du système bancaire

La restructuration du secteur bancaire s'est, elle aussi, déroulée lentement, ce qui est compréhensible étant donné que ce secteur est dans une grande mesure déterminé par la situation économique générale et en est fortement dépendante. En 1991, la Loi sur la Banque nationale de Bulgarie (BNB) a été adoptée, en vertu de laquelle la BNB devenait fictivement une banque centrale autonome. Fictivement, car jusqu'à 1997 cette autonomie était en fait violée par une pression légale (par le biais de la Loi sur le budget de l'Etat) exercée sur cet établissement en vue d'accorder des crédits au gouvernement.

L'admission sur le marché bancaire depuis le début de la transition jusqu'au milieu des années 1990 est assez libérale, sans objectif clair et sans critère agréé. Cette période se caractérise par un « *essaimage* » des banques d'Etat par transformation des agences de la BNB en sociétés autonomes. Ainsi, à la fin de 1991, on comptait 10 banques par million d'habitants en Bulgarie. Dans leur grande majorité, il s'agissait de banques peu importantes au capital inférieur à 10 millions de Leva (soit, à l'époque, environ 500 000 dollars américains)[32]. Un processus semblable s'est déroulé parallèlement dans le secteur privé. La véritable multiplication des

Pour plus de détails sur les modes de privatisation, les méthodes de nationalisation des pertes et de privatisation des bénéfices cf. R. Avramov, K. Guenov, *Povtornoto rajdane na kapitalisma v Balgaria* [*La deuxième naissance du capitalisme en Bulgarie*], AIPR, Sofia, 1994 ; G. Ganev. *Balgarskata privatisatsia v svetlosenkite na desetgodichnia opit* [*La privatisation bulgare dans le clair-obscur d'une expérience de dix ans*], Ikonomika, Sofia, 2003, n° 3.

32 *Ikonomikata na Balgaria i Evropeiskiat saiouz* [*L'économie de la Bulgarie et l'Union européenne*], op. cité, pp. 80-81.

banques privées s'est opérée entre 1991 et 1994. Elle a été favorisée par le régime libéral d'octroi des licences et le faible montant du capital initial. Les capitaux bancaires étrangers ont commencé à rentrer en 1993-1995 et ont gagné assez vite des positions sur le marché. Au cours de cette période, commence aussi la consolidation du secteur bancaire public, qui est un élément essentiel de la réforme structurelle du système bancaire. L'objectif poursuivi est non seulement de centraliser les capitaux mais aussi d'obtenir de meilleures positions sur le marché, une plus grande stabilité et une meilleure qualité de gestion et d'accroître la compétitivité des banques face à la pénétration des capitaux bancaires étrangers. La Compagnie de Consolidation Bancaire, créée en 1991 pour une durée de trois ans, avait pour mission essentielle de gérer, de consolider et de privatiser les banques d'Etat. Toutefois, aucun résultat important en matière d'assainissement des banques et d'amélioration de leur gestion n'a été enregistré au cours de cette période.

Un des gros problèmes aussi bien dans le secteur public que dans le secteur privé bancaire est l'octroi incontrôlé de crédits, qui a provoqué « *la contamination* » des portefeuilles de banques par des crédits irrécupérables. A la fin de 1995, 41% de tous les crédits accordés par les banques d'Etat et par les banques privées aux entreprises du secteur réel se sont avérés irrécupérables. Les dommages financiers causés sont multiples, pourtant le plus dur a été de rétablir la confiance dans le système bancaire bulgare. Pour tenter de résoudre ce problème, a été adoptée, en 1993, la Loi sur les crédits non performants (ZUNK) et l'émission d'obligations d'Etat spéciales, libellées en dollars et en leva, à 20 ans d'échéance. En fait, la prise en charge par le budget de l'Etat des crédits non performants des entreprises d'Etat confirme la tradition héritée du socialisme de résoudre les problèmes par le biais des fonds budgétaires (autrement dit par l'argent des contribuables). Vers la fin de 1994 les obligations « *ZUNK* » représentent une dette de presque 2,5 milliards de dollars[33]. A la fin de 1995, la plupart des banques d'Etat et plus d'un tiers des banques privées se retrouvent pratiquement en faillite, leurs capitaux propres ayant une valeur négative.

Au cours de la première moitié de l'année 1996, les réserves de change de la BNB diminuent de moitié en raison de ses tentatives de maintenir le cours de la monnaie nationale par rapport au dollar par l'achat de leva et par la vente de dollars sur le marché des changes, tout en émettant des leva pour le refinancement des banques et le financement du grand déficit budgétaire (presque 11% du PIB). La Banque centrale perd le contrôle de l'offre monétaire et n'est plus en mesure de remplir sa tâche principale : maintenir la stabilité de la monnaie nationale. En même temps, les crédits en retard de paiement auprès des banques représentent plus de 59% du total des crédits. 14 banques, qui représentent 33% de toutes les banques

---

[33] *Statistitcheski godichnik 1995*[*Bulletin statistique*]. NSI, Sofia, 1996.

bulgares et environ 30% des actifs bancaires, sont mises sous surveillance spéciale et déclarées insolvables. Au cours du deuxième semestre de 1996 et au début de 1997, la crise s'aggrave, l'inflation mensuelle atteint des rythmes à deux, trois, voire à quatre chiffres, tandis que la décroissance économique atteint plus de -20% pour le dernier trimestre de 1996 et pour le premier trimestre de 1997. Les importations et les exportations diminuent d'environ 15%, les pertes des entreprises d'Etat augmentent, les réserves de la BNB continuent de baisser[34]. La Bulgarie sombre dans une des plus grandes crises économiques et financières de son histoire récente.

Dans ce contexte, il a été procédé aux premières démarches de mise en place d'un régime de Caisse d'émission (CDE)[35]. Cet événement a officiellement eu lieu le 1er juillet 1997, bien que des mesures de stabilisation isolées avaient déjà été adoptées en février, mars et avril. La CDE a une mission économique, mais aussi une mission politique et sociale : stabiliser la situation politique et mobiliser des ressources suffisantes pour enrayer l'inflation et obtenir la stabilisation financière et bancaire. Les résultats ne tardent pas. En sept mois (de juillet 1997 à janvier 1998) le niveau de l'inflation baisse à 119%[36]. Certes, la CDE n'est qu'un des facteurs qui agissent dans ce sens. La rémanence de problèmes irrésolus de restructuration économique, l'endettement interne élevé des agents économiques, les problèmes énergétiques du pays, la stabilité insuffisante des relations économiques extérieures, etc. restent autant de facteurs qui influent sur le niveau de l'inflation et la stabilisation précaire du système financier.

2.3. Un sentiment d'« *euroscepticisme* » croissant

Les difficultés de la transition de l'économie centralisée et planifiée vers l'économie de marché risquent de renforcer un sentiment d'euroscepticisme parmi les Bulgares. Selon un sondage réalisé en 2009 par le *Centre national d'étude de l'opinion publique*, la majorité de la population (60%) déclare approuver l'appartenance du pays à l'Union européenne. Pourtant, dans le même temps, plus de 75% des personnes sondées affirment n'avoir pas ressenti d'avantage réel suite à l'adhésion de la Bulgarie dans l'Union européenne. La plupart des répondants jugent que l'adhésion du pays à l'Union européenne a profité aux hommes politiques et aux corrompus. Mais elle bénéficie également aux jeunes et la possibilité de voyager, d'étudier et de travailler à l'étranger apparaît comme un résultat positif. Les données montrent cependant que les Bulgares ont une

---

[34] *Ikonomikata na Balgaria i ES* [*L'économie de la Bulgarie et l'UE*], op. cité, pp. 80-84.

[35] Caisse d'émission (*currency board*) – le Lev a été adossé au deutsce mark ; après le remplacement du mark par l'euro, la parité s'établie à 1 euro pour 1,95583 leva.

[36] *Ikonomikata na Balgaria do 2000 godina* [*L'économie de la Bulgarie jusqu'à l'an 2000*], op. cité, pp. 67-70.

opinion favorable quant à l'adhésion à l'Union européenne, même si cet avis est potentiellement vulnérable. L'une des raisons en est la lente amélioration du niveau de vie de la grande majorité de la population. Selon les données d'Eurostat (décembre, 2009), la tendance des dernières années est à l'amélioration : alors qu'en 1997 le PIB par habitant représentait 26,4% de la moyenne européenne, ce taux est passé à 38% en 2007 et à 41% en 2008, mais il s'agit de résultats pré-crise de 2008.

A la suite des problèmes économiques et sociaux liés à la transition et à l'adhésion à l'Union européenne, une partie de la population a été amenée à rechercher une « *solution à l'extérieur* », à savoir l'émigration économique. Sont concernés, d'une part les étudiants et les personnes hautement qualifiées, plutôt jeunes ou d'âge moyen, et d'autre part de grandes masses de personnes les activités non ou faiblement qualifiées. En grande partie, ces deux groupes subviennent seuls à leurs besoins tout en aidant en même temps leur famille. Selon les évaluations conduites par des économistes bulgares, près d'un million de Bulgares sont des émigrés économiques qui travaillent surtout dans des pays de l'UE (Grèce, Espagne, Italie, Grande-Bretagne, France, Belgique, Danemark, Pays-Bas, etc.). Mesurés relativement au PIB, les transferts effectués par les migrants à destination de leur famille sont en progression. Au cours de la période 2000-2005, le montant net des virements bancaires provenant de l'étranger atteignait 30% du déficit de la balance des paiements et environ 4% du PIB (Mintchev et Boshnakov, 2006).

Dans le contexte de l'intégration à l'Union, l'image de l'Europe est un élément intéressant à prendre en compte. Pour les Bulgares, l'Europe représente une société au sein de laquelle les lois sont respectées, où il existe une réglementation administrative et une rémunération adéquate du travail : le système européen des valeurs accorde une place centrale à la dignité de l'individu et aux droits de l'homme, à la possibilité de recevoir une éducation poussée et aux valeurs libérales liées à l'initiative privée ; et enfin, l'accent est mis sur la protection de l'environnement et les droits des minorités. Or, cette image « *idéale* » de l'Europe, confrontée à son application réelle, commence à perdre de sa crédibilité. Par exemple, lors de la campagne médiatique qui a précédé l'adhésion de la Bulgarie et immédiatement après, l'identification européenne était associée à l'idée d'un plus grand bien-être. Cependant, la mise en œuvre de l'européanisation, l'avènement de la crise financière, ses répercussions sur la situation économique de l'Union et les révélations de non absorption des fonds européens ont modifié la perception des Bulgares : l'identification européenne n'est pas forcément synonyme de l'amélioration du bien-être et de la prospérité.

Lorsqu'il est question de l'intégration efficace de la Bulgarie dans l'UE, il ne s'agit pas de limiter l'analyse à l'adhésion et à l'imposition des normes et des règles européennes, mais aussi d'envisager l'association réelle à celles-ci. En effet, il importe que l'aspiration vers l'Europe soit orientée

« *du bas vers le haut* » et que l'on modifie les systèmes de valeurs qui régulent le comportement des gens en direction de la culture institutionnelle européenne (les valeurs et les normes universellement partagées ou de groupe historiquement imposées par rapport à l'action et au comportement publics) (Ragaru, 2010 ; Lavergne, 2010). Dans ce sens, on distingue d'autres profils de l'image de l'Europe au sein de la société bulgare : par exemple, l'Europe en tant que standards professionnels, l'Europe en tant que ressource de succès en affaires et garantie de qualité, etc. Donc, « *l'Europe* » est aussi présente en tant qu'image établie à la suite de la réalisation des projets financés par l'UE, image popularisée surtout par les organisations à but non lucratif. En effet, la vie associative a commencé à se développer avec l'accroissement des financements européens dans le cadre des programmes visant à édifier un milieu favorable aux affaires et à consolider institutionnellement la société bulgare. Par exemple, la stimulation de l'entreprenariat fait partie des activités de l'Agence pour le développement régional, de la Chambre de commerce et d'industrie et de la Chambre économique, ainsi que de plusieurs autres associations sectorielles.

Cette image « *plus pragmatique* » de l'Europe exerce au moins deux effets sur la modernisation de la société. Premièrement, elle modifie dans un sens positif la conception de la réussite du comportement gestionnaire et, deuxièmement, elle forme une aspiration réelle à un nouveau type de culture d'affaires. Une étude, portant sur des associations professionnelles et d'affaires en Bulgarie, montre que pour une grande partie d'entre elles la participation à une association européenne similaire est très importante, car elle est la garantie de leur professionnalisme et de la qualité de leurs biens et services. Pour cette raison, ces associations cherchent elles-mêmes à établir des contacts, sans l'intervention d'autres organisations ou d'institutions publiques (Kabaktchiéva, 2000, pp. 1-2). En d'autres termes, les contacts avec l'Europe résultent d'un besoin réel d'adhérer aux normes européennes, compte tenu du fait que les membres de ces associations se sont affirmés en tant que bons professionnels et partenaires fiables. Ce sont justement ces organisations, ainsi que les sociétés étrangères implantées en Bulgarie, qui apparaissent comme des intermédiaires institutionnels de la démocratisation et de l'européanisation de la Bulgarie. Constituées d'après un modèle européen, elles apportent des dispositifs occidentaux plus modernes, qui commencent à modifier par voie naturelle la culture institutionnelle du pays. Il s'agit des différentes formes de mécanisme de marché, ainsi que certaines pratiques politiques, conduisant à une plus grande décentralisation et à une plus grande participation civile.

CONCLUSION

Le développement de la Bulgarie contemporaine a été marqué par une forte intervention de l'Etat dans le processus de transformations économiques, politiques et sociales. Etant donné l'écart important qui sépare les pays développés et en développement, la mise en œuvre d'un processus de modernisation n'est pas envisageable sans l'établissement préalable d'un environnement institutionnel adéquat. C'est justement à ce niveau que se situe le rôle décisif de l'Etat dans les sociétés qui tentent d'enclencher un processus de rattrapage. Le désir de combler l'écart va de pair avec les efforts déployés à bon escient par les élites politiques pour une mise en œuvre efficace du savoir-faire étranger en vue d'accélérer le processus de transformation.

Les facteurs fondamentaux qui exercent une influence durable sur l'orientation et le rythme de processus économique en Bulgarie sont, dans les grandes lignes, les suivants : la pénurie de capitaux, le caractère quantitativement limité des matières premières, les expériences économiques traumatisantes, le degré d'ouverture de l'économie, l'évolution institutionnelle et la démographie. La fin du XIXème et celle du XXème siècle se sont caractérisées par le contact qui s'établit entre l'économie bulgare et l'Europe, la nature de ce contact étant différente à chaque époque. La Bulgarie se retrouvait à la fin du XIXème siècle dans une situation d'économie très ouverte, dans la mesure où elle avait hérité du régime commercial de l'Empire ottoman. Inversement, dans les années 1990, le système socialiste fermé aux échanges avec l'Occident constitue le point de départ de la transition économique bulgare vers une économie de marché.

En Bulgarie, c'est un processus marqué par sa complexité et ses contradictions. Il a sa phase préparatoire qui est la vaste réforme du système socialiste, entreprise vers le milieu des années 1980. Elle part de l'idée que le marché peut fonctionner sur la base de la propriété d'Etat prédominante et que le déverrouillage de certains leviers clés (prix, taux d'intérêt, etc.) est une condition suffisante pour l'instauration d'un système quasi marchand où les principaux acteurs seraient les entreprises d'Etat. Après 1989, la restructuration de la richesse nationale se caractérise par la variété des formes qui vont de la privatisation officiellement réglementée à l'appropriation criminelle du patrimoine, propriété de l'Etat. Dans le même temps, le processus de redistribution de la propriété publique, en dépit de ses aspects parfois douteux représente une source d'un certain potentiel dynamique pour l'économie. Sous ce rapport, le transfert de la propriété s'est avéré très important. Si l'économie bulgare était presque entièrement étatisée au début des années 1990, le secteur privé était prédominant à la fin de la décennie. Le développement économique pendant les années 1990 confirme les traits spécifiques des périodes de stabilisation précédentes, à savoir : l'atermoiement des réformes, la forte influence exercée par des facteurs extérieurs sur ces réformes et leur coût économique et social très élevé. Malgré tout, cette décennie de transition fait lentement apparaître de nouveaux acteurs économiques parmi lesquels on trouve des entrepreneurs de type classique, autrement dit des individus qui s'enrichissent grâce à une activité qui dépend entièrement de leurs qualités personnelles et de leur esprit d'entreprise. C'est là que se situe l'un des importants résultats positifs du bilan, par ailleurs peu satisfaisant, de ce qui a été réalisé pendant la décennie en question.

L'intégration de la Bulgarie dans l'Union européenne constitue en effet un projet de modernisation important dont la réalisation dépend de la capacité de la société et des institutions bulgares à mettre en œuvre le changement, ainsi que de leur capacité à transposer les acquis européens en tenant compte des particularités de la mentalité nationale. Le fait de suivre le modèle européen actuel ne garantit pas le caractère universellement applicable de celui-ci. Or, les efforts déployés pour son application contribuent à la mise en place dans la société de structures institutionnelles plus modernes qui, pour leur part, stimulent le rapprochement du pays au modèle en question. Parallèlement, l'Union européenne elle-même traverse une période de changements, de doutes, de réflexion sur son élargissement. L'accroissement important du nombre d'Etats membres modifie la donne du modèle européen. Et l'Union connaît en quelque sorte sa propre transition.

BIBLIOGRAPHIE

BLACK, C.E., 1976, *Comparative Modernization. A Reader*, The Free Press, London.

BÉROV, L., 1994, « *Stopanska istoria. Ikonomitchesko razvitie na sveta ot drevnostta do nachi dni », [« Histoire économique. Le développement économique du monde de l'antiquité à nos jours* »], Sofia, Otvoréno obchtestvo, pp. 506-511.

KABAKTCHIEVA, P., 2000, « Postroiavane na « Evropa » ili priobchtavane kum Evropa », [« La construction de « l'Europe » ou l'association à l'Europe »], *Sotsiologitcheski problemi*, Sofia.

RAGARU, N., 2010, Prepletenite vremena na nastoiachteto. Bulgaria 20 godini sled 1989, [Le temps feuilleté des changements. Essais sur la Bulgarie post-socialiste], Kultura, Sofia.

LAVERGNE, D., 2010, Ekspertite na prehoda , [La main invisible de la transition], Sofia, Iztok-Zapad.

MINTCHEV, V., BOSHNAKOV, V., 2006, « Bulgarian Return Migration and Remittances: Alternative Estimates of Worker Remittances Inflow After 2000 », Bulgarian Academy of Sciences, Institute of Economics, University of National and World Economy, Sofia: *http://www.papers.ssrn.com/sol3/cf_dev/AbsByAuth.cfm?per_id=371392*

ECHELLES DE CONFLITS ET DE COMPROMIS DANS LA TRANSFORMATION ECONOMIQUE POST-SOCIALISTE : LE CAS DE L'INSERTION DES EXPLOITATIONS RUSSES ET BULGARES DANS UNE FILIERE LAITIERE INTERNATIONALISEE

Pascal GROUIEZ
Maître de conférences en économie
UMR 7533 LADYSS
Université Paris Diderot
pascal.grouiez@gmail.com

Petia KOLEVA
Maître de conférences en économie
UMR 7533 LADYSS
Université Paris Diderot
petia.koleva@univ-paris-diderot.fr

INTRODUCTION

La « *transition* » postsocialiste est un laboratoire à ciel ouvert pour comprendre la dynamique des conflits entre acteurs socio-économiques sur les orientations nouvelles à prendre en vue d'adapter les économies planifiées à l'économie de marché. C'est également un moyen d'interroger les échelles (locale, régionale, nationale) de résolution des conflits sur les orientations stratégiques, en fonction des groupes d'acteurs impliqués (politiques, économiques, sociaux) et de leur pouvoir de régulation. Cet article se propose d'analyser la question de l'insertion des agricultures russe et bulgare dans l'industrie agroalimentaire à partir de l'analyse des conflits et de leurs résolutions, en croisant l'optique sectorielle et l'optique territoriale. Dans le cas de l'agriculture, cette double optique permet de renouveler l'étude de dynamiques sectorielles en y intégrant des enjeux productifs peu pris en compte par la seule politique économique sectorielle, tels que l'environnement ou la fourniture de services sociaux à la population rurale (Berriet-Solliec et *alii*, 2008). Les nombreuses réformes qui ont touché le secteur (restitution des terres, démantèlement de certaines structures organisationnelles existantes, ouverture à la concurrence, etc.) ont remis en cause les compromis hérités entre acteurs et ont ouvert un champ à l'action stratégique débouchant sur de nouveaux compromis. Quels sont les acteurs impliqués dans la définition de ces compromis à l'échelle locale ou nationale ? En quoi ces nouveaux compromis ont-ils été fondés sur un héritage institutionnel et ont permis à ces économies de s'adapter aux conditions d'une industrialisation du secteur agricole ? Ces nouveaux compromis sont-ils durables ou bien source de tensions latentes, notamment du fait de l'entrée d'acteurs internationaux dans le secteur ?

Pour répondre à ces questions, nous adoptons une optique évolutionniste et institutionnaliste qui insiste sur la dialectique entre héritage et rupture pour comprendre les mutations économiques postsocialistes. Depuis 1990, l'analyse dominante de la transformation post-socialiste, largement inspirée de la théorie économique « standard », a fait l'objet de nombreuses critiques. Certaines d'entre elles proviennent de la perspective évolutionniste qui met l'accent sur les propriétés dynamiques des systèmes économiques, composés d'agents hétérogènes, qui tendent à évoluer de façon non linéaire et se caractérisent par une multiplicité de trajectoires, dépendant des événements de leur propre histoire (*path dependence*). Schématiquement, on peut distinguer deux versions de la *path dependence* dans les travaux des transitologues. La première met l'accent sur l'héritage, y compris lorsqu'elle traite de l'innovation dans les institutions ou les pratiques des acteurs, et comporte deux variantes.

La première variante insiste sur le caractère négatif du passé en termes notamment d'habitudes de travail, de responsabilité et de valeurs sociales difficilement compatibles avec le capitalisme. Compte tenu du rythme « *glaciaire* » auquel s'opère le changement culturel, ces normes partagées enferment les individus dans un destin collectif menaçant le succès de la transition. A l'opposé de la théorie économique standard qui pose que les agents économiques sont des décideurs rationnels affrontant l'avenir, il s'agit ici d'une approche holiste dans laquelle l'histoire et la culture empêchent les individus d'agir. Le principal conflit n'est donc pas entre acteurs mais entre institutions formelles et informelles qui évoluent à des rythmes différents et créent des frictions psychologiques, sociologiques et politiques responsables du ralentissement ou du blocage du changement. Il en résulte une vision très pessimiste de la transition qui laisse peu de place aux éventuels déverrouillages par le jeu des conflits et compromis entre acteurs opérant à différentes échelles d'un territoire.

Ce n'est pas le cas de la seconde variante des approches centrées sur l'héritage qui, tout en affirmant que les normes et organisations léguées modèleront la nouvelle architecture post-socialiste, admet toutefois que certains éléments (formes organisationnelles, pratiques habituelles, réseaux sociaux formels ou informels) survivant à l'ancien système peuvent servir de matières premières pour la construction des structures et des institutions du nouveau système à travers un processus de « *bricolage* ». Si les conflits entre acteurs sont admis comme moteur possible du changement de trajectoire, notamment lors des privatisations, ils sont toutefois limités au stade initial de la transition et leur résolution passe avant tout par la scène politique. Une fois les institutions économiques verrouillées, les acteurs au niveau infranational perdent toute possibilité de réorienter le processus de transformation par des stratégies délibérées. Le caractère déterministe de l'effet de sentier, quoique atténué par rapport à la première version de la path dépendance, est donc toujours présent dans cette approche.

Depuis le milieu des années 1990, un certain nombre d'analyses hétérodoxes de la transformation post-socialiste tentent de combiner de façon plus équilibrée les facteurs liés à l'héritage et ceux relatifs à l'introduction délibérée de la nouveauté. Leur ambition est d'analyser à la fois le passé immédiat et le futur proche en adoptant une approche en termes de choix de cheminement contraint par les résultats existants des choix passés (*path dependent path shaping*). A la différence des approches présentées précédemment (notamment les approches culturalistes), on assiste ici à un rejet de tout fatalisme car les forces sociales peuvent intervenir sur les circonstances actuelles et les réarticuler activement de manière à rendre possible des trajectoires nouvelles (Nielsen et alii, 1995; Federowicz, 2000). Si l'incertitude qui découle de la recomposition d'un système économique peut favoriser la reproduction de comportements anciens par les individus et les organisations, elle est susceptible de déclencher – chez des agents « *institués* » et associés dans des groupements plus ou moins lâches – des actions délibérées mues par les anticipations de l'ordre émergent. L'enjeu de l'analyse est alors de détecter à quel niveau se manifestent ces actions : national ou local et comment elles se diffusent au reste de l'économie. De fait, cette variante de l'effet de sentier représente une réinterprétation moderne de la dialectique entre transactions routinières et transactions stratégiques qui a été mise en évidence dans les années 1930 par l'Américain John Commons (1934), l'un des fondateurs du courant institutionnaliste en économie. Selon cet auteur, dans la résolution des problèmes courants, connus, les individus adoptent un comportement habituel au sein de transactions routinières, régies par les institutions existantes. Mais dès lors que se pose un problème nouveau, les schémas de comportement ne sont plus donnés et les anticipations sont perturbées : les individus sont alors engagés dans des transactions stratégiques au sens où ils développent des comportements inédits, visant l'efficacité, qui peuvent déboucher sur la construction de nouvelles routines. Pour que les nouvelles pratiques trouvées au niveau individuel deviennent des institutions régulant les organisations et la société, elles doivent être sélectionnées. Dans le capitalisme, cette sélection s'effectue principalement à travers la négociation collective (au niveau de la société) et le choix par les décideurs (au niveau de l'organisation). Lorsqu'un compromis est trouvé, les transactions stratégiques deviennent routinières. Les nouvelles institutions sont le résultat d'une synthèse entre les nouvelles situations produisant de nouveaux comportements et les anciennes institutions.

Dans cet article, nous nous inscrivons dans cette dynamique des institutions décrite par Commons. Notre approche est donc une « *approche institutionnaliste de l'économie instituée* » (Gislain, 2010) au sens où l'économie y apparaît comme instituée, comme un « *fait social* ». Les actions individuelles sont l'expression des institutions économiques et les individus sont placés à chaque instant dans des relations hiérarchisées avec le reste de la société en tant que groupement d'individus actifs (les *going concerns* de Commons). Ainsi, les institutions fournissent des règles de conduites mais ces règles sont en constante évolution du fait des actions individuelles et collectives. Par ailleurs, les institutions sont le résultat de conflits d'acteurs liés à la rareté des ressources et du fait que, pour agir, l'individu a besoin de conceptualiser les effets concrets futurs de ses actes présents (notion de futurité), ce qui suppose l'existence de règles.

Sur cette base conceptuelle, Commons a construit une définition de « *l'économie capitaliste instituée* » autour de trois transactions qui assurent la reconnaissance des principes de propriété, d'efficacité productive et de légitimité du partage. La spécificité des économies post-socialistes est de combiner en leur sein l'héritage institutionnel d'une économie administrée et l'absorption plus récente de règles empruntées aux systèmes capitalistes occidentaux. Cette combinaison de diverses économies instituées se traduit concrètement par une multitude de conflits (politiques, économiques et sociaux) qui, à différentes échelles se trouvent résolues par des groupes actifs (goings concerns) et des règles (working rules) différents dont la compatibilité ne peut être postulée a priori. S'en suivent d'autres conflits dont la régulation est assurée, le plus souvent, à une autre échelle (nationale, supranationale).

Pour caractériser ce complexe héritage institutionnel, nous analysons dans un premier temps les trajectoires de réforme agricole en Russie et en Bulgarie et montrons que la trajectoire russe a été davantage marquée par des enjeux de sécurité alimentaire et d'aménagement du territoire que la trajectoire bulgare. Par conséquent, les modalités de résolution des conflits dans ces pays ne font pas intervenir les mêmes acteurs et s'observent à des échelles spatiales différentes, avec une prégnance du niveau national en Bulgarie et une importance des niveaux infranationaux en Russie. Dans un deuxième temps, nous voyons comment l'histoire transitionnelle oblige les opérateurs privés à s'adapter au nouveau contexte institutionnel pour mener à bien les transformations nécessaires à la modernisation de l'agriculture, en prenant l'exemple des acteurs de la filière laitière.

1. Trajectoires nationales de conflits et compromis dans les agricultures russe et bulgare

En Russie et en Bulgarie, l'agriculture a hérité de l'époque socialiste une organisation fortement concentrée autour de fermes coopératives (kolkhozes) et de fermes d'Etat (sovkhozes). Les lopins privés – d'une superficie moyenne de 0,5 ha et constituant au total moins de 1,5% de la surface agricole utile (SAU) dans chaque pays – étaient la seule forme d'agriculture privée autorisée avant 1990. La chute du régime communiste et la mise en place de réformes libérales telles que la « *thérapie de choc* » dans les deux pays se sont répercutées sur l'agriculture en créant des tensions entre la forme collective et la forme individuelle d'exploitation. L'objet de cette partie est d'étudier le type de conflit majeur qui a façonné la trajectoire de transformation des agricultures en fonction des acteurs impliqués (politiques, économiques, sociaux) et d'identifier à quelle échelle territoriale se situent les éventuels compromis.

1.1. La trajectoire russe

En Russie, le souhait de transformer le secteur agricole a permis l'émergence d'une forme nouvelle d'exploitation agricole, individuelle et tournée vers le marché. Les réformes de Gorbatchev sur le travail individuel (1987 et 1989) avaient permis la création des premières « *exploitations paysannes* », mais c'est la loi de février 1990 qui est à l'origine de la construction d'un cadre légal pour une exploitation agricole non collective. En effet, cette loi confirme d'une part, la possession à vie pour une personne physique avec le droit de transmettre une terre en héritage, d'autre part le fait que les soviets locaux sont les bailleurs des terres (ce qui permettait à l'entrepreneur individuel d'accéder au foncier sans passer par la direction de l'exploitation collective), enfin la possibilité pour les kolkhoziens et les sovkhoziens de quitter le collectif avec une parcelle. La création des fermes individuelles a donné naissance à un conflit politique concernant deux trajectoires possibles de transformation du secteur agricole. La première trajectoire, portée au niveau national, faisait la promotion des fermes individuelles. La seconde trajectoire, défendue par certains acteurs régionaux, avait pour ambition d'adapter les exploitations collectives au nouveau contexte économique et politique.

Dès la fin de l'année 1990, deux lois sont adoptées par la République Socialiste Fédérative de Russie (RSFSR), créant un statut juridique pour les fermes individuelles. La même année, l'association des coopératives agricoles (AKKOR) voit le jour à l'initiative de hauts dirigeants de la RSFSR (Kirtchik, 2007, p. 248). L'objectif de l'association était de faciliter les démarches des « *fermiers* » pour l'obtention de crédits à l'investissement. En réponse à cette politique nationale, un important mouvement de contestation en faveur des exploitations collectives a émergé, porté par certains acteurs du futur putsch de 1991 (notamment V. Starodubcev).

Les politiques menées entre 1990 et le putsch de 1991 ont débouché sur un conflit politique. Ce dernier conduira à une opposition entre le niveau fédéral (plutôt libéral) et le niveau régional (majoritairement conservateur) quant à la structure agricole à privilégier. En effet, en 1992 le nouveau pouvoir s'attèle à la restructuration des kolkhozes et des sovkhozes. B. Elstine et L. Gaïdar les dotent d'un nouveau statut qui leur permet, en théorie, de se déclarer en faillite. Parallèlement un fonds spécial doté d'un milliard de roubles est créé en vue d'aider les fermes individuelles. Dans la continuité de cette politique nationale favorable aux fermiers, la thérapie de choc marque un coup d'arrêt dans l'aide apportée aux kolkhozes et sovkhozes tandis que les fermiers bénéficient d'importants soutiens.

Toutefois, à l'échelle régionale (voire locale) l'essor des fermes est rendu plus difficile, notamment en raison des blocages des autorités locales en ce qui concerne leur approvisionnement en matériels agricoles, leur accès à des lieux de stockage, etc. Ce blocage s'explique par le fait que le conflit politique, dont les libéraux étaient sortis gagnants, avait généré une crise économique et sociale dans le monde rural. La thérapie de choc avait accéléré la crise des ciseaux (différence entre le prix des matières premières agricoles et les prix des biens industriels) ce qui poussait à une décapitalisation du secteur agricole (destruction du cheptel bovin en particulier) alors que les exploitations collectives étaient les seules à financer les infrastructures sociales dans le monde rural (écoles, hôpitaux, routes, etc.). En réponse, certaines régions conservatrices, dont celle d'Orel, qui aspiraient à plus d'autonomie entreprirent le développement d'un nouveau modèle agricole. Ainsi, tandis que certaines régions livraient leur agriculture aux forces du marché, via le démantèlement massif des exploitations collectives et leur transformation en une multitude de fermes individuelles (modèle dit de « Nijni-Novgorod »), d'autres comme la région d'Orel (ou le Tatarstan) imaginèrent une structure nouvelle d'organisation du secteur agricole : l'agroholding (modèle dit « *d'Orel* »). Basés sur le principe d'un regroupement des kolkhozes et sovkhozes, des plus endettés aux plus viables, les agroholdings avaient pour objectifs d'assurer la sécurité alimentaire et la continuité de la production sur l'ensemble du territoire régional. Dans la région d'Orel, en 1994, est créé Orlovskaâ Niva alors qu'à la même période, à Nijni-Novgorod, se mettait en place un programme financé par la Société Financière Internationale (SFI, membre de la Banque Mondiale) et dont l'objectif était de transférer les droits de propriété du foncier et du capital des exploitations collectives vers les ex-kolkhoziens et ex-sovkhoziens en l'absence de tout cadre légal.

L'année 1994 constitue donc un tournant dans les conflits économiques et sociaux issus du conflit politique entre les libéraux et les conservateurs. La crise économique et sociale qui a suivi la thérapie de choc a fait naître un compromis économique et social basé sur le principe d'un maintien des structures collectives et sur la possibilité, pour les ex-kolkhoziens et les ex-svokhoziens les mieux formés et les plus ambitieux de créer leur propre exploitation. Le degré de développement de l'un ou de l'autre de ces deux modèles agricoles dépendra des compromis économiques et sociaux obtenus dans chacune des régions de la Fédération de Russie. Ainsi, Orlovskaâ Niva à Orel a permis de mener une politique d'aménagement du territoire en assurant le maintien sur chacun des districts de la région d'au moins une exploitation collective. Par ailleurs, l'agroholding a continué de produire, du fait de la diversité des exploitations collectives intégrées, l'ensemble des produits alimentaires du panier de consommation moyen d'un habitant de la région.

Après la dévaluation du rouble (1998) le modèle de l'agroholding développé à Orel fut repris dans plusieurs régions de la Fédération, mais cette fois-ci à l'initiative d'acteurs privés. L'émergence de ces agroholdings privés ne faisait que traduire l'existence d'un nouveau compromis économique et social, encore à l'œuvre aujourd'hui, entre institutions locales et investisseurs privés permettant la recapitalisation des grandes exploitations et la préservation de certains services sociaux pour les populations rurales.

Un acteur important est intervenu pour préserver cet équilibre, il s'agit des communautés de propriétaires du foncier. En effet, la définition tardive des règles de transaction des titres de propriété sur la terre (dont les premières règles furent définies en 1996) et l'antériorité de leur mise en pratique (via le programme de la SFI de 1994) a conduit à n'offrir aux ex-kolkhoziens qu'une alternative : se constituer en communauté de propriétaires de parcelles collectives (en moyenne d'une centaine d'hectare regroupant chacune 5-6 familles) ou bien demander le détachement de leur titre de propriété et la constitution d'une parcelle de 10-20 ha. Le choix majoritairement fut celui de constituer des communautés de propriétaires de parcelles collectives (75% des ex-kolkhoziens et sovkhoziens vont choisir cette option dans la région de Nijni-Novgorod, région dont les autorités étaient pourtant largement favorables à l'émergence des fermes individuelles). La raison en est simple, seule une position initialement favorable de l'ex-kolkhozien dans ce qui restait une structure collective pouvait offrir suffisamment de pouvoir de négociation pour obtenir une parcelle de bonne qualité et individuellement exploitable (c'est-à-dire non éclatée). La conséquence de cette création de collectifs de propriétaires fonciers va être leur capacité à peser dans les négociations entre les institutions régionales et les investisseurs privés pour faire reconnaître le besoin d'un financement par les agroholdings privés des services sociaux destinés aux ruraux (hôpitaux, crèches, écoles, routes, etc., voir Grouiez, 2013) .

1.2. La trajectoire bulgare

Au début de la transition, comme en Russie, la transformation du secteur agricole en Bulgarie a été marquée par un conflit politique opposant les partisans des structures collectives (majoritaires au sein du Parti socialiste) aux défenseurs des fermes individuelles (issus des rangs du parti de centre-droit). Les privatisations – élément incontournable de la thérapie de choc de février 1991 – ont débuté d'abord dans l'agriculture par l'adoption d'une loi autorisant le retour, sous forme physique, à leurs anciens propriétaires ou à leurs héritiers, des terres nationalisées après 1946. Ce compromis apparent en faveur de la restitution cache toutefois des tensions idéologiques irréconciliables, comme en témoigne la versatilité des stratégies choisies de retour des terres, favorisée par la forte instabilité politique jusqu'en 1997 (cinq gouvernements en six ans). En effet, les gouvernements de gauche ont voulu protéger les organisations agricoles héritées du passé en autorisant la restitution du foncier et du capital aux seuls collectifs d'individus regroupés au sein d'une coopérative. A contrario, les gouvernements de centre-droit mus par le désir de rompre définitivement avec le passé communiste ont opté pour la restitution des terres à des individus isolés, dans l'espoir que les libres forces du marché permettraient dans un second temps la consolidation des parcelles et l'émergence de grandes fermes individuelles modernes (Koleva, 2004).

Le manque de consensus politique sur le modèle économique sous-tendant la réforme agricole a eu deux principales conséquences au niveau local. D'une part, il a confié un pouvoir discrétionnaire important aux dirigeants des commissions de liquidation mises en place dans les villages pour gérer les fermes collectives héritées de l'époque socialiste jusqu'à leur dissolution et a créé un contexte propice aux abus et à la corruption. D'autre part, il a retardé la formation d'un marché foncier permettant le transfert des droits de propriété et la consolidation des parcelles. En l'absence d'arrangements institutionnels formels, des modes de regroupements informels (baux informels) se sont développés de façon spontanée, conduisant à la création d'exploitations de plus grande taille.

L'année 1997 met fin à cette période d'instabilité politique qui s'était doublée entre temps d'une sévère crise économique et financière nécessitant l'intervention du FMI et l'adoption d'un régime de *currency board*. L'agriculture n'a pas échappé à l'accélération des privatisations par le gouvernement libéral qui a annoncé en 2000 la fin du processus de restitution des terres. La question est donc de savoir quelles sont les structures qui caractérisent l'agriculture bulgare au terme d'une trajectoire particulièrement conflictuelle qui a rythmé la première décennie de la transition.

A la veille de l'adhésion du pays à l'UE en 2007, les exploitations collectives regroupaient un tiers des terres cultivées. Leur persistance s'explique tant par la volonté de certains acteurs politiques nationaux de maintenir les structures agricoles héritées sous une nouvelle forme juridique (coopératives privées) que par l'adaptation des acteurs locaux au contexte économique de la transition. En effet, pour la majorité des nouveaux propriétaires des terres restituées vivant dans les zones urbaines et n'ayant pas l'intention de se lancer dans des activités agricoles, le fait de confier les terres à une coopérative représente une solution temporaire commode. En attendant de faire un choix définitif, ils bénéficient d'un revenu ou d'avantages en nature (distribution de biens alimentaires) représentant un complément de ressources utile dans un environnement d'incertitude quant aux revenus salariaux et aux retraites. Par ailleurs, compte tenu de la faible superficie moyenne des parcelles restituées, il n'est pas économiquement rentable pour un agriculteur isolé de financer l'achat d'équipements modernes et de rechercher des débouchés. Les coopératives ont souvent conservé un rôle social et économique essentiel dans les petites régions rurales. Seules pourvoyeuses d'emploi, d'infrastructures et de services (routes, éclairage public, crèches, parcs, équipements sportifs, boulangerie, cantine) dans certaines campagnes, elles représentent parfois le dernier rempart face à la désertification et au dénuement, dans un contexte d'Etat peu protecteur (La Manufacture coopérative, 2014).

Le modèle de l'exploitation individuelle a certes progressé depuis le début de la transition. Cependant, l'émergence massive de fermes modernes souhaitée par certains architectes des réformes n'a pour l'instant pas eu lieu, pour plusieurs raisons. Tout d'abord, il manque un cadre légal permettant de surmonter le morcellement des parcelles par l'échange ou l'indemnisation entre propriétaires de terrains situés dans la même localité. Même si quelques expérimentations de consolidation ont été initiées par l'Association bulgare des propriétaires terriens au niveau local, le processus reste lent, difficile et coûteux. Selon une étude publiée en 2008, 11% des familles rurales interrogées préfèrent laisser leur terre en jachère plutôt que de l'exploiter ou de la louer, estimant que les barrières à l'entrée de cette activité (manque de machines, de compétences ou de crédits) sont trop fortes pour être compensées par les avantages supposés en termes de revenu (Meurs et Bogushev, 2008). Le reste des propriétaires préfère pour l'essentiel pratiquer une agriculture de subsistance comme à l'époque pré-socialiste ou bien vendre une petite partie de la production du lopin pour assurer un complément au revenu salarial ou à la retraite, comme à l'époque socialiste. La surface non cultivée par le propriétaire est partagée entre la jachère et la location à une coopérative ou à un autre propriétaire. L'héritage du lopin familial n'a donc non seulement pas disparu mais s'est développé en jouant le rôle de filet de sécurité durant la transition.

Cependant, la trajectoire de l'agriculture bulgare qui semble manifester un fort effet de sentier depuis 1990 n'est pas totalement verrouillée car de nouveaux acteurs locaux et étrangers sont susceptibles de participer à la naissance de nouveaux compromis. En effet, on peut noter l'émergence d'une structure productive hybride, celle de l'exploitation affermée, qui ressemble à la coopérative par sa grande taille mais qui est exploitée par une seule personne (famille) à l'instar des fermes individuelles. Ces entrepreneurs individuels issus des rangs des propriétaires fonciers d'avant la collectivisation ou cherchant une diversification de leur activité principale concurrencent les coopératives en proposant un loyer attractif aux propriétaires ne souhaitant pas cultiver leur terre. Leur essor pourrait se poursuivre en cas d'évolution du cadre légal les autorisant à conclure des baux supérieurs à trois ans, ce qui leur permettrait notamment de mieux bénéficier des aides européennes à l'agriculture. En attendant, le gouvernement bulgare favorise l'entrée d'investisseurs étrangers dans le secteur, y compris en provenance de Russie, qui participent notamment à la reconstruction de filières agroalimentaires désorganisées au terme d'une transition chaotique. A l'avenir, la présence de ces nouveaux acteurs privés nationaux et étrangers posera la question de leur contribution à la dynamisation non seulement du secteur mais également du territoire d'accueil. C'est à ce moment que les enjeux en matière d'aménagement du territoire, inexistants depuis le début de la réforme agricole en Bulgarie du fait de son caractère trop idéologisé, pourraient se poser avec force et nécessiter une réponse adaptée qui, comme le montre le cas russe, peut se situer au niveau infranational.

2.L'insertion des exploitations russes et bulgares dans une industrie agroalimentaire internationalisée : l'exemple de la filière lait

Les héritages issus du processus de transition russe et bulgare sont marqués de différences qui s'expliquent par l'hétérogénéité des acteurs ayant pris part aux conflits et à la détermination des compromis. Les conflits portaient principalement sur le partage de la terre et les caractéristiques des exploitations à privilégier, et n'ont pas conduit à une sélection des exploitations sur les seuls critères de la performance économique. C'est davantage la capacité des exploitants agricoles à répondre aux attentes et aux besoins des acteurs en présence qui a été déterminante. Ainsi, les exploitations russes et bulgares sont d'abord insérées dans une logique territoriale et non sectorielle.

Dans le cas de la filière laitière, des acteurs internationaux sont apparus sur les marchés agricoles au cours de la période de transition. Il s'agit, d'une part, d'investisseurs internationaux tels que Danone (qui détient la majorité des parts d'Unimilk en Russie et de Serdika en Bulgarie) ; Cargill, PepsiCo qui a racheté en 2011 l'entreprise agroalimentaire Vimm-bill-dann, la multinationale Olam de Singapour ; ou encore quelques laiteries grecques présentes en Bulgarie et une jointe-venture de capitaux allemand et arabes qui exporte surtout vers le Moyen Orient. En Bulgarie, pays membre de l'UE, à cette présence étrangère s'ajoute le rôle des instances européennes. Pour moderniser la filière laitière face à la concurrence internationale, ces acteurs étrangers cherchent aujourd'hui à prémunir la production laitière contre deux risques : un risque lié aux ruptures d'approvisionnements et un risque lié à la qualité du lait. Or, l'environnement institutionnel (l'héritage institutionnel) influence le comportement de ces opérateurs internationaux, qui ont à prendre en compte l'importance de niveaux intermédiaires (des territoires) dans le processus de coordination de la production (Di Maggio et Powell, 1983). En intégrant le paysage du pays d'accueil, ils jouent le plus souvent le rôle de « *diffuseurs de règles institutionnelles* » (DRI), soit des règles extérieures au territoire mais présentes dans la filière. La notion de DRI est issue des théories des organisations appliquées aux changements en Europe de l'Est (Rizopoulos et al. , 2001, Nenovsky et al., 2003) ou de l'Ouest (Maisonnasse et alii, 2012) et vise à affiner les approches institutionnelles de la transition en faisant la lumière sur la façon dont les règles et les normes « *abstraites* » sont introduites, traduites et rendues crédibles par des structures organisées auprès des consommateurs de règles institutionnelles (CRI). L'interaction entre DRI et CRI favorise les innovations institutionnelles. Nous adoptons cette démarche pour rendre compte des stratégies actuellement développées par les acteurs internationaux pour moderniser les exploitations russes et bulgares.

2.1. Héritages et transformations de la filière laitière russe

Porté par les politiques libérales, Boris Eltsine a, dans les années 1990, favorisé l'émergence de fermes individuelles considérées comme particulièrement adaptées à l'économie de marché. On a cessé de subventionner les kolkhozes et les sovkhozes tandis que les fermiers bénéficiaient d'un régime fiscal avantageux. Dans le domaine de l'élevage laitier, la conséquence a été la disparition pure et simple d'une grande partie du cheptel. En 2000, l'OCDE estimait que le niveau de l'élevage bovin – principalement laitier en Russie – ne représentait plus que 40% du niveau de 1990. De la même manière, de nombreuses laiteries, directement liées aux exploitations d'élevage ont fait faillite. Selon les données d'Ikar – une entreprise spécialisée dans l'expertise des marchés agroalimentaires – en 2007 seules 1,5% à 2% des exploitations d'élevage disposaient encore de leur propre chaîne de pasteurisation et de transformation du lait. La plupart des laiteries qui ont réussi à se maintenir s'approvisionnaient à l'étranger. Mais les volontés régionales de préserver les grandes exploitations et l'entrée de nouveaux investisseurs russes (voir la première partie de l'article) ont finalement permis le maintien d'exploitations de grande taille spécialisées dans la production de lait. Ces exploitations sont principalement structurées sur la base d'un modèle industriel et s'organisent en conséquence autour d'ouvriers agricoles et de zootechniciens diplômés des universités agraires du pays. Par ailleurs, entre 2008 et 2012 un programme ministériel a encouragé la recapitalisation des exploitations d'élevage en permettant l'achat au moyen de prêts bonifiés, de races laitières sélectionnées de l'étranger. Toutefois, l'augmentation du niveau de vie en Russie depuis le début des années 2000 et l'apparition d'une classe moyenne, conduit aujourd'hui à l'incapacité du secteur agroindustriel russe à répondre aux besoins de la population, particulièrement en matière de lait et produits laitiers. La Russie est importatrice nette de lait et produits laitiers, principalement en provenance de Biélorussie. Dans ce contexte, les acteurs internationaux se positionnent sur le marché russe en proposant des innovations institutionnelles en vue d'augmenter la productivité de la filière laitière.

Ainsi, en s'associant en 2010 à l'industriel russe du lait Unimilk (en prenant le contrôle de 57% de son capital), Danone est devenu le premier acteur de la filière laitière en Russie. La nécessité de moderniser la chaîne d'approvisionnement en lait est devenue un enjeu pour Danone. L'objectif est d'introduire en Russie des produits laitiers conformes aux normes internationales et capables de répondre aux attentes d'un consommateur russe toujours plus vigilant. Danone n'étant pas à l'origine un producteur agricole, l'entreprise a fait le choix pendant de nombreuses années (son implantation en Russie remonte à 1992) de s'associer à des producteurs russes, principalement des grandes exploitations. Cependant, ces grandes exploitations faisaient elles-mêmes appel à des petits exploitants (lopins et fermes individuelles) pour satisfaire les demandes de l'industriel. Cette chaîne de production n'étant pas compatible avec les critères de traçabilité qu'impose la production laitière, Danone a profité du rachat d'Unimilk pour développer une stratégie de diffusion de nouvelles règles institutionnelles auprès des producteurs. Dès 2008, notamment lors du salon agricole national « *L'automne doré* », des voix ministérielles se sont élevées pour faire savoir que la coopération entre la petite et la grande exploitation n'était pas en adéquation avec la modernisation de la production laitière. Le ministère soumettait une réforme passant par l'obligation faite d'étiqueter les cuves de lait au moment de leur collecte, ce qui rendait en pratique impossible la collecte de lait auprès de petits exploitants. Danone a pour sa part développé un programme de formation en deux temps pour s'adapter à l'environnement institutionnel russe en ciblant les grandes exploitations agricoles et les fermiers individuels, et en cherchant à répondre aux lacunes de la production laitière vis-à-vis de la qualité intrinsèque du lait et de la façon dont il est collecté.

La firme multinationale s'est d'abord associée à l'un de ses partenaires de longue date, l'agro-firme Verbilovskoïe pour proposer un cycle de formation destiné aux zootechniciens de la grande exploitation, l'organisation comptant environ 1 200 vaches laitières. Dans un deuxième temps, Danone a signé un accord avec le ministère de l'Agriculture et avec des experts de l'industrie laitière pour créer une école, la « *Milk Busines Academy* » afin de former les éleveurs en contrat avec Danone. Cette initiative a été dotée d'un budget de 1,3 million d'euros. Près de 150 éleveurs devaient suivre des cours dès la première année, et l'industriel espère former en trois ans quelque 800 éleveurs. L'objectif déclaré par Danone est :

- d'améliorer la qualité du lait et d'augmenter la production de 7 à 10% dans les exploitations concernées en développant des pratiques durables dans les exploitations,
- de sécuriser l'approvisionnement en aval de la filière,
- de proposer un accès à un savoir-faire de grande qualité aux communautés de fermiers de taille moyenne.

Il s'agit donc d'un centre d'apprentissage pour des éleveurs, qui dispense des formations pratiques ainsi qu'un bagage agronomique solide afin d'accroître durablement la productivité des exploitations agricoles russes en proposant :

- une formation aux bonnes pratiques d'élevage basée sur une équipe de formateurs/professeurs d'université principalement d'origine française,
- de sensibiliser les décideurs, les managers et les propriétaires de grandes et de moyennes fermes d'élevage,
- de proposer un cursus de formation intensif d'une semaine pour des zootechniciens.

Danone apparaît comme un DRI au sens développé par Rizopoulos et al. (2001). La création d'un centre de formation a pour but de diffuser des règles d'élevage au sein d'une population d'agriculteurs aux connaissances inégales. Les zootechniciens, formés au sein d'universités agraires sont très spécialisés mais ne disposent pas de bonnes connaissances sur l'élevage des races laitières génétiquement sélectionnées pour leur niveau de productivité. Les propriétaires d'exploitations moyennes (les fermiers indépendants selon la terminologie russe) sont, pour leur part, bien plus généralistes que les zootechniciens des grandes exploitations, mais ignorent parfois tout des normes sanitaires internationales pour la collecte et la conservation du lait. Le centre de formation a pour spécificité de s'adapter à l'environnement institutionnel russe en tenant compte de l'existence de deux formes principales d'organisations productives en Russie (la grande exploitation et la ferme indépendante, issue de l'héritage institutionnel décrit précédemment) et en adaptant son cycle d'enseignement aux spécificités de chacune des deux formes d'exploitation. Toutefois, cette politique implique une transformation dans les orientations stratégiques des entreprises, particulièrement pour les exploitations de grandes tailles. Préservées pour des raisons politiques et de sécurité alimentaire, ces exploitations doivent aujourd'hui repenser leur positionnement au sein d'un marché fortement influencé par les demandes des consommateurs russes. Plus récemment, Danone et Cargill ont développé un programme d'aide à l'élevage destiné à des grandes exploitations en contrat avec Danone, pour améliorer la qualité de l'alimentation des bovidés. Danone fournit les éleveurs en alimentation animale pour augmenter le rendement et la qualité du lait. Enfin, il participe à des programmes de financement d'exploitations pour moderniser leurs appareils productifs. En faisant le choix de devenir des consommatrices de règles institutionnelles, les exploitations laitières qui participent aux programmes de formation, d'amélioration de l'alimentation ou encore de financement en capital proposés par Danone et ses partenaires, s'inscrivent délibérément dans une logique sectorielle.

Ce choix n'est pas systématique et nous assistons aujourd'hui, tant de la part des grandes exploitations que des fermes moyennes individuelles, à l'élaboration de stratégies de contournement des normes de production portées par Danone et le ministère de l'agriculture. Par exemple, une exploitation que nous avons interrogée en 2012 dans la région de Vologda, faisait état de sa décision d'abandonner son contrat avec la firme Danone – jugé trop contraignant vis-à-vis des normes sanitaires – et de signer un partenariat stratégique avec une laiterie régionale qui lui proposait certes des prix d'achat de sa production de lait inférieurs à ceux de Danone (de 15 r/litre à 11r/litre) mais qui ne l'incitait pas à réaliser de nouveaux investissements. Le journal spécialisé Agroinvest faisait également état dès 2010, de fermiers indépendants et d'exploitations agricoles qui, à la suite de la chute des prix du lait survenue en 2009 (7 à 8 r/litre de lait), ont entrepris d'investir dans des chaînes de transformation de leur propre lait pour augmenter leurs taux de marge. Ainsi, 10% du lait produit par les éleveurs russes était transformé par leur soin en 2010 selon les estimations de l'agence Ikar. Par exemple, dans la région de Moscou, l'entreprise APK « *Nepecino* » qui pasteurise depuis sa création en 1990 une partie de sa production de lait, dispose depuis 2008 de sa propre chaîne de transformation du lait en fromage blanc et en kéfir. L'objectif des exploitations qui font le choix d'intégrer la filière est de vendre leurs produits sur le marché régional, principalement auprès de commerces situés autour de leur lieu de production, à des prix inférieurs à ceux des laiteries, en réalisant des taux de marges de 20% à 30%. Certains éleveurs se positionnent également sur des marchés de circuit court, fortement territorialisés, en vendant leurs produits à des organismes publics en charge de l'approvisionnement des écoles et des hôpitaux. Ces logiques productives entrent directement en concurrence avec la volonté d'acteurs tels que Danone de sécuriser leur approvisionnement auprès des producteurs russes. Nous assistons aujourd'hui, au sein de la filière laitière, à un processus comparable à celui identifié durant les premières phases de la transition. Des acteurs hétérogènes initient des stratégies concurrentes d'organisation de la production qui conduisent à la sélection et/ou au maintien d'exploitations diverses. Des exploitations agricoles organisées sur un modèle industriel et des fermiers individuels qui se professionnalisent en devenant consommateurs de règles institutionnelles dictées par les firmes internationales, avec le soutien du ministère de l'Agriculture russe. Parallèlement, des agro-firmes, voire des agroholdings et des fermiers individuels développent leur propre chaîne de production de produits laitiers, et s'inscrivent dans des logiques territoriales qui mettent davantage l'accent sur la sécurisation de l'approvisionnement d'un territoire et non sur la standardisation d'un produit répondant aux attentes d'une nouvelle génération de consommateurs.

2.2. Héritages et transformations de la filière laitière bulgare

Les évolutions de la filière laitière en Bulgarie témoignent des effets désastreux des réformes du début de la transition sur une production associée depuis longtemps à l'image de marque du pays à l'international. A l'époque socialiste, comme la plupart des filières agricoles, celle du lait était pilotée par l'industrie agroalimentaire et organisée autour de complexes fortement intégrés sur une base régionale : fermes collectives, fermes d'Etat et combinats agroalimentaires. A compter de 1992, la privatisation a touché les 53 combinats de transformation, parallèlement au lancement de la restitution des terres. Par ailleurs, la libéralisation de l'activité a rendu possible l'entrée dans le secteur de nombreux opérateurs nationaux privés attirés par la présence d'un cheptel important (non seulement de vaches mais aussi de brebis, chèvres et bufflonnes), les prix faibles des matières premières et l'espoir de bénéfices rapides. En 1995, on comptait déjà 826 entreprises de transformation du lait sur le territoire.

A partir de cette époque, la désorganisation de la filière suite à l'absence de stratégie claire en matière de restitution des terres a commencé à peser sur l'approvisionnement des laiteries. En effet, en raison d'un manque cruel de capitaux, les coopératives privées héritières des fermes collectives ont commencé à supprimer les activités les moins rentables et les plus gourmandes en main d'œuvre, telles que la production laitière (Institut de l'élevage, 2006). De leur côté, les fermiers individuels qui se sont vu restituer des parcelles de petite taille ont privilégié l'élevage de subsistance. La conséquence de ce processus est la perte d'un tiers du cheptel de vaches laitières en quelques années, avant une stabilisation depuis le milieu des années 1990. Actuellement, les exploitations ne comptent en moyenne que quatre vaches ; seuls 8% d'entre elles en possèdent plus de 100.

La forte concurrence pour l'accès à une ressource locale devenue rare, alors que le marché de produits finis est quant à lui internationalisé – surtout depuis l'adhésion du pays à l'UE en 2007 – et de plus en plus exigeant (qualité, différentiation, délais de livraison, packaging…), n'est pas un défi à la portée de tous les industriels. Différentes stratégies de coopération ou de contournement se sont donc mises en place.

À l'instar de la Russie, les industriels apparaissent comme un des principaux initiateurs d'innovations institutionnelles. Ceci concerne les acteurs étrangers comme Danone, présent depuis 1993 à Sofia, qui a préféré organiser ses approvisionnements depuis de grandes fermes dispersées dans tout le pays en prenant en charge les coûts de transport et fidéliser les fermiers en les payant tous les 15 jours. Mais ceci est vrai aussi pour certaines laiteries bulgares qui, contrairement à Danone, travaillent avec plusieurs centaines de petits fermiers de leur propre région. Par exemple, la SARL « Dimitar Madjarov » de plus de 300 salariés, située à Plovdiv, se démarque par :

- l'investissement dans l'achat d'équipements collectifs (collecteurs de lait pour plusieurs fermes éloignées de tout lieu de commercialisation) ;
- le versement d'avances aux fermiers pour corriger la forte saisonnalité de la production ;
- l'organisation deux fois par mois de groupes de discussion et des stages de formation aux nouvelles réglementations de l'UE ;
- l'assistance des fermiers dans le montage de dossiers pour les aides publiques agricoles.

Parallèlement, cette société a signé des contrats de long terme avec les principales chaînes de la grande distribution alimentaire du pays auxquelles sont destinés 60% de sa production (fromages, beurre, spécialités laitières traditionnelles), le reste étant vendu sur les marchés de gros (10%) ou à l'étranger (30%).

Si les industriels de l'agroalimentaire apparaissent comme des diffuseurs de règles institutionnelles auprès des producteurs de la filière, en réalité ils ont un rôle d'intermédiation entre ces derniers et un DRI de premier rang : l'Union européenne. En effet, à travers les différents instruments de la politique agricole commune, les standards de qualité et la classification des producteurs, l'UE est un acteur majeur dans la structuration de la filière laitière en Bulgarie au cours de ces dernières années. La pression s'exerce plus particulièrement sur les industriels, directement soumis à des procédures d'obtention de licence pour exporter sur le marché européen. Rappelons qu'à la veille de l'adhésion, seuls 9% d'entre eux disposaient d'une telle licence. La mise aux normes s'est faite au prix de faillites et de fermetures drastiques de structures n'ayant pas réussi à se moderniser. Malgré la disponibilité de financements européens pour la construction de nouveaux bâtiments ou pour l'augmentation du cheptel, seuls les grands industriels ont pu en bénéficier en raison de l'obligation de cofinancement. Finalement, le nombre d'opérateurs a été divisé par quatre en l'espace de quinze ans et les 227 entreprises restantes en 2009 étaient toutes titulaires de licence européenne.

Le choc produit sur la filière par les impératifs liés à l'adhésion a été d'autant plus fort que les industriels n'ont pas été en mesure, à eux seuls, d'accompagner les agriculteurs pour répondre à la double exigence de qualité et de sécurité des approvisionnements. L'exemple précité de la SARL « *Dimitar Madjarov* » est loin d'être la règle car les entreprises de transformation sont, en grande majorité, de petite taille. Une stratégie de contournement a consisté alors en l'achat de matières premières importées (lait en poudre, graisses végétales) et la fabrication de produits « *laitiers* » sans lait animal, pour le marché intérieur. Cela n'a fait qu'aggraver la situation des petits fermiers. Privés de débouchés par les laiteries ou obligés de vendre leur production à des prix très bas, certains d'entre eux se sont tournés vers les circuits courts. D'autres essaient d'accroître leur cheptel en prenant à bail des surfaces fourragères mais se heurtent à l'incohérence du cadre législatif national. En effet, selon la loi sur les concessions, le bailleur doit investir dans l'entretien des terres mises à sa disposition pendant 5 ans mais si les terrains se trouvent dans les zones montagneuses – qui sont justement adaptées surtout à l'élevage – la municipalité concernée a le droit de changer de bailleur tous les ans ! L'élargissement des micro-exploitations dépend donc du bon vouloir des conseils municipaux, ce qui n'est pas sans rappeler le pouvoir discrétionnaire des commissions de liquidation des années 1990 et ses différents abus (voir première partie de l'article).

La stratégie de contournement choisie par certains industriels locaux au détriment de la qualité a fini par soulever le mécontentement des consommateurs bulgares, pour qui le yaourt et les fromages sont la base de l'alimentation quotidienne. Sous leur pression, un label national de qualité (BDS) a été instauré en 2012 avec succès, d'abord pour les produits laitiers, puis pour d'autres denrées alimentaires, en reprenant les normes définies avant le début de la transition. Ces normes, certes associées à la production des grands combinats socialistes, sont néanmoins perçues par les consommateurs comme étant plus en phase avec leurs attentes d'authenticité, de qualité et de goût. La mesure suivante consiste à obliger les fabricants de produits laitiers qui n'adoptent pas le BDS ainsi que les importateurs d'indiquer clairement la quantité de lait incorporé à leurs produits et les éventuels substituts comme l'huile de palme afin que les acheteurs puissent faire un choix informé. En sanctionnant les dérives des stratégies de contournement, les consommateurs bulgares orienteraient donc les industriels vers la recherche de solutions territorialisés, valorisant la ressource nationale.

CONCLUSION

La mise en place des nouvelles normes d'attribution des terres et de soutien aux exploitations agricoles a joué un rôle clé dans la transition de l'agriculture en Russie et en Bulgarie. Ces normes ont favorisé l'émergence de différentes formes d'ententes entre des acteurs publics et privés. Ce rapprochement entre des acteurs faisant partie de différents réseaux institutionnels permet, après résolution des conflits, la convergence de leurs intérêts et la naissance d'un système de coordination basé sur l'action collective. Le résultat a été, pour la Russie comme pour la Bulgarie, l'émergence de nouvelles structures agraires capables de répondre, avec plus ou moins de succès, aux attentes des territoires, notamment en matière de maintien de formes de solidarités héritées de la période socialiste. Ainsi, appliquée au cas de l'agriculture dans les pays en transition, la prise en compte de l'héritage institutionnel tout autant que la mise en place de nouvelles institutions, permettent de compléter les approches strictement sectorielles, axées sur un « *modèle économique* » à privilégier (celui de l'exploitation individuelle ou celui de l'exploitation collective), par une réflexion sur les demandes sociales dont fait l'objet le secteur dans ces pays en mutation. La domination des grandes unités de production qui en résulte dans le cas russe n'a pas empêché l'émergence de fermiers individuels. Simplement, ces derniers ont dû, et nous l'avons montré dans l'analyse de la filière laitière, faire preuve d'innovation organisationnelle, en profitant de l'entrée d'acteurs internationaux, pour se positionner par exemple sur une filière laitière organisée par un groupe international. En Bulgarie, en dépit de leur déclin, les coopératives laitières, héritières des fermes collectives socialistes, représentent un véritable cordon ombilical pour un milieu rural fragilisé. De même, les micro-exploitations se sont révélées essentielles pour amortir les conséquences des crises économiques dans un pays où la population rurale représente encore 30% de la population totale et où une personne sur quatre trouve sa principale source de revenu dans l'agriculture.

Un second questionnement, portant sur les conséquences du processus transitionnel sur les transformations actuelles de la filière laitière, nous a conduit à réfléchir aux interactions entre le niveau national, les territoires infranationaux, et des acteurs supranationaux. Nous avons montré dans le cas de la Russie, que les acteurs privés internationaux (tels que Danone) jouaient le rôle de diffuseurs de règles institutionnelles (DRI) en développant des innovations organisationnelles à destinations des grandes unités de productions et des fermiers individuels. Ces DRI importent des normes de production internationales qui offrent des perspectives d'augmentation de la productivité aux exploitations héritées du socialisme et peuvent dans certains cas être imités par des acteurs locaux, à l'instar des pratiques observées en Bulgarie. Toutefois, dans ce pays marqué par une « *transition désinstituée* » (Sgard, 1997), en l'absence d'une stratégie nationale pour l'avenir de l'agriculture, ce sont les instances européennes qui apparaissent ces dernières années comme DRI de rang 1 qui influencent les stratégies des industriels. Ces derniers opèrent alors comme DRI de rang 2 vis-à-vis des producteurs agricoles et des consommateurs.

Mais dans les deux pays, l'application de nouveaux schémas organisationnels se heurte à de nombreux obstacles. Dans le cas russe, il s'agit notamment de contraintes de financement et de compétences des cadres agricoles qui n'ont pas tous le loisir de suivre les formations proposées par les multinationales. Certaines exploitations s'organisent alors pour nouer d'autres relations avec des acteurs économiques au niveau infranational (laiteries, collectivités territoriales, distributeurs régionaux) et établir leurs propres innovations organisationnelles et institutionnelles en assurant la stabilité de leur modèle économique face à celui imposé par la mondialisation de l'économie russe. Le cas bulgare, quant à lui, illustre les difficultés de mise en place d'une « *économie capitaliste instituée* » (au sens de Commons) garantissant la reconnaissance simultanée des principes de propriété, d'efficacité productive et de légitimité du partage dans l'agriculture. Il est fort probable que l'effet de sentier que constituent les réformes des droits de propriété des terres au début de la transition marque encore durablement la trajectoire du secteur. En favorisant les micro-structures de subsistance, ces réformes entrent en tension avec l'efficacité productive des industries situées en amont, comme le montre le cas de la filière laitière. Il n'est pas sûr que la PAC, elle-même en pleine mutation, soit de nature à résoudre cette tension. Comme cela a été constaté dans le sud-est de la Pologne, les aides européennes pourraient plutôt contribuer à stabiliser les micro-exploitations qu'inciter les propriétaires à vendre ou à louer à leurs voisins qui souhaitent s'agrandir, d'autant que le souvenir des crises de la transition est encore bien présent dans la mémoire collective bulgare. L'avenir montrera si la réactivation de normes de qualité sur une base nationale (et non européenne), à l'image de celle introduite en 2012, est de nature à impulser davantage d'innovations organisationnelles dans le secteur.

BIBLIOGRAPHIE

BERRIET-SOLLIEC, M., DEPRES, C., TROUVE, A., 2008, « La territorialisation de la politique agricole en France : vers un renouvellement de l'intervention publique en agriculture », in C. Laurent et C. du Tertre (dir.), *Secteurs et territoires dans les régulations émergentes,* L'Harmattan, pp. 121-136.

COMMONS, J. R., 1934, *Institutional economics*, New Brunswick, Transaction, 1990.

DI MAGGIO, P., POWEL, W., 1983, « The Iron cage revisited, Institutional isomorphism and collective rationality in organizational fields », *American Sociological Review*, 48, pp. 147-160.

FEDEROWICZ, M., 2000, « Anticipated institutions: the power of path-finding expectations », in M. Dobry (ed.), *Democratic and Capitalist Transitions in Eastern Europe*, Kluwer, pp. 91-106.

GISLAIN, J.J., 2010, « Pourquoi l'économie est-elle nécessairement instituée ? Une réponse commonsienne à partir du concept de futurité », *Revue Interventions Economiques*, 42, mis en ligne le 01 décembre 2010, URL : http://interventionseconomiques.revues.org/1195.

GROUIEZ, P., 2013, « Understanding the puzzling resilience of the land share ownership in Russia: the input of Ostrom's approach », *Revue de la*

régulation, 14, 2e semestre/Autumn, mis en ligne le 12 décembre 2013. URL : http://regulation.revues.org/10496.
INSTITUT DE L'ELEVAGE, 2006, « Lait et viande en Bulgarie : élevages éparpillés, filières éclatées », dossier « Economie de l'élevage », 362, novembre.
KIRTCHIK, O., 2007, La question agraire en Russie au croisement du pouvoir et des sciences économiques: acteurs et discours (1929-2005), thèse de l'EHESS.
KOLEVA, P., 2004, *Système productif et système financier en Bulgarie (1990-2003)*, L'Harmattan, Collection « Pays de l'Est », Paris.
LA MANUFACTURE COOPERATIVE (collectif d'auteurs), 2014, *Faire société : le choix des coopératives*, Editions du Croquant.
MAISONNASSE, J., PETRELLA, F., RICHEZ-BATTESTI, N., 2012, « Réseau territoriaux d'organisations et processus de normalisation. Le cas de la GRH dans les services à la personne », *Economie et Institutions*, 18-19, pp. 65-84.
MEURS, M., BOGUSHEV, A., 2008, « Forward to the Past ? Agricultural Restructuring in Bulgaria », *Revue Méditerranée*, 110, pp. 93-104.
NENOVSKY, N., RIZOPOULOS, Y., 2003, Extreme monetary regime change. Evidence from currency board introduction in Bulgaria, *Journal of Economic Issues*, 37 (4), pp. 909-941.
NIELSEN, K., JESSOP, B., HAUSNER, J., 1995, « Institutional change in post-socialism », in J. Hausner, B. Jessop, K. Nielsen (eds), Strategic Choice and Path Dependency in Post-Socialism, Edward Elgar, pp. 3-34.
RIZOPOULOS, Y., KICHOU, L., 2001, « L'innovation institutionnelle en tant que processus d'interactions organisationnelles », *Revue d'économie industrielle*, 97, pp. 139-152.
SGARD, J., 1997, *Europe de l'Est : la transition économique, Flammarion*, coll. « Dominos ».

LA PROTECTION SOCIALE EN RUSSIE : AU SERVICE DU DEVELOPPEMENT ECONOMIQUE ?

Jérôme LEFRANC
Doctorant à l'UMR 8174-Centre d'Économie de la Sorbonne,
ATER à l'Université Paris 1 Panthéon-Sorbonne
jerome.lefranc@univ-paris1.fr

INTRODUCTION

La protection sociale a longtemps fait figure de parent pauvre dans la mise en œuvre des politiques de développement. Les institutions internationales en charge de ces politiques se préoccupaient essentiellement de la croissance économique, seule à même, croyait-on, d'accroître le niveau de vie des populations et de lutter contre la pauvreté. Mais à partir des années 1990, la protection sociale a fait son retour dans les réflexions sur le développement, au point d'apparaître comme une nouvelle priorité pour les pays du Sud. Nombreux sont aujourd'hui les pays émergents qui mettent en œuvre des politiques sociales efficaces dans l'espoir de rattraper le niveau de vie des pays développés. L'expression de « *développement humain* » s'est imposée pour qualifier ce changement de paradigme radical par rapport aux anciennes théories.

En Russie, le thème de la protection sociale est également revenu au premier rang des préoccupations. Alors qu'au début des années 1990, à l'époque des premières réformes systémiques en Russie, la politique sociale dans son ensemble ne constituait pas une priorité pour le gouvernement, le désenchantement lié aux répercussions sociales de ces réformes a réimposé ce thème dans l'agenda politique. Encouragées par la reprise économique et la hausse des recettes budgétaires liées à l'envolée des prix des matières premières, les autorités ont, depuis le début du millénaire, renforcé de façon importante l'État-providence en Russie, ce qui s'est traduit par une hausse continue des dépenses sociales publiques. Ce volontarisme politique a été maintes fois réaffirmé depuis. La stratégie de développement global pour les prochaines années, adoptée en 2008 sous le nom de « *Stratégie 2020* », envisage de continuer dans cette voie pour faire de la Russie une puissance mondiale sur le plan du développement économique et social.

Le présent article cherche à analyser les fondements de la politique sociale en Russie et à étudier l'émergence de cette politique sociale comme partie intégrante de sa stratégie de développement économique. Il se propose notamment d'étudier si le gouvernement de la Russie cherche à utiliser la politique sociale, en parallèle avec la politique économique, pour atteindre des objectifs de développement humain. Dans cette perspective, l'article cherche à évaluer la pertinence des politiques sociales actuellement menées en Russie pour son développement futur.

Cet article sera divisé en trois parties. Nous commençons par une réflexion sur le changement de paradigme récent dans la théorie et la pratique contemporaines du développement et sur le rôle nouveau attribué à la protection sociale dans ce domaine, pour ses effets supposés sur la croissance économique. Nous revenons ensuite sur les réformes de protection sociale mises en œuvre en Russie au cours des vingt dernières années et sur le déploiement progressif d'un État-providence adapté au nouveau contexte économique. Cela nous permet de poursuivre par une étude approfondie des efforts actuels de protection sociale, des principaux résultats obtenus et de la stratégie envisagée pour les prochaines années. Le dernier chapitre se penche, au regard des avancées théoriques de l'économie du développement, sur les prochains défis que la Russie devra relever pour améliorer ses résultats en matière de développement humain.

1. Les politiques sociales et le développement

Dans l'histoire des théories orthodoxes du développement depuis 1960, les politiques sociales ont le plus souvent joué un rôle secondaire. Jusqu'au milieu des années 1990, les politiques de développement mettaient principalement l'accent sur des facteurs d'ordre macroéconomique, comme l'investissement ou la promotion des exportations. Selon cette conception étroite, la croissance du produit intérieur est considérée comme le vecteur unique du développement. L'amélioration du niveau de vie et le bien-être social en sont une conséquence nécessaire, selon le principe du « *ruissellement* » (*trickle down*) des retombées positives. Considérée comme ayant un impact négatif sur le développement économique, parce qu'elle réduit l'épargne et, par conséquent, l'investissement, la politique sociale est reléguée à la marge. Son rôle se limite à corriger les pathologies du développement en fournissant une bouée de sauvetage à ceux qui ont échoué à bénéficier de la croissance. Seuls sont tolérés les filets de protection sociale (*social safety nets*), destinés à limiter les chutes de revenus des personnes vulnérables et à les empêcher de tomber dans la pauvreté, sans considération des implications pour la croissance future.

Le principe de « la croissance avant tout » a imprégné une bonne partie des réflexions sur le développement jusque dans les années 1980, époque des plans d'ajustement structurel, d'inspiration néolibérale. Concoctés par le FMI, ces plans préconisaient une réduction des dépenses publiques, notamment en matière de protection sociale, la privatisation des programmes sociaux et l'abandon de la planification sociale. Cependant, dans les pays ayant respecté à la lettre les prescriptions du FMI, la croissance ne s'est globalement pas redressée. Vers la fin des années 1980, la corrélation entre ajustement structurel et pauvreté a fini par retenir l'attention (Stiglitz, 2002). Il était devenu évident qu'en l'absence de politiques délibérées pour l'accompagner, la croissance économique ne pourrait se diffuser dans toute la société. Les politiques axées exclusivement sur le marché étaient incapables de répondre aux besoins humains.

Le maintien à un niveau élevé de la pauvreté dans le monde et l'inquiétude croissante suscitée par les conséquences sociales des Plans d'Ajustement structurel dans les pays en développement ont donné naissance à une approche plus équilibrée du développement, désireuse de donner un « *visage humain* » à ces politiques (Cornia et al., 1987). Cette nouvelle approche soulignait la nécessité de poursuivre simultanément des objectifs de développement économique et de développement social sans que le second ne soit subordonné au premier. Elle a abouti, en 1990, à la publication du premier Rapport mondial sur le développement humain du Programme des Nations Unies pour le développement.

On a perçu dans cette évolution l'émergence d'un nouveau paradigme qualifié de « *consensus post-Washington* » (Stiglitz, 1999), ou, plus généralement, d'approche du « *développement humain* » (Ranis et al., 2000). Cette nouvelle façon de concevoir le développement attribue un rôle plus important à la protection sociale. Celle-ci cesse d'être considérée comme une simple dépense et devient un moyen de soutenir le développement, en permettant le renforcement des capacités humaines susceptibles d'augmenter la production de biens et de services. Les dépenses sociales publiques dans les secteurs de la santé, du logement et de l'éducation, loin de freiner la croissance, peuvent en réalité y contribuer (Psacharopoulos, 1988 ; Cornia et Stewart, 1993 ; Strauss et Thomas, 1998). Les dépenses sociales en viennent ainsi à être considérées comme des investissements dans les capacités humaines, lesquelles contribuent d'autant plus à la croissance que certaines d'entre elles peuvent avoir une multitude de conséquences favorables. Par exemple, l'augmentation de l'éducation des femmes peut avoir un impact indirect sur le développement humain à travers ses effets sur la fertilité et la croissance du revenu par habitant (Thomas et Maluccio, 1996). Dans ces conditions, la protection sociale devient un constituant à part entière des stratégies de développement, l'État retrouvant par la même occasion un rôle crucial dans la promotion de la croissance (Stiglitz, 1999).

Ce changement de paradigme s'est propagé jusqu'au sein des institutions de Bretton Woods. En réponse aux critiques qui leur étaient adressées, la Banque Mondiale et le FMI ont commencé à réorienter leurs efforts vers la réduction de la pauvreté et proposé un cadre de développement global prenant en compte les aspects sociaux et humains. Le rapport de la Banque mondiale sur la pauvreté (2000) est emblématique de cette refondation. Lors du Sommet mondial pour le développement social, le FMI avait reconnu explicitement « *l'importance des questions sociale dans la poursuite d'un développement économique et social durable* » (FMI, 1995).

L'approche du développement humain diffère de l'ancienne conception qui donnait la priorité à la production de biens et de services. Elle relègue la production matérielle, jusque-là considérée comme une fin en soi, en un moyen comme un autre d'accroître le bien-être des personnes. La création d'un environnement et de conditions propices au développement des individus est l'un des objectifs du processus économique, les résultats de la croissance étant seulement un moyen pour atteindre les objectifs de la société. L'objectif final de la politique de développement est de promouvoir le développement humain par le biais d'une meilleure protection sociale. La protection sociale ne doit plus être envisagée de manière résiduelle, mais intégrée comme un élément central des politiques gouvernementales, fonctionnant en tandem avec la politique économique pour assurer un développement socialement durable. La politique sociale se définit ainsi comme une stratégie publique délibérée visant à orienter la croissance économique pour atteindre des objectifs d'ordre social.

Il est intéressant de noter l'interaction entre la croissance économique et le développement humain. D'un côté, l'augmentation du potentiel humain, l'amélioration des performances des individus, sont des déterminants importants de la croissance. De l'autre, la croissance économique facilite, à son tour, les réalisations dans ces domaines. Si le niveau de développement est largement conditionné par les efforts de protection sociale, l'inverse est également vrai. Cet argument a été mis en avant par Ranis et al. (2000), qui considèrent l'influence dans les deux sens de la croissance économique et du développement humain. Ils font valoir que les pays qui se sont tournés vers le développement humain à travers toute une gamme de politiques sociales touchant l'éducation, la santé et l'équité tendent finalement à obtenir des taux de croissance plus élevés. Cette relation à double sens suggère par ailleurs qu'il est possible d'entrer dans un cycle vertueux de forte croissance et de gains importants pour le développement humain. Les gouvernements doivent identifier les secteurs prioritaires tels que la santé ou l'enseignement primaire qui ont le plus fort potentiel d'amélioration du développement humain (Ranis et Stewart, 2006)

Il importe toutefois de ne pas oublier que les dépenses publiques consacrées aux services sociaux ne constituent pas seulement un élément de la formation du « *capital humain* », un input dans un processus se traduisant par une augmentation de la production de biens et de services.

Les dépenses sociales peuvent être à la fois un moyen (pour augmenter la production matérielle qui facilite le développement humain) et une fin en soi, en tant que « *composantes directes du développement* » (Sen, 2000). Les dépenses de soins de santé primaires, par exemple, contribuent directement au développement humain et sont donc une fin en soi, mais elles permettent également d'augmenter la productivité du travail et contribuent ainsi indirectement au développement humain en accroissant le volume des biens et services produits. Autrement dit, sans nier le rôle important joué par l'augmentation de la production de biens dans le développement humain, c'est bien ce dernier qui constitue l'objectif final du développement économique.

L'approche du développement humain trouve ses fondements théoriques dans le principe des capacités individuelles, énoncé par Amartya Sen. Suivant ce principe, le développement doit se concevoir comme un « *processus d'expansion des libertés réelles dont les personnes peuvent jouir* » (Sen, 2000). Il est aujourd'hui largement admis que le but ultime du développement est d'élargir l'éventail des choix offerts aux individus (PNUD, 1999). Le développement est donc un processus qui augmente les capacités des personnes à réaliser leurs souhaits. Qu'elles choisissent effectivement de les réaliser ou non est une question importante, mais secondaire. C'est une chose que de rester à la maison par choix, c'en est une autre que de se limiter à une région isolée parce que le manque de transport réduit considérablement la mobilité. Le développement élargit la gamme des choix : il augmente la liberté des gens d'être et de faire ce qu'ils veulent.

Une des pistes de réflexion de l'économie du développement concerne la répartition des revenus de la croissance. Celle-ci peut avoir également un impact indirect fort sur le développement humain, d'où la nécessité pour la communauté internationale, comme le rappelle Amartya Sen, de se pencher sur la question de l'inégalité (Sen, 2000). Là encore, la théorie concernant la nature des véritables liens entre inégalité et croissance économique a connu une inflexion sensible. À partir des années 1950, le point de vue dominant la théorie économique était que, d'une part, la croissance économique se traduit d'abord par une augmentation, puis ensuite par une diminution des écarts de revenu, et que, d'autre part, les différences de revenus supérieures entraînent des taux plus élevés de croissance économique. Plus récemment, de nombreuses études de comparaison entre pays examinant l'effet du niveau initial de l'inégalité sur la croissance ont remis en question la justesse de ces postulats. Il s'est avéré qu'une répartition plus égale des revenus et des biens est associée à des taux de croissance élevés. Les inégalités auraient donc, toutes choses égales par ailleurs, un effet négatif sur la croissance. Un certain nombre d'explications ont été avancées pour expliquer pourquoi l'inégalité peut inhiber la croissance, telles que des considérations d'économie politique ou d'imperfection du marché financier. Il s'avère qu'en outre, la réduction des inégalités favorise une croissance plus forte du capital humain à travers un meilleur accès aux soins de santé et à une éducation de qualité, augmentant ainsi la productivité de l'ensemble de la société (Bénabou, 1994).

L'ensemble de ces avancées théoriques milite en faveur d'un rôle accru accordé à la protection sociale, que ce soit pour ses liens avec le développement humain ou pour son rôle en faveur d'une distribution plus équitable des revenus. C'est pour cette raison que l'OIT a revendiqué la mise en place d'un socle de protection sociale pour tous, suivant l'idée que la protection sociale fait partie intégrante du processus de développement et qu'elle est donc un objectif nécessaire. Dans les faits, la protection sociale se met en place dans les pays émergents car elle est source d'efficacité. L'accès, par exemple, de toute la population d'un pays, même des plus pauvres, aux services de santé de base produit des externalités économiques positives : hausse de la productivité, du dynamisme entrepreneurial, du niveau d'éducation, de l'épargne disponible (De Ferranti et Rodin, 2012). En outre, il a été maintes fois déclaré que les pays riches ayant un niveau élevé de protection sociale et d'imposition sont aussi les pays ayant la plus forte compétitivité sur les marchés mondiaux.

La Russie s'inscrit-elle également dans cette mouvance ? C'est ce que nous nous proposons de voir maintenant.

2. L'essor de l'État-providence en Russie

La situation présente du système de protection sociale en Russie est évidemment marquée par la transition vers l'économie de marché et la transformation progressive de l'ancien État-providence hérité de l'URSS. C'est pourquoi, avant d'en proposer une analyse précise, il nous faut d'abord revenir sur les réformes de protection sociale intervenues au cours des vingt dernières années.

2.1. La politique sociale depuis 1991 : 20 ans de soubresauts

Au début des années 1990, la Russie a rencontré tout un ensemble de problèmes sociaux liés aux défis de la transformation institutionnelle et économique. Tous les secteurs de la protection sociale ont subi des coupes sévères dans les dépenses, tandis que l'ancien système universel de sécurité sociale soviétique se transformait en un modèle basé sur l'assurance sociale. En un court laps de temps, la Russie est passée d'un système universaliste géré de manière centralisée à un système de protection sociale résiduelle (Cook, 2007).

La Russie a commencé à améliorer son système de protection sociale à la fin des années 1990 dans un contexte de hausse rapide des prix du pétrole lui permettant de renouer avec la croissance. Alors que le niveau de vie de la population s'améliorait grâce à la hausse des salaires, l'accumulation de vastes ressources dans le budget national ouvrait de nouvelles possibilités pour améliorer les prestations sociales. En 2004, la création d'un fonds de stabilisation destiné à orienter l'afflux de ressources provenant de l'exportation des matières premières fut décidée. Ces ressources devaient pouvoir être utilisées pour amortir l'effet des crises économiques et pour le développement de la protection sociale.

L'année 2006 vit le lancement des grands programmes fédéraux dans les domaines, considérés comme prioritaires, de la santé, du logement, de l'éducation, de l'agriculture et de la démographie. Parallèlement, l'administration Poutine cherche à utiliser la manne pétrolière pour mettre en place des outils efficaces de lutte contre la pauvreté : en 2007, 13,3 % de la population vivait sous le seuil de pauvreté contre 29 % en 2000. Mais ces évolutions favorables ont été remises en cause par l'apparition brutale de la crise économique internationale de 2008 qui a fini par atteindre la Russie.

Les effets les plus graves de cette crise se sont produits de l'automne 2008 à l'été 2009, affectant le niveau de vie de la population. Face à cette situation, le gouvernement décida de réexaminer ses priorités en renforçant les politiques sociales publiques. Un important train de mesures destinées à limiter le coût social de la crise fut ainsi adopté. Ces mesures visaient à soutenir la consommation et le marché du travail, ainsi qu'à prévenir l'augmentation de la pauvreté. Elles ont dans l'ensemble permis de limiter les effets de la crise sur la population. Ce faisant, la crise a élargi significativement les possibilités d'intervention de l'État russe dans la sphère sociale, en même temps qu'elle en a réorienté les priorités.

2.2. Situation actuelle de la protection sociale en Russie

Plus de vingt ans après le début des réformes, le système de protection sociale actuel en Russie ne ressemble plus guère à celui de l'ère soviétique. Des influences extérieures divergentes, le souci électoral parfois, la nécessité de lutter contre les effets des récessions, ont modelé le système actuel que certains commentateurs qualifient d'« hybride » (Cook, 2007). Il n'en demeure pas moins que la Russie a adopté des réformes importantes ces dernières années, allant toutes dans le sens d'un effort social public plus important, à l'image de ce qui se passe dans les autres grands pays émergents.

2.2.1. Un aperçu de l'effort public social

Un premier aperçu de l'effort social public en Russie nous est donné par l'institut de statistiques national Rosstat, qui fournit le budget consolidé des dépenses sociales de la Fédération. Comme le montre le graphique ci-dessous, le champ des politiques sociales a pris une importance significative depuis 2008 en raison de la crise économique.

Graphique n°1 : Dépenses sociales consolidées de la Fédération de Russie (en % du PIB)

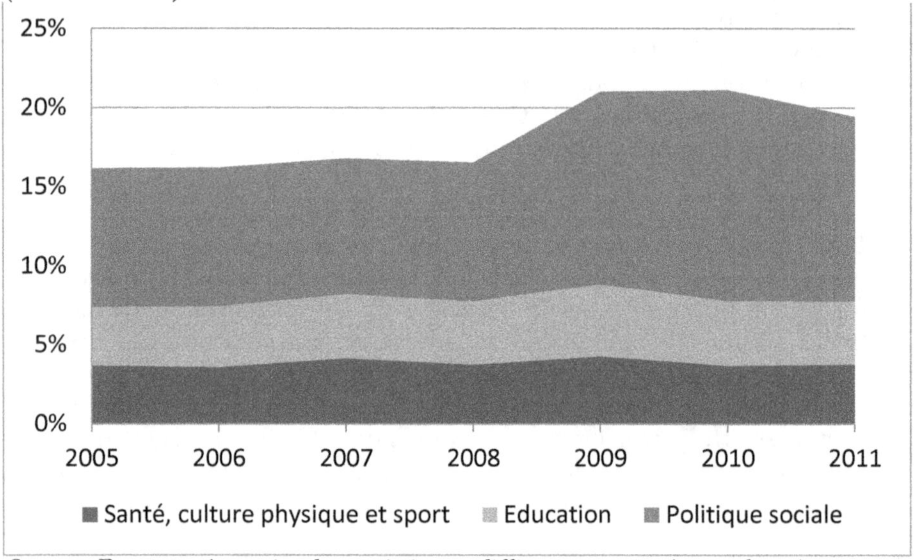

Source : Rosstat, Annuaire des statistiques, différentes années (www.gks.ru).

Les comparaisons avec les autres pays sont délicates dans la mesure où Rosstat ne fournit pas de données sur les dépenses sociales en conformité avec les exigences des institutions internationales, en particulier celles de l'OCDE (OCDE, 2011a). Par exemple, les dépenses de santé comprennent les dépenses liées à la culture physique et au sport. Il est toutefois possible, à partir des données de Rosstat, d'estimer les dépenses sociales publiques (hors éducation) à des fins de comparaison internationale. Ces données brutes fournissent une indication sur l'évolution des politiques publiques de l'État russe. La hausse des pensions et de l'aide sociale a contribué à une augmentation du ratio des dépenses sociales publiques à environ 17 % du PIB en 2010. Pour 2007, l'OCDE avait estimé que ces dépenses représentaient 12 % du PIB de la Russie (OCDE, 2011a), ce qui souligne l'ampleur de l'effort supplémentaire lié à la crise. Malgré tout, les dépenses sociales publiques ne représentaient en 2010 qu'environ les trois quarts de la moyenne de l'OCDE : 17 % du PIB contre 22 % (stats.oecd.org).

Tableau n° 1 - Dépenses sociales publiques de la Fédération de Russie (en % du PIB)

	2005	2006	2007	2008	2009	2010
Santé, culture physique et sport	3,7	3,6	4,2	3,7	4,3	3,7
Politique sociale :						
- Aide sociale	1,5	1,7	1,9	2,0	3	3,3
- Pensions (vieillesse et survie)	5,9	5,5	5,2	5,5	7,4	8,9
- Autres politiques sociales	1,3	1,6	1,5	1,2	1,8	1,1
Total	12,4	12,4	12,8	12,4	16,5	17,0

Source : calculs de l'auteur d'après Rosstat (années variées).

L'importance relative des différents grands domaines de la politique sociale est illustrée dans le tableau n° 1. Le système de retraite est assez complet avec des dépenses publiques d'environ 7,4 % du PIB en 2009, se situant au niveau de la moyenne de l'OCDE. En revanche, la proportion du PIB consacrée à la santé (hors culture physique et sport) reste faible à 3,5 % en 2009, bien en deçà de la moyenne de l'OCDE de l'ordre de 6,6 % (stats.oecd.org). La hausse constatée en 2009 s'explique par la baisse du PIB cette année-là (- 7,8 %).

Tableau n°2 : Dépenses d'aide sociale en millions de roubles (% du PIB en italique)

	2000	**2005**	**2007**	**2008**	**2009**	**2010**	**2011**
Total	77 744	314 912	639 498	829 995	1 167 913	1 522 560	1 831 125
	1,07	*1,46*	*1,92*	*2,01*	*3,01*	*3,29*	*3,28*
Dont :							
- Prestations d'incapacité temporaire	33 245	66 329	106 391	134 413	151 430	185 183	152 247
	0,46	*0,31*	*0,32*	*0,33*	*0,39*	*0,40*	*0,27*
Dont accidents du travail et maladies professionnelles	487	1 256	1 893	2 393	2 498	2 690	2 540
- Prestations familiales et de maternité	27 042	46 736	120 828	178 786	225 475	264 866	353 700
	0,37	*0,22*	*0,36*	*0,43*	*0,58*	*0,57*	*0,63*
Dont :							
Grossesse et accouchement	3 675	14 403	29 410	44 222	57 039	67 317	75 632
Allocation de naissance	1 533	8 192	12 246	14 158	16 878	18 737	21 311
Congé parental (jusqu'à 18 mois)	1 757	5 632	54 306	75 210	97 067	121 797	139 802
Congé pour enfant handicapé	141	374	776	912	680	760	938
Prestation familiale mensuelle	19 936	18 135	24 090	32 611	40 898	43 607	45 228
Autres prestations familiales et de maternité				11 673	12 913	12 648	11 048

- Assistance sociale aux citoyens exposés à des radiations	3 997	5 312	14 680	7 641	16 458	6 605	15 446
	0,05	*0,02*	*0,04*	*0,02*	*0,04*	*0,02*	*0,03*
- Assistance et aide financière aux chômeurs	6 322	16 452	15 733	15 954	49 124	55 522	42 891
	0,09	*0,08*	*0,05*	*0,04*	*0,13*	*0,12*	*0,08*
- Autres types d'assistance sociale, y compris les aides au logement et les frais d'obsèques	7 138	180 083	381 866	493 201	725 426	1 010 384	1 266 841
	0,10	*0,83*	*1,15*	*1,19*	*1,87*	*2,18*	*2,27*

Source : Rosstat (2012).

La ventilation des dépenses d'aide sociale (hors pensions) est donnée dans le tableau ci-dessus. Ces dépenses représentaient 3,3 % du PIB en 2010 et 2011. Il s'agit pour l'essentiel de transferts sociaux en espèces à la population en âge de travailler et aux familles. Jusqu'en 2005, les prestations d'incapacité temporaire et les prestations familiales et de maternité constituaient l'essentiel de ces dépenses. Mais à partir de 2005, la réforme sur la « monétisation » des privilèges non monétaires a entraîné une hausse des versements en espèces d'aides sociales diverses, jusqu'à 2,3 % du PIB. Il faut noter également qu'en dépit de la crise, les dépenses de soutien aux chômeurs demeuraient très faibles en 2011, notamment parce que le taux d'indemnisation du chômage (25 %) est bien inférieur à la moyenne de l'OCDE (OCDE, 2011b).

La tendance générale à la hausse des dépenses sociales publiques en Russie se retrouve dans les statistiques sur la structure des revenus monétaires de la population. Alors que les transferts sociaux ne représentaient que 12,7 % des revenus totaux en 2005, ce pourcentage atteignait 18,2 % en 2011 (Rosstat, 2012). Si l'une des raisons de cette augmentation est liée à la crise de 2008-2009, qui a contraint le gouvernement à relever l'indemnisation du chômage et à revaloriser les retraites, la sensibilité nouvelle des autorités aux problèmes sociaux depuis le milieu des années 2000 en constitue également un des éléments-clés.

2.2.2. Des résultats en progrès

La performance d'un État-providence ne saurait être jugée sur la seule considération des moyens mis en œuvre. Elle se mesure également et principalement sur la base des résultats obtenus. Le tableau ci-dessous rassemble les principaux indicateurs qui permettent de qualifier ces résultats :

Tableau n°3 : Indicateurs de la situation sociale en Russie (2000-2011)

	2000	2005	2007	2008	2009	2010	2011
Indice de Gini de concentration du revenu	0,395	0,409	0,422	0,421	0,421	0,421	0,417
Taux de pauvreté (% de la pop. totale) [1]	29,0	17,8	13,3	13,4	13,0	12,5	12,7
Taux de chômage (% de la pop. active)	10,0	7,3	5,9	7,1	8,7	7,7	6,9
Part des femmes dans l'emploi total (%)	48,3	49,4	49,6	49,2	49,4	49,1	49,1
Dépenses publiques de santé (% du PIB)	3,0	3,2	3,5	3,1	3,5	3,2	-
Médecins (pour 1 000 personnes)	4,7	4,9	5,0	4,9	5,0	5,0	5,1
Lits d'hôpitaux (pour 1 000 personnes)	11,5	11,1	10,7	9,8	9,6	9,4	9,4
Indice synthétique de fécondité	1,20	1,29	1,42	1,50	1,54	1,57	1,58
Espérance de vie à la naissance (années)	65,3	65,4	67,6	68,0	68,8	68,9	69,8
Part des personnes de 65 ans et plus, %	12,4	14,0	13,9	13,4	13,0	12,7	12,8
Mortalité infantile (pour 1 000 naissances)	15,3	11,0	9,4	8,5	8,1	7,5	7,4

[1]Il s'agit du nombre de personnes dont le revenu est inférieur au minimum de subsistance.

Source : Rosstat (2012), OCDE (stats.oecd.org).

L'espérance de vie à la naissance est généralement considérée comme un bon indicateur de l'efficacité des programmes sociaux en matière de santé. En 2005, un an avant le lancement des projets prioritaires nationaux, celle-ci n'était que de 65,3 ans (58,9 ans pour les hommes et 72,4 ans pour les femmes), ce qui plaçait la Russie au 134e rang mondial pour les hommes et au 100e pour les femmes (Konopatskaya, 2008). En 2011, l'espérance de vie globale s'est établie à 69,8 ans (64,0 ans pour les hommes et 75,6 ans pour les femmes), soit une augmentation de 4,5 ans (5,1 ans pour les hommes et 3,2 ans pour les femmes). Cela témoigne des progrès accomplis, même si la Russie reste en retrait des standards internationaux.

Sur le plan démographique, la Russie était caractérisée en 2005 par un taux de natalité bas et un taux de mortalité élevé. Entre 2005 et 2011, le taux de natalité est passé de 10,2% à 12,6%, tandis que le taux de mortalité chutait de 16,1% à 13,5%. Le nombre de naissances enregistrées en 2011 (1 796 000) a dépassé celui de 2005 de plus de 330 000 (Rosstat, 2012). Le nombre moyen d'enfants par femme en âge de procréer était de 1,58 en

2011 contre 1,29 en 2005. En conséquence, le déclin de la population a été stoppé et la Russie devrait connaître en 2013 un accroissement naturel positif pour la première fois depuis la fin de l'URSS.

La diminution récente de la pauvreté peut également être interprétée comme la conséquence des politiques sociales prises depuis 2005. Le nombre de personnes dont le revenu, en 2005, était inférieur au minimum de subsistance, seuil retenu par les autorités pour la détermination du niveau de pauvreté, est passé de 17,8% en 2005 à 12,7% en 2011. Parmi les mesures qui permettent de réduire le niveau de pauvreté, il faut citer la hausse des retraites, mais aussi celle des allocations familiales qui font sortir de la pauvreté de nombreux ménages où le chef de famille est une femme seule.

2.2.3. Une vision nouvelle ?

Ces progrès substantiels sont révélateurs de la volonté nouvelle des autorités de mieux intégrer la protection sociale dans la politique de développement humain. C'est d'ailleurs cet aspect qui doit désormais être privilégié, conformément à la stratégie de développement choisie par la Russie à l'horizon 2020. Celle-ci entend faire de la Russie la cinquième puissance économique mondiale, et pour y parvenir, l'investissement dans le capital humain figure au premier rang des priorités. En février 2008, le Président Vladimir Poutine déclarait à ce sujet :

« *La transition vers un développement innovant est principalement due à des investissements à grande échelle dans le capital humain. Le développement humain est l'objectif principal et une condition nécessaire pour le progrès de la société moderne. C'est aujourd'hui, et à long terme, notre priorité nationale absolue* ».

Dans cette perspective, la délégation russe à la session d'automne 2011 du Conseil d'administration du Bureau international du travail annonçait son intention d'adopter dans un proche avenir la convention n°102 de l'OIT concernant la norme minimale de sécurité sociale, reconnaissant ainsi l'adéquation de la protection sociale avec les objectifs centraux de la politique gouvernementale.

Dès son investiture, Vladimir Poutine a cherché à traduire cet engagement dans les faits en plaçant la politique sociale comme priorité de son troisième mandat (2012-2018). Le 7 mai 2012, il signait 11 décrets reprenant les principaux points annoncés dans son programme électoral. Les nouveaux programmes sociaux concernent le logement, la santé, l'enseignement et la démographie. D'ici à 2018, l'espérance de vie devrait passer de 69 ans comme actuellement à 74 ans et le revenu moyen du travail augmenter de 1,4 à 1,5 fois. Parmi les principaux postes de dépenses que la nouvelle administration s'est engagée à respecter figure une augmentation massive des salaires dans la fonction publique, en particulier pour les enseignants, les professeurs d'université et les médecins.

À rebours de l'image du pays très libéral qu'elle offre parfois vue de l'étranger, la Russie semble en réalité s'orienter vers un modèle de développement beaucoup plus social et interventionniste, pour le plus grand bénéfice de ses habitants. Cela pourrait suggérer que le gouvernement russe a adopté l'approche du développement humain dans son principe. Mais entre déclarations d'intention et décisions effectives, il reste un grand pas à accomplir. Comme nous le verrons dans le chapitre suivant, la mise en œuvre d'un ensemble approprié de politiques sociales en vue d'atteindre des objectifs généraux de développement humain en Russie risque d'être compliquée par l'étendue des défis que le pays doit encore relever.

3. Les défis à relever pour la politique sociale russe

De nombreux indicateurs témoignent du redressement économique de la Russie. En 2010 et 2011, le taux de croissance du PIB a dépassé 4%. Le taux de chômage au sens du BIT est revenu à son niveau d'avant-crise, à 5,3% de la population active. L'inflation est maîtrisée. Globalement, depuis le début du millénaire, le niveau de vie des Russes a considérablement augmenté. Selon la Banque mondiale, entre 2001 et 2011, la Russie a vu croître son PIB par habitant de 62%. Malgré la crise de 2008-2009, le revenu disponible des ménages a continué à croître. En vingt ans, le nombre de mètres carrés par personne a augmenté de plus d'un tiers. Les finances de l'État sont en bonne santé, avec une dette publique d'environ 10% du PIB, une des plus faibles au monde. Ces bonnes conditions économiques ont permis aux deux fonds structurels de reconstituer leurs réserves à hauteur de 8,5% du PIB.

Malgré tout, les progrès à accomplir pour atteindre le niveau de vie des pays occidentaux demeurent considérables. Si en une décennie la part de la population ayant un revenu inférieur au seuil de pauvreté a diminué de moitié, l'urgence sociale du problème persiste. Selon Rosstat, le nombre de personnes pauvres a même augmenté en 2011 et près de 16 millions de Russes vivent aujourd'hui avec un revenu inférieur au seuil de pauvreté, soit 150 euros par mois (6 510 roubles). Quant aux indicateurs de développement humain, ils ne se sont guère améliorés depuis vingt ans et restent très éloignés des standards occidentaux. Selon le PNUD, la Russie obtient un score de 0,816 à l'Indice du développement humain (IDH), ce qui la classe au 55e rang mondial.

Ces chiffres soulignent l'ampleur des défis sociaux que la Russie devra affronter au cours des prochaines années, et qui seront d'autant plus difficiles à relever que les évolutions possibles du système de protection sociale russe seront fortement contraintes par certaines tendances de fonds qui se dessinent actuellement. En matière de protection sociale, quatre défis essentiels se posent à la Russie.

3.1. Le défi du financement

Un des problèmes fondamentaux de la politique sociale actuelle en Russie est le niveau encore trop faible des salaires qui conduit à un sous-financement chronique des fonds sociaux. C'est pourquoi le financement de la politique sociale est toujours étroitement associé aux revenus découlant de l'exploitation des ressources naturelles du pays. Aujourd'hui, l'économie russe demeure fortement dépendante de l'évolution des prix du pétrole et du gaz pour l'équilibre de son budget puisque environ 40% des recettes budgétaires sont couvertes par le secteur des hydrocarbures (Vercueil, 2013). C'est grâce à ces recettes budgétaires que le gouvernement a pu intensifier les transferts sociaux tout au long des années 2000. C'est également grâce à l'utilisation des réserves accumulées par les deux fonds souverains, au cours des années où le prix du brut était nettement plus élevé, que l'impact social de la crise économique aiguë qu'a connue la Russie en 2008 et 2009 a pu être surmonté. La décision de puiser dans ces fonds pour financer les dépenses sociales supplémentaires a permis d'éviter de recourir aux marchés financiers, mais ce faisant, les réserves nationales ont été durement touchées. Même si ces réserves ont été en partie reconstituées depuis, il n'est pas certain qu'en cas de nouveau choc économique sévère, les ressources soient suffisantes pour en limiter les conséquences sociales.

La hausse des dépenses sociales a par ailleurs des conséquences plus durables sur les finances de l'État. Alors qu'il était jusque-là largement excédentaire, le budget fédéral présentait, en 2009, un déficit équivalent à 6% du PIB. Il devrait rester déficitaire jusqu'en 2014 autour de 3% du PIB, ce qui devrait amener le gouvernement à recourir à l'endettement (Vercueil, 2013). Ces éléments montrent les limites de la fiscalité russe qui, certes, pèse faiblement sur la population, mais qui repose trop largement sur les exportations de pétrole et de gaz. En 2012, la banque américaine Citibank estimait que le budget fédéral avait besoin d'un baril de pétrole à 150 dollars pour atteindre l'équilibre. D'une façon générale, la plupart des observateurs soulignent la trop grande dépendance de la Russie à l'égard des cours mondiaux des hydrocarbures. Loin de se diversifier, l'économie russe a vu cette dépendance s'accroître depuis les années 1990. Mais les exportations de pétrole ne pourront plus contribuer autant à la croissance qu'auparavant, dans la mesure où la production pourrait décliner prochainement.

Ces perspectives mettent l'accent sur la nécessité de moderniser et de diversifier l'économie russe, faute de quoi le niveau de protection sociale actuel ne pourra pas être conservé. L'économie russe a besoin de nouveaux vecteurs de croissance venant d'autres secteurs que celui des ressources minérales (OCDE, 2013). Cette nécessaire diversification figure expressément comme l'un des objectifs principaux de la « *Stratégie 2020* ».

3.2. Le défi du vieillissement

Parmi les contraintes pesant directement sur l'évolution du système de protection sociale, celle du nombre des ayants-droit est particulièrement déterminante. À l'image des pays occidentaux, la structure démographique russe est caractérisée par une tendance au vieillissement, conséquence de la faible natalité observée depuis le début des années 1990. L'élévation récente de l'espérance de vie ne fait que renforcer cette évolution démographique qui va affecter tant le système de santé, en raison des besoins croissants d'une population vieillissante, que le système de retraite.

Les projections indiquent qu'en l'absence de changements dans la politique actuelle, la situation financière du Fonds de pensions se détériorera progressivement. Sous l'hypothèse du maintien du taux de remplacement actuel au cours des prochaines années, les dépenses de retraite devraient augmenter de 9% du PIB en 2010 à 12% en 2030 et 16% en 2050 (Eich et al., 2012). L'ampleur de cette augmentation prévue contraste avec les tendances attendues dans les autres pays européens du fait de l'impact des réformes qui y ont été adoptées.

Le gouvernement doit donc d'ores et déjà intégrer les effets à long terme de la démographie très défavorable de la Russie. La contrainte du vieillissement implique des choix structurels en matière d'âge de la retraite, de niveau des pensions et de taux de prélèvement. Elle pourrait être partiellement allégée par certaines restrictions au principe du cumul emploi-retraite. Mais le choix des paramètres permettant d'équilibrer le régime de retraites, une fois prise en compte la contrainte du vieillissement, reste du domaine politique.

Tandis que, pour de nombreux experts, le relèvement de l'âge légal de la retraite est la principale réponse au défi du vieillissement de la population, Vladimir Poutine, par souci électoral, s'y est jusqu'à présent toujours opposé. Pour lutter contre le déficit du régime d'assurance vieillesse, il a décidé d'augmenter le montant des retraites pour ceux qui continuent de travailler au-delà de l'âge minimum requis. Mais cette réforme risque d'être insuffisante.

3.3. Le défi du développement humain

Le niveau des dépenses publiques à finalités sociales ne fournit pas une image complète de l'impact de l'État sur le développement humain parce qu'il comprend des dépenses variées aux effets également variés. C'est pourquoi une analyse des efforts fournis pour chaque domaine de la protection sociale s'impose.

Si Vladimir Poutine accorde une importance certaine aux problèmes sociaux de son pays, une analyse de ses discours montre que son approche de ces problèmes se résume le plus souvent à l'aspect démographique. Son ambition est de préserver le « *stock* » de la population russe comme fondement de la puissance nationale. Vladimir Poutine parle, dans ce contexte, de la « *préservation de la Russie* », que la dépopulation menace. La démographie est au cœur de sa conception de la politique sociale, comme en témoigne la série de mesures prises en faveur de la natalité depuis 2006.

Les données présentées au chapitre 2 montrent qu'en revanche la Russie consacre, à l'éducation et à la santé, un budget inférieur à la moyenne des pays de l'OCDE, en pourcentage du PIB. Si l'État entend jouer un rôle majeur dans ces domaines, un rééquilibrage des dépenses en leur faveur semble s'imposer. Mais des réformes structurelles sont également requises, car la qualité des services médicaux et éducatifs ne dépend pas tant du niveau des dépenses que de l'amélioration du fonctionnement de ces systèmes.

En matière de santé, en dépit du lancement du « *projet prioritaire national* » en 2006, les défaillances structurelles qui affligent le système de soins russe sont toujours présentes : la majorité des soins est toujours assurée par le secteur hospitalier, les paiements informels sont omniprésents, et il y a eu peu d'efforts concrets pour aborder les comportements de santé de la population. En pratique, depuis les réformes des années 1990, un système à deux vitesses s'est mis en place : le secteur privé fournit des soins médicaux pour les riches et une partie de la classe moyenne tandis que le secteur public s'oriente vers la prestation de soins pour les pauvres (Sheiman et Shishkin, 2010). Il faudrait donc intensifier les efforts de réforme du système de soins pour améliorer sensiblement les mauvais résultats du pays dans ce domaine, étant donné les conséquences néfastes qui en découlent pour la productivité et, plus généralement, pour le bien-être. Pour cela, il semble indispensable d'augmenter les ressources publiques consacrées au système de santé tout en améliorant son efficacité.

Des problèmes similaires se posent dans le domaine de l'éducation où les salaires généralement trop faibles des enseignants alimentent une corruption importante. Parallèlement, la privatisation est à l'œuvre dans le système scolaire, en particulier dans l'enseignement supérieur qui évolue vers le privé (Kastoueva-Jean, 2006). Seules les grandes universités d'État, accessibles à un petit nombre sur concours, sont gratuites. Les autres instituts publics sont désormais payants et posséder des « *relations personnelles* » bien placées est déterminant pour pouvoir y accéder. Beaucoup de Russes critiquent cette évolution du système scolaire, fondée sur une sélection par l'argent.

Jusqu'à présent, la politique sociale russe a concentré l'essentiel de ses efforts sur la réduction de la pauvreté, l'augmentation des retraites et la politique familiale. Le défi pour la Russie sera de rééquilibrer sa politique sociale au bénéfice de la population scolarisée ou en âge de travailler.

3.4. Le défi des inégalités

Malgré la baisse de la pauvreté, les inégalités socio-économiques demeurent très élevées en Russie, et, jusqu'à présent aucune volonté politique de s'attaquer à ce problème ne s'est véritablement manifestée. Selon Rosstat, le coefficient de Gini du revenu monétaire est de 0,42 depuis 2007, tandis que le quintile le plus riche accaparait environ 47% de ce revenu contre seulement 5% pour le quintile le plus pauvre (Rosstat, 2012). Les résultats des enquêtes sur le budget des ménages montrent par ailleurs que la forte différenciation des revenus personnels est accompagnée d'une différenciation encore plus élevée de dépenses en services médicaux et éducatifs (Ivanov et Suvorov, 2003).

Les raisons de cette montée de l'inégalité sont particulièrement bien documentées. La plupart des analystes s'accordent pour dire que le niveau des inégalités sociales dans le pays est potentiellement dangereux. Cette situation présente donc de sérieux défis pour l'action politique, dont l'un des objectifs est de maintenir la cohésion sociale. Comme le suggère la corrélation négative entre inégalités et croissance, elle peut également desservir le développement économique futur de la Russie. C'est pourquoi il semble plus que jamais nécessaire de prendre des mesures appropriées pour réduire ce niveau d'inégalités.

En dehors des arguments évoqués au chapitre 1, il est ici important d'évoquer l'une des conséquences les plus néfastes d'une structure inégalitaire sur la croissance économique, à savoir l'insuffisance de la demande intérieure. La réduction des inégalités peut favoriser la croissance économique par le biais d'une demande globale plus élevée pour les produits nationaux. Ce facteur est potentiellement important pour la Russie actuelle. On sait en effet que les personnes qui ont des revenus élevés privilégient le plus souvent les achats de marchandises importées aux prix plus élevés.

Le gouvernement de Vladimir Poutine n'a pour l'instant pris aucune réelle mesure sociale qui pourrait favoriser la baisse des inégalités. Au contraire, la majeure partie des politiques gouvernementales tend plutôt à accentuer ces inégalités. Il est aujourd'hui indéniable que les plus pauvres se trouvent lésés par la politique fiscale actuelle. L'impôt sur le revenu ne représente que 10% du total des recettes fiscales de la Fédération, contre une moyenne de 25% dans l'OCDE, tandis que les taxes à la consommation s'élèvent à 51% de ce même total, au lieu de 32% en moyenne dans l'OCDE (Brys et al., 2011). En général, le pouvoir redistributif des impôts et des transferts sociaux en Russie est faible, sauf pour les bénéficiaires de pensions (OCDE, 2011a).

Sur le plan de la fiscalité, la suppression de l'impôt sur le revenu au taux unique de 13% et son remplacement par un impôt progressif est la première mesure qui vient à l'esprit. Cette mesure pourrait en outre permettre d'accroître les recettes, sans forcément entraîner une plus grande évasion fiscale, déjà très élevée. Elle pourrait être complétée par le rétablissement de la progressivité, abolie en 2005, des droits de successions, afin de limiter les inégalités de richesse, qui semblent particulièrement criantes en Russie, sans toutefois qu'on en connaisse l'ampleur exacte. Enfin, il semble également nécessaire de relever le montant du salaire minimum qui, en dépit de hausses importantes, reste toujours inférieur au minimum de subsistance.

L'ensemble de ces mesures pourrait aller dans le sens d'une meilleure prise en compte des besoins de la classe moyenne, et donner par la même occasion à l'État les ressources nécessaires pour construire des institutions de protection sociale solides. Jusqu'à présent, la politique de l'État a semblé répondre uniquement aux besoins des personnes vulnérables ou défendre les intérêts des élites politiques et financières proches du gouvernement (Shkaratan, 2007). Renforcer la classe moyenne ne signifie pas renoncer à la lutte contre la pauvreté. Mais la formation d'une classe moyenne instruite et intéressée par la modernisation du pays est essentielle pour le développement de la Russie. Ses intérêts doivent par conséquent être réellement représentés.

CONCLUSION

La littérature émergente sur la politique sociale dans un contexte de développement suggère que la politique sociale pourrait être un instrument du développement économique, tout en maintenant son objectif intrinsèque de protection et d'équité. Parmi les pays riches, les meilleures performances en termes de développement économique et de cohésion sociale ont une chose en commun : un grand État-providence qui investit dans la santé et l'éducation et qui encourage ses citoyens à être actifs tout en les protégeant suffisamment des risques sociaux.

En Russie, la conception de la protection sociale est entrée dans une phase qui s'écarte de la démarche néolibérale caractéristique des premières années de la transition. Ce virage à 180°, autorisé par l'afflux de ressources provenant de l'exploitation des matières premières, a permis à la Russie de retrouver un niveau de performance sociale plus en adéquation avec son rang de grande puissance.

Toutefois, en dépit de ces résultats importants, la Russie reste encore éloignée du modèle social européen, avec ses niveaux plus élevés de dépenses et de protection. Une partie de la rente pétrolière a été utilisée pour lutter contre la pauvreté, mais pas encore pour le développement et le renforcement de la classe moyenne. Son niveau d'inégalité très élevé rapproche davantage la Russie des autres grands pays émergents comme la Chine et le Brésil que des pays européens. En outre, la mise en œuvre de la nouvelle approche de politique sociale se heurte à de nouveaux obstacles, dont le problème du vieillissement de la population, au moment où les ressources disponibles pour y faire face semblent se tarir.

Ces difficultés, avec lesquelles la Russie devra composer à l'avenir, nécessiteront des arbitrages et des choix difficiles. Jusqu'à maintenant, la manne des ressources naturelles n'a pas entraîné la réindustrialisation de la Russie. Le modèle de la rente a ainsi montré ses limites, ce qui impose de diversifier l'économie pour rebondir. Cette diversification peut seule permettre de retrouver une marge de manœuvre financière importante et remettre la Russie sur le chemin d'une croissance élevée. Dans le même temps, la constitution d'un agenda politique pour le développement humain doit rendre possible cet accomplissement. En fin de compte, diversification de l'économie et développement humain constituent les deux faces d'un seul et même objectif.

De nombreux auteurs ont montré qu'aucun pays ne pouvait se placer sur le chemin d'une croissance vertueuse en donnant la priorité exclusive à la croissance économique et qu'il fallait accorder une priorité équivalente au développement humain. Presque tous les pays qui ont réussi à promouvoir le développement humain ont attribué une forte proportion de leurs dépenses totales à l'éducation et à la santé. Partant de ce qui précède, il semble nécessaire d'augmenter les dépenses consacrées aux services publics de santé et d'éducation en Russie, y compris les salaires des personnes employées dans ces secteurs, encore trop faibles.

Diversification de l'économie et développement humain semblent constituer la stratégie choisie par les autorités russes à l'horizon 2020. La question qui demeure est de savoir si ces efforts seront suffisamment fournis et constants pour permettre à la Russie de surmonter les nombreux obstacles qui se dressent sur sa route.

BIBLIOGRAPHIE

ALEXANDROVA, A., STRUYK, R. 2007, « Reform of in-kind benefits in Russia: High cost for a small gain », *Journal of European Social Policy*, Vol. 17, n°2, pp. 153-166.

BANQUE MONDIALE, 2000, Combattre la pauvreté : Rapport sur le Développement dans le Monde, Vol. 2001.

BÉNABOU, R., 1994, « Human capital, inequality, and growth: A local perspective », *European Economic Review*, Vol. 38, n° 3, pp. 817-826.

BIRDSALL, N., 2007, « Income Distribution: Effects on Growth and Development », *Center for Global Development Working Paper*, n° 118.

BRAITHWAITE, J., GROOTAERT, C., MILANOVIĆ, B., 2000, Poverty and social assistance in transition countries, St. Martin's Press, New York.

BRYS, B., MATTHEWS, S., OWENS, J., 2011, Tax Reform Trends in OECD Countries, OECD Publishing.

COOK, L.J., 2007, Postcommunist welfare states: reform politics in Russia and Eastern Europe, Cornell University Press, Ithaca.
CORNIA, G., JOLLY, R., STEWART, F., dir. 1987, *Adjustment with a human face*, Clarendon Press, New York.
CORNIA, G., STEWART, F., 1993, « Two errors of targeting », *Journal of International Development*, Vol. 5, n°5, pp. 459-496.
DE FERRANTI, D., RODIN, J., 2012, « Universal health coverage: the third global health transition? », *The Lancet*, Vol. 380, n°9845, pp. 861-862.
EICH, F., GUST, C., SOTO, M., 2012, « Reforming the Public Pension System in the Russian Federation », *IMF Working Paper*, WP/12/201.
FMI, 1995, *Le Dialogue de politique économique avec le FMI : la dimension sociale, Fonds Monétaire International*, Washington D.C.
IVANOV, V., SUVOROV, A., 2003, « Issues of Health Care in Russia », Probl. Prognozir, vol. 14, n° 3.
KASTOUEVA-JEAN, T., 2006, « « Splendeurs et misères » de l'enseignement supérieur en Russie », Programme de recherche Russie/NEI, Russie.Nei.Visions, n°14.
KONOPATSKAYA, O., 2008, « The health national project: A progress analysis 2006–2007 », *Studies on Russian Economic Development*, vol. 19, n° 6, pp. 635-642.
OCDE, 2011a, OECD *Reviews of Labour Market and Social Policies, Russian Federation 2011*, OCDE, Paris.
OCDE, 2011b, *Perspectives de l'emploi de l'OCDE 2011*, OCDE, Paris.
OCDE, 2013, *Études économiques de l'OCDE : Fédération de Russie 2011*, OCDE, Paris.
PNUD, 1999, *Rapport mondial sur le développement humain 1999*, De Boeck Université, Bruxelles.
PREVOST, B., 2005, « Les fondements philosophiques et idéologiques du nouveau discours sur le développement », *Economies et sociétés*, n° 4, pp. 477-496.
PSACHAROPOULOS, G., 1988, « Education and development: a review », *The World Bank Research Observer*, Vol. 3, n° 1, pp. 99-116.
RANIS, G., STEWART, F., 2006, *Successful Transition towards a Virtuous Cycle of Human Development and Economic Growth: Country Studies, Economic Growth Center*, Yale University, New Haven.
RANIS, G., STEWART, F., RAMIREZ, A., 2000, « Economic growth and human development », *World Development*, Vol. 28, n°2, pp. 197-219.
ROSSTAT, 2012, Rossijskij statističeskij ežegodnik (Annuaire des statistiques de la Russie), Moscou (http://www.gks.ru/bgd/regl/b12_13/Main.htm).
SEN, A.K., 2000, Un nouveau modèle économique, *Développement, Justice, Liberté*, Odile Jacob, Paris.
SHEIMAN, I., SHISHKIN, S., 2010, « Russian Health Care », *Problems of Economic Transition*, Vol. 52, n°12, pp. 4-49.

SHKARATAN, O., 2007, « The Russian Transformation: a New Form of Etacratism ? », in Lane D. (Ed.), *The Transformation of State Socialism, System Change, Capitalism or Something Else*, pp. 143-158.
STIGLITZ, J.E., 1999, « More instruments and broader goals: moving toward the post-Washington consensus », *Revista de Economia Política*, Vol. 19, n°1, pp. 94-120.
STIGLITZ, J.E., 2002, *La grande désillusion*, Fayard, Paris.
STRAUSS, J., THOMAS, D., 1998, « Health, nutrition, and economic development », *Journal of Economic Literature*, Vol. 36, n° 2, pp. 766-817.
THOMAS, D., MALUCCIO, J., 1996, « Fertility, contraceptive choice, and public policy in Zimbabwe », *The World Bank Economic Review*, vol. 10, n°1, pp. 189-222.
VERCUEIL, J., 2013, « Russie : la « Stratégie 2020 » en question », *Revue d'études comparatives Est-Ouest*, Vol. 44, n°1, pp. 169-194.

L'ÉVALUATION DE LA PRODUCTIVITÉ PUBLIQUE NOUVELLE TRAJECTOIRE QUADRIDIMENSIONNELLE ET PERSPECTIVES DE STRUCTURATION STRATÉGIQUE

Walter AMEDZRO ST-HILAIRE
MBA, Ph.D, PostDoc,
University of Ottawa
Multilateral Investment Guarantee Agency
a.st-hilaire@telfer.uottawa.ca

INTRODUCTION

Dans la lutte constante que mènent les pays en transition de marché contre le chômage et pour la stabilisation macroéconomique, l'importance des structures publiques de production a sans doute été mésestimée, notamment en Europe de l'est[37] (l'Axe 13) où l'on a constaté une certaine tendance à considérer que la filière d'activité économique privatisée et des réformes tendancielles étaient les mieux - voire les seuls - à même de favoriser la création d'emplois. Mais les analyses politiques et économiques s'accordent pour affirmer que les organisations publiques sont essentielles au maintien global de l'emploi, arguant qu'on ne remplace pas les emplois dans le service public en général par des emplois privés étant donné qu'il n'y a pas de services libéralisés, sans tissu de production public. Il convient dès lors de ne pas oublier combien ces deux secteurs d'activité restent dépendants dans le contexte de transition économique. Une seule certitude, les pratiques émergeantes de restructuration en matière de production publique ne bénéficient pas d'un traitement global. Si l'on ajoute que, les questions d'emploi, de recherche, d'environnement concernent également ces méta-structures, comment imaginer, qu'il puisse en résulter, une action concertée en faveur du renforcement de l'action publique, socle de contrôle de l'économie appliquée à la firme ? N'est-il

[37] Pologne, Ukraine, Biélorussie, Roumanie, Hongrie, Tchéquie, Serbie, Montenegro, Lituanie, Estonie, Letonie, Bulgarie, Albanie.

pas grand temps que les pays en transition de marché envisagent de faire bénéficier leurs productions publiques[38] d'un traitement plus global[39] ?

A cet égard, l'Europe de l'est en particulier ne devra pas faire l'économie d'une stratégie de production publique à la hauteur de ses légitimes ambitions. Si l'objectif est clair, la démarche n'est pas simple en raison d'abord, des divergences idéologiques. En effet, au contraire de leurs principaux concurrents, ces économies en transition de l'est éprouvent les plus grandes difficultés à parler d'une seule voix et cumulent les handicaps : des cultures diversifiées, des langues différentes, des marchés de gré à gré, comptent un grand nombre d'administrations, et ne sont pas consuméristes.

Il n'est pas davantage question, en souhaitant protéger les marchés en transition, de différer les adaptations et évolutions techniques qui s'imposent. La concurrence est aussi un atout, qui a bénéficié aux organisations publiques comme aux consommateurs à travers une croissance de la production qui s'est maintenue dans la foulée des programmes de stabilisation macroéconomique et structurelle. Certes, on n'inventera pas aujourd'hui une nouvelle approche publique de production. Mais, dans leur cheminement vers la nouvelle donne économique mondiale et la conquête d'une croissance soutenue, les pays en transition, et notamment ceux de l'est européen, peuvent mettre en œuvre, avec détermination, une panoplie de stratégies compétitives, commerciales et productrices publiques, qui créeront un environnement favorable au maintien et au développement de leurs productions publiques dans une économie qui sera, avec ou sans eux, de plus en plus globalisée.

---

[38] Activité organisée exercée par l'action publique qui combine des facteurs de production (facteur travail, facteur capital) pour transformer les consommations intermédiaires en biens ou en services échangés sur le marché ou obtenus à partir de facteurs de production s'échangeant sur le marché.

[39] Il est en effet inquiétant de constater que les politiques sectorielles ne sont prises que dans l'urgence. Ce qui confronte le moyen et long terme à l'acquisition de compétences essentiellement centrées sur la gestion de des ruptures. Dès lors, il devient prioritaire que les problématiques économiques soient envisagées dans leur ensemble tant au niveau conceptuel que sectoriel. Ainsi, la production publique devrait reposer plus sur une approche syncrétique qui ne peut négliger aucun des aspects, connus ou non-connus, qui sont déterminants pour son avenir. De-là, il est souhaitable que toute approche novatrice de politiques économique insuffle une vision globale, assurant un déploiement stratégique cohérent, qui sera au centre des préoccupations constante de la planification productive.

1. Approche théorique : l'analyse de la compétitivité de la production publique du marché en transition

1.1. L'approche compétitive

De nos jours, le *benchmarking* de la compétitivité productive publique des pays en transition, c'est-à-dire l'étalonnage de leurs performances compétitives, considère qu'une démarche d'analyse peut constituer un instrument utile et performant pour s'améliorer en se référant aux meilleures pratiques mondiales. La coopération et la constitution de réseaux, inhérentes à l'étalonnage des performances, sont des instruments efficaces pour la mise au point de « nouvelles pratiques » dans le but d'un développement réel d'une culture transitionnelle de la qualité, qui renforceront la production publique intérieure et aideront à affronter la concurrence. L'étalonnage des performances peut aussi s'appliquer à la filière publique entière, comme une extension naturelle de l'étalonnage des performances de la production publique et pour laquelle les modèles comparables sont fondamentaux pour la compétitivité. Cet étalonnage permettra aux économies en transition et à l'Europe de l'est de contrôler sur une base continue la capacité de sa production publique à répondre à la concurrence internationale. L'étalonnage devra porter sur les coûts (de la main-d'œuvre, du financement, de la fiscalité...), sur les principaux intrants de la compétitivité (prix, qualité et accès aux services - innovations, transports... - productivité du travail et du capital), sur les compétences (qualification, éducation, formation), sur le degré d'innovation (licences technologiques, rapidité à pénétrer le marché...), et sur l'efficacité dans le domaine de l'environnement (énergie, utilisation de l'eau...). Cet article confirme l'intérêt des études d'étalonnage de performances permettant de détecter les raisons pour lesquelles la production publique de l'Europe de l'est est moins compétitive que celle de ses concurrentes.

1.2. L'approche sectorielle

Les marchés en transition devraient se livrer également à l'analyse par secteur des atouts et faiblesses de leurs investissements productifs face à la concurrence mondiale, ce qui nous semble une excellente méthode d'appréhension des problèmes dès lors qu'ils laissent aux organisations concernées le choix des stratégies à conduire. La réussite ne doit en effet pas masquer la nécessité d'une recomposition rapide et radicale de la gestion des produits publics, qui reste très fragmentée :

- création de groupements rassemblant de manière trans-filière les organisations rigide,
- adoption d'un statut de marché et ajustement,

- incitations à la recherche et mise en place d'un régime de marchés publics.

Le marché à prendre ici en considération est le marché mondial : la situation de concurrence ne devra pas être évaluée par rapport à la position sur le marché régional, mais sur le marché mondial.

2. Méthodologie et résultat

Les données recueillies[40] portent sur les marchés en transition et proviennent des données internes d'institutions internationales : en nous limitant à ces données, nous éliminons diverses influences susceptibles de biaiser nos estimations, ce qui accroît la validité de l'article. La première source des données est le Multilateral Investment Guarantee Agency qui collige plusieurs informations sur le secteur des investissements productifs publics dans les économies en transition. La seconde source est une documentation de mission économique établie à partir de rapports avec les acteurs externes à la bureaucratie et à la prise de décision. De là, un des objectifs majeurs de l'article est de permettre de porter un regard au-delà de « l'amont » pour avoir une vue plus « panoramique » du contexte général dans lequel s'inscrivent les questions de productions publiques dans les économies en transition, une première. Le travail d'investigation, qui y est attaché, contribue pour la première fois à la formalisation synthétique d'un thème traitant des dimensions économiques, stratégiques et institutionnelles du sujet.

Ainsi, les dernières données, mettent en évidence une période de stabilisation constante de la production publique dans ces économies. La grande question est de savoir jusqu'où ira cette situation. Une reprise mondiale plus faible que prévue pourrait ralentir le redressement des marchés en transition et assombrir les perspectives de flux financiers, note le Multilateral Investment Guarantee Agency qui table sur une croissance moyenne de 4% du PIB. Si les marchés en transition se glissent dans la moyenne haute avec une hausse attendue des activités, certains pays de l'Europe de l'est seront un niveau en dessous. D'autres, plus diversifiés et homogènes seront les élèves les plus dynamiques, alors que les moins structurés seront sous leur potentiel de croissance. Globalement, la production publique bénéficiera de la hausse des cours. Leur croissance s'établira en moyenne à 5,51% au second semestre 2014 contre 4,3% pour l'ensemble de la zone.

Il ressort du panorama du marché de l'Europe de l'est qu'un secteur résiste d'autant mieux à la concurrence mondiale qu'il intègre une part forte de haute technologie. C'est une évidence qu'il convient de rappeler

[40] Les pratiques devaient répondre à deux critères : correspondre à la réalité (validité) et être implantées de façon assez courante sans que cela suppose que toutes ne les aient adoptées (variance).

au regard de la situation sur l'ensemble des marchés en transition. Et dans cette optique, il est à noter pour illustration, qu'en termes de concurrence mondiale, la production publique asiatique continue de bénéficier de la meilleure situation puisqu'elle domine le classement : le marché sud-est Asiatique est ainsi placé en position dominante. D'intérêt tout à la fois stratégique, technologique et économique, la production publique n'occupe toutefois qu'une place modeste dans l'économie libérale. Elle emploie directement une centaine de personnes en moyenne, plusieurs fois ce nombre en termes indirect et génère un chiffre d'affaires de plusieurs milliards de dollars. Elle ne représente que 4,37% du PNB des économies en transition et 9% de la production publique. Toutefois, les exportations ont représenté plus de quinze milliards de dollars, soit près de 18% des exportations totales du marché de l'Europe de l'est. *La situation a toutefois été fragilisée. Mais, ce marché reste dominé par les économies asiatiques* détenant désormais 42 % du marché mondial. La rentabilité économique de la production publique de l'Amérique latine est supérieure de moitié à celle de sa rivale de l'Europe de l'est (19% contre moins de 13%), tandis que la rentabilité financière y est trois fois plus élevée (9,6% contre 3,6%). Ce domaine emploie environ un demi-million de personnes en moyenne, ce qui représente 6% de l'emploi du service public. Si la situation reste solide, on ne peut toutefois ignorer le danger de la concurrence. Il faut tenir compte des capacités des marchés en transition de production publique qui maîtrisent parfaitement la fabrication de produits de base ou dérivés. Elle demeure au premier rang mondial dans certains secteurs, avec près de 10% de la production mondiale. La production publique de l'Europe de l'est est désormais combattue par des rivaux très performants. Elle est fragilisée et la croissance est menacée.

En dépit de ce bilan mitigé, les perspectives de la production publique des marchés en transition pour les tous prochains mois semblent être plus favorables. L'accroissement nominal de l'investissement dans la production publique devrait être de 6% au premier semestre 2015, et on attend une forte augmentation de l'investissement industriel public, de l'ordre de 11%, après les 17% enregistrés au second semestre 2013. Dans les économies de l'Asie, ce taux pourrait croître respectivement de 7% et de 3% avec un taux d'utilisation des capacités de production qui connait une progression régulière. Cette tendance se poursuit, et en dépit des développements récents dans certains pays de l'Europe de l'est (Ukraine, Biélorussie, Serbie, Montenegro, Albanie), l'indicateur de confiance dans la production publique a progressé, essentiellement sous l'effet de perspectives plus favorables d'évolution de la production globale et d'une nouvelle amélioration des appréciations portées sur les stocks. Si cet indicateur a légèrement fléchi au premier semestre, à la suite d'un ralentissement des entrées de commande, les perspectives d'emploi se sont améliorées. Il ne faut pas sous-estimer l'importance de cette dimension psychologique, qui est essentielle en matière géoéconomique : l'avenir de la production publique des marchés en transition ne dépend en effet pas seulement des gouvernements. Elle est aussi l'affaire des gestionnaires et managers qui la conduisent, de l'indice de confiance qu'ils portent sur les perspectives économiques et de l'avenir personnel qu'ils envisagent. Le premier aspect est, depuis quelques mois, plus favorable. Le second paraît moins net si l'on considère le phénomène de « fuite des cerveaux » auquel on assiste actuellement dans les économies de transition de l'Europe de l'est et qui conduit de nombreux jeunes diplômés à s'expatrier de plus en plus massivement.

Dans l'investissement public, les dépenses d'équipement envisagées, ont été amplement revues à la hausse : + 4% en valeur à l'enquête, + 11% à celle de janvier dernier, soit une révision en hausse de 7 points. Or le plus souvent dans le passé, de fortes révisions en hausse lors des premières enquêtes sont le signe d'une croissance vigoureuse des dépenses. Les grandes entreprises publiques des économies en transition, interrogées lors de l'enquête sur les facteurs de production du Multilateral Investment Guarantee Agency, se déclarent elles aussi optimistes, prévoyant une croissance de leurs investissements de 6% au dernier trimestre 2014. En préfiguration de ces prévisions quantitatives, l'opinion des industriels publics sur les intentions d'achat s'était d'ailleurs déjà vivement redressée selon l'enquête sur les trésoreries au cours du premier semestre. L'enquête en cours confirme ces intentions aux niveaux qu'elles avaient atteints lors du précédent redémarrage (2006). Les éléments semblent donc tous réunis maintenant pour que l'on puisse envisager une reprise durable de l'investissement productif public dans les économies en transition. Pour l'ensemble des entreprises et services publiques, les dépenses en volume s'élèveraient de 5,6%. La progression devrait être ample dans les branches publiques industrielles et commerciales. Le retard d'investissement depuis 2002, année du précédent pic, y est en effet considérable et devrait être à l'origine d'une poussée des achats d'environ 9% à chaque fois en 2015 et 2016. Mais à l'horizon de la prévision, le niveau des dépenses serait encore inférieur de presque 10% et de fait, en termes de taux d'investissement, cette progression des dépenses de près de 20% d'ici à l'année prochaine ne constitue véritablement que l'amorce d'un rattrapage.

Sur une longue période, les échanges de biens et de services se sont accrus, en moyenne, de 2,8% par an pour atteindre 28,2% du PIB des marchés en mutation selon les données internes 2014 de la Banque Mondiale. L'excédent de la balance des échanges courants a atteint près d'un milliard de dollars, alors qu'elle accusait un déficit il y a peu : effet transition ? Ce retournement provient surtout de l'amélioration de la balance des biens, passée d'un déficit d'un demi-milliard à un excédent record de 1 milliard d'euros. Le commerce de l'Europe de l'est avec les pays tiers a continué d'augmenter, produisant un excédent commercial de 1,1 milliard de dollars au cours du premier semestre 2014 contre moins du milliard pour la même période de l'année précédente. Rapportées au premier semestre, les exportations et les importations extra-marché ont augmenté respectivement alors qu'en revanche, le commerce intra marché en transition n'a augmenté que peu sur la même période. Cette hausse est cependant supérieure à celle enregistrée auparavant entre les premiers semestres 2011 et 2012 (+ 3,4%).

Le commerce des biens, intégrant la production publique diversifiée, est marqué par une forte régionalisation des échanges. Depuis 1994, les exportations de marchandises intra-zones sont passées de 52% à plus de 70%. Il s'agit de la plus intense capitalisation des échanges, mais qui n'est pas unique et propre à l'Europe de l'est puisque cette même concentration géographique est observée dans la plupart des marchés en transition, notamment en Asie. Cette méso-structuration discriminatoire s'est accompagnée d'une spécialisation en capital investissement public. Ce déficit s'explique principalement par le déséquilibre des échanges avec les autres pays hors Europe de l'est et marché en transition. Le déficit extérieur le plus important concerne la production industrielle, suivi de l'électronique grand public. Les autres produits affichant un quasi équilibre.

Ces chiffres, concernent une large gamme de secteurs productifs porteurs pour l'avenir, mais sur lesquels la production publique des marchés en transition ne parvient pas toujours à s'implanter : télécommunications, ordinateurs et machines de bureau, électronique générale, électronique de consommation, appareils scientifiques, éléments radioactifs et isotopes, produits chimiques et armes. Selon le Multilateral Investment Guarantee Agency, l'Europe de l'est a expédié 15,2% de ses exportations vers les marchés en transition. Un peu plus de 17% de leurs importations proviennent de ces pays (respectivement). L'Europe de l'Est affiche donc un déficit structurel qui devrait encore se creuser après la forte crise. Sur la longue période, entre 2000 et 2012, la part de l'emploi productif public a diminué dans la plupart des pays en transition : celle-ci a ainsi baissé de 19% en Amérique latine, de 21% en moyenne en Europe de l'est. Si elle a régressé de 23% en moyenne sur l'ensemble du marché en transition, elle s'est en revanche maintenue en Asie sur la même période. Les restructurations actuellement conduites par les pouvoirs publics se sont donc accompagnées d'un déclin significatif de la production publique manufacturière et de l'agriculture au profit des services publics. La situation de l'emploi s'établit comme suit : 64,9% de l'ensemble des emplois viennent du secteur des services publics (dont 59,3% occupés par des jeunes), le taux le plus bas se trouvant en Asie (de l'ordre de 37%) ; 5,1% des emplois relèvent du secteur de l'agriculture (jusqu'à 20,3 % en Amérique latine) ; 30% des emplois appartiennent à la production industriel, le taux le plus élevé se trouvant en Asie (36%). En dépit de l'augmentation importante de la production sur cette période, le niveau d'emploi a continué de décroître : l'emploi productif a baissé de 1,5%. Les seuls marchés qui connaissaient une augmentation sont le marché chinois (+3,1%) et le marché taiwanais (+ 0,5%), tandis que l'Europe de l'est et le Maghreb enregistrent une baisse moins marquée. A l'inverse, celle-ci s'est accélérée sur tous les marchés en transition.

Avec une contraction de ses effectifs permanents en 2011, la production publique fait apparaître une évolution exagérément pessimiste. La réaffectation des intérimaires qu'elle emploie révélerait des créations nettes sur l'année. Dans les mines, qui ont perdu une grande partie de leurs emplois permanents l'année dernière, elle conduirait à une stabilisation. Ainsi, cette réaffectation vers les secteurs utilisateurs, atténuerait la perception exagérément optimiste des mouvements de l'emploi dans la production publique. Sous l'effet de la consolidation de la reprise, les créations se poursuivront cette année (2014) et l'année prochaine (2015). La production publique parait en bien meilleure situation aujourd'hui que dans les phases conjoncturelles passées équivalentes. La croissance de la production publique industrielle depuis un an a enregistré le niveau de la productivité permettant de déclencher la création d'emplois. Les entreprises publiques industrielles et commerciales pourront dès lors procéder à des embauches sous statut permanent. Elles transformeront aussi les contrats temporaires actuels en contrats à durée indéterminée. Les effectifs concernés, qui quitteront le secteur public des services, viendront s'ajouter à l'emploi permanent.

Au total, l'emploi salarié des organisations publiques croîtrait de 1,6% et la hausse serait toutefois moindre par la suite (+ 0,5%), sous l'effet du ralentissement de la productivité entraîné par les créations de l'année précédente. L'exploitation qui a elle aussi amplement recouru au travail intérimaire et enregistré des gains de productivité significatifs depuis un an et demi, pourra désormais créer des emplois stables en nombre important, soit 4,3%. L'argument selon lequel la disparition de l'emploi dans la production publique s'expliquerait par le poids excessif du coût du travail dans les organisations publiques en quête de compétitivité a été si souvent développé qu'il n'est pas nécessaire de le reprendre ici. Il n'est toutefois pas inutile de souligner qu'en dépit de charges salariales, les entreprises productrices publiques parviennent à conserver une certaine compétitivité. En revanche, il serait parfaitement contreproductif d'envisager d'alourdir encore cette charge. A titre indicatif, pour contrecarrer la crise sans perte de salaire, une hausse des coûts salariaux horaires de 11,4% s'avère nécessaire. Or, la compétitivité globale des économies en transition n'est pas dans une situation telle qu'elle puisse assumer une nouvelle dégradation.

3. Discussion et analyse

L'analyse consacrée aux performances compétitives des économies en transition vers des normes de marché dans le domaine de la production publique montre que celle-ci accuse un retard considérable dans les secteurs les plus importants. Les motifs de ce retard appliqués au secteur de la production peuvent être extrapolés à la majeure partie de l'économie publique. Cette faiblesse s'expliquerait d'abord par le fait que les Européens de l'est sont absents de la production traditionnelle des marchés de la consommation de masse dans le domaine de l'innovation et de la recherche. D'autre part, elle est absente sur les nouveaux marchés comme ceux des logiciels. Cette étude doit se prolonger par des actions concrètes menées avec les organisations internationales pour identifier les causes de leur manque de compétitivité, notamment dans les autres secteurs.

Outre cette analyse sectorielle, il doit être également envisagé une réorganisation des politiques sur la production publique des économies de marché en transition, dont l'essentiel des pratiques portent, pour l'heure, sur les secteurs les plus traditionnels (ressources naturelles, ...) et non sur les atouts de marchés et le développement du potentiel financier public. Cette suggestion de porter, désormais, un intérêt particulier sur les technologies plus récentes et plus opérationnelles et d'aborder la question de production publique des économies en transition sous l'angle de la compétitivité des entreprises publiques semble le signe tangible d'une volonté politique longtemps attendue. Dès lors, le thème de la compétitivité de la production publique doit être lié, de façon très pertinente, à celui de la recherche-développement. La deuxième cause de la non-compétitivité du marché en transition européen de l'est tiendrait au fonctionnement même du marché intérieur. On a observé que le potentiel du marché intérieur n'est pas encore totalement utilisé, notamment en raison de la complexité et de la lourdeur des réglementations. L'objectif doit être de poursuivre le processus de simplification et d'harmonisation structurelle et décisionnelle.

Si la prise en compte de la dimension productive de l'action publique semble évoluer dans le bon sens. Ces avancées sont encore insuffisantes pour les professionnels du secteur qui dénoncent des actions lentes, insuffisantes et décevantes surtout dans le domaine, politiquement sensible mais vital, de la réforme structurelle et réglementaire. Quatre recommandations principales :

- améliorer l'environnement de la production publique : l'un des handicaps qui affectent cette compétitivité tient au coût élevé des facteurs de production. Ainsi, le prix de l'énergie est en moyenne 43% plus élevé que dans d'autres pays et le transport routier y est plus cher de l'ordre de 39% ;
- limiter la part des dépenses publiques : la moyenne des dépenses publiques rapportées au PIB est de l'ordre de 47%, contre 27% en Amérique latine, d'où une charge fiscale en augmentation constante, néfaste pour les activités de production et pour la promotion de l'esprit d'entreprise ;
- alléger les charges, notamment le coût du travail ;

- réformer les marchés du travail, par une meilleure formation et par l'instauration d'une réelle flexibilité de l'emploi.

En réponse à ces recommandations, les mesures prises et les évolutions positives qu'elles ont eu sur la compétitivité productive publique sont les suivantes :

- la libéralisation technologique ;
- l'ouverture décidée des marchés de l'électricité et, prévue du gaz naturel;
- l'encouragement à la création d'entreprises publiques profondément ancrée dans la pensée et dans toutes les actions;
- l'amélioration de 20% de la transposition en droit national, du droit international ;

Aider le développement de la production publique en favorisant le contexte économique qui soutiendra son essor fait appel à la mobilisation de très nombreuses politiques d'accompagnement, tant il est vrai qu'une multitude de facteurs intervient dans ce domaine. Il est ainsi incontestable que la politique de formation et d'éducation est un élément essentiel dans une démarche industrielle globale, dès lors que la concurrence s'exerce essentiellement aux dépens de l'emploi non qualifié. Il convient également d'adapter la formation des jeunes aux besoins de l'industrie : de nombreux économistes et politologues déplorent le fait que la moitié des jeunes diplômés ait reçu, en réalité, un enseignement inutilisable directement dans le monde du travail.

La voie de l'apprentissage, expérimentée au Japon de manière exemplaire, constitue une réponse adaptée aux besoins des marchés en transition et mériterait d'être mieux explorée. On ne peut également ignorer la politique de l'environnement et les risques que fait courir à la compétitivité des économies en transition une stratégie de protection de l'environnement très ambitieuse. Il est patent que les contraintes environnementales sont au centre des préoccupations actuelles. Il est incontestable qu'elles renchérissent les coûts. Mais il est non moins vrai que le souci de la protection de l'environnement et de la responsabilité sociale doit être un objectif mondial et qu'il faut, autant que possible et dans un souci d'équilibre coût-efficacité, adapter l'action publique à cet objectif qui sera de plus en plus présent dans les années à venir.

Il faut aussi encourager toutes les mesures qui ont pour objectif de simplifier la législation dans les marchés régionaux et qui éviteront de surcharger les organisations publiques, principales pourvoyeuses d'emplois, de contraintes administratives. Dans le même esprit, toutes les mesures qui permettront de renforcer la compétitivité des petites structures publiques, par l'innovation ou l'accès au financement extérieur, ne devraient avoir que des effets positifs. La micro production publique constitue en effet une mine d'emplois - qui plus est d'emplois peu ou moyennement qualifiés - dont on a jusqu'à présent négligé la richesse potentielle en concentrant l'intérêt sur les grandes structures. Celles-ci sont indispensables à la crédibilité mais celles-là ne le sont pas moins en termes d'emploi.

Dans une perspective tant économique que de développement, il serait structurant de repositionner dans des zones aujourd'hui désertées des méso-structures de production publiques - le cas échéant en partenariat ou en réseau avec les méta-structures publiques - qui irrigueront le marché et permettront son développement selon un schéma plus harmonieux. Ce modèle serait particulièrement adaptable au marché en transition de l'Europe de l'est, lequel n'a guère fait preuve, en ce domaine, de beaucoup de réussite et pourrait utilement s'inspirer de l'exemple Sud-Américain.

Par ailleurs, quatre autres politiques d'accompagnement qui relèvent, à l'évidence, de la compétence, méritent d'être ici plus amplement évoquées. Devra être reconnu la nécessité d'une stratégie économique concertée de recherche : il est incontestable que la mobilisation des moyens, des connaissances, des compétences et des résultats ne peut que produire une forte valeur ajoutée, à condition d'organiser le transfert des recherches vers les méso-structures publiques et de les rendre applicables, pratiquement, dans la microstructure économique et financière de l'Europe de l'est.

Favoriser une croissance compétitive des marchés en transition et durable, doit s'articuler autour de cinq actions-clés : produits, procédés et organisations ; mobilité durable et inter modalité, dans le domaine des transports ; nouvelles perspectives pour l'électronique ; technologies de la mer ; ville de demain et patrimoine culturel. Afin d'éviter un rattrapage par les pays suiveurs, l'Axe 13 devra mettre en place des forces d'actions, concentrant d'importants financements de recherche, afin d'accroître la compétitivité dans des domaines précis (« environnement et eau », « industrie automobile.. »).

Toutefois, le développement de cette politique reste insuffisant. Ainsi, dans le secteur minier il faudra un renforcement des financements afin que la production publique reste techniquement à un haut niveau suffisant d'efficacité et de compétitivité. En effet, globalement, les marchés en transition et l'Europe de l'est n'investissent pas dans la recherche-développement : ils y consacrent 0,3% de leur PNB en moyenne, contre respectivement 2,5% et 3% pour leurs concurrents directs. Rapportée au budget, la recherche-développement n'absorbe que 0,4% des crédits.

Les marchés en transition valorisent insuffisamment leurs investissements pour en faire un moyen d'affronter l'économie globalisée et de favoriser la création d'emplois dans les secteurs à haute technologie. Leur handicap essentiel tient au fait que, en matière de recherche publique, les crédits sont attribués dans des conditions compromettantes parfois la recherche de l'efficacité. En matière de recherche fondamentale et appliquée, seule la collaboration peut permettre de dégager des économies d'échelle indispensables, en facilitant, par exemple, la création de grandes installations de recherche. Il est essentiel que les pays de l'Europe de l'est participent à l'effort de recherche, soit en l'assurant directement, soit en appuyant les initiatives privées. Le dispositif fiscal du crédit impôt-recherche semble être ainsi un instrument efficace pour favoriser l'innovation : il autorisera une réduction de l'impôt des investissements-recherche. Toutefois, il présentera l'inconvénient d'être circonscrit à certains types de dépenses trop limités pour être vraiment incitatifs. De surcroît, il devrait psychologiquement être mal perçu par les administrations fiscales.

L'impact négatif des fluctuations économiques importantes met en évidence le handicap que constituait pour la production publique des marchés en transition, l'absence d'une monnaie unique (même si la plupart des pays des marchés en transition ont, dans le cadre des réformes économiques, rattaché leur monnaie, de manière formelle ou informelle, à une monnaie forte). Ainsi, des dispositions visant à échanger les monnaies contre une autre ayant cours à l'échelle internationale et ayant une valeur relativement stable, sont en vigueur avec essentiellement un engagement à appliquer une politique macroéconomique rigoureuse. On estime que les fluctuations monétaires entraînent un ralentissement de la croissance économique de l'ordre de 0,25 à 0,5%. Dans le même temps, elles obligent les organisations publiques, tributaires de décisions d'investissement à long terme, à s'adapter à des variations brutales de la compétitivité-coût des différentes économies en transition.

Ainsi, la production publique de l'Europe de l'est a dû modifier de manière drastique ses comportements de marge pour rester présente sur le marché, ce qui pèse sur les résultats d'ensemble, compte tenu de l'importance de cette méso-structure. La coexistence de monnaies diversifiées conduit donc à des distorsions de concurrence, tout en entretenant une incertitude préjudiciable à l'investissement et donc à la compétitivité au sein de la microstructure des marchés en transition. Une monnaie unique est à un double titre une réponse à cette situation. Par définition, elle supprimera toute fluctuation monétaire. Cet avantage paraît d'autant plus important que celle-ci sera dès le départ une zone large.

Mais les effets stabilisateurs se feront sentir : la dynamique de la convergence devra réduire les fluctuations monétaires. Cependant, pour que l'unification monétaire joue pleinement au bénéfice de l'industrie et commerce publics, il est nécessaire que la gestion de cette monnaie soit une gestion équilibrée, fondée à la fois sur l'objectif de stabilité et sur l'objectif de croissance. Certains facteurs pourraient, dans un premier temps, conduire à une certaine surévaluation : si le régulateur se croyait tenu d'asseoir sa crédibilité par une gestion restrictive, la production publique ne pourrait tirer tous les avantages de cette consolidation. Les difficultés de certains secteurs, pourtant exemplaires pour leur compétitivité, le montrent clairement, en cas de dévaluation ou de surévaluation.

Par ailleurs, cette harmonisation microstructurale va faciliter les comparaisons des prix et des coûts et favoriser une concurrence plus vive dans divers secteurs. Nombre de règles fiscales et sociales devront être repensées en fonction de cette nouvelle donne. Dès lors que l'arme de la dévaluation n'existera plus pour restaurer une compétitivité compromise par des charges sociales et fiscales trop élevées, la maîtrise de ces charges sera essentielle pour faire face à une concurrence accrue.

Enfin, la mesure suppose un effort prolongé de rigueur financière de la part des économies en transition, qui doivent retrouver une marge de manœuvre budgétaire. Sans un effort durable de rigueur, ils ne pourront dès lors prendre des mesures de relance. Pour se retrouver en situation de pouvoir exercer, le cas échéant, une action contra-cyclique, la microstructure des marchés en transition devra, préalablement, ramener les finances publiques à une situation proche de l'équilibre. C'est bien là une des conditions nécessaires pour que l'harmonisation puisse être synonyme à la fois de stabilité et de croissance dans une perspective de dynamisation des marchés en transition.

CONCLUSION

L'intérêt porté au secteur de la production publique en Europe de l'est, le retour de la stabilité macroéconomique, les avancées spectaculaires récentes sur le terrain de la concurrence sont autant d'atouts pour que soit forgée une stratégie économique et financière porteuse d'espoirs dans les marchés en transition. Toutefois, en dépit de certains succès marquants[41], la microstructure de ces marchés souffrent (perte d'emplois, régression en termes de parts de marchés, notamment), de plus elles se positionnent insuffisamment sur les segments mondiaux les plus innovants.

Or, la transition économique et sociale ne pourra être pleinement réussie et l'Europe de l'est n'aura sa place dans le monde qu'en s'appuyant sur un socle productif public performant et compétitif. Les marchés en transition y trouveront également le moyen de créer de véritables emplois, les emplois productifs étant un élément déterminant pour la création d'emplois de service public. Quatre grandes orientations qui pourraient être utilement mises en œuvre et qui se rapportent à :

1- La première piste de réflexion s'impose d'elle-même : la création d'une monnaie unique[42] est un atout considérable qui supprimera les

[41] La réduction de l'inflation est certes une condition nécessaire pour assurer la reprise de la croissance, mais elle n'est pas suffisante. Les réformes microstructurale sont en effet essentielles pour assurer une reprise durable en facilitant la croissance de la production publique. Ainsi, de nouveaux réseaux de production pourront se développer rapidement et en limiter les effets néfastes de la désorganisation de la transition.

[42] Cette politique et les effets qu'elle a sur les anticipations inflationnistes du secteur privé contribueront à réduire le taux d'inflation. Toutefois, l'arrimage de la monnaie n'est pas

désordres microstructuraux internes qu'ont pu causer, par le passé, les dévaluations compétitives. La crise économique et, partant, la forte dévaluation, qui en a résulté ont été lourdes de conséquences en matière de commerce international. Les marchés en transition doivent impérativement faire entendre leur voix en plaidant pour l'élaboration d'un meilleur ordre monétaire international.

2- Le deuxième angle d'attaque devrait s'attacher à la défense des intérêts sur le plan international. En effet, la prolifération d'accords commerciaux, rend la démarche trop opaque tant pour les économies en transition que pour les acteurs et ce manque de visibilité nuit à la compréhension et à la crédibilité. De surcroît, des négociations menées sans cadrage politique préalable, sans évaluations économiques sérieuses et sans réelle concertation entre les différentes institutions, produisent, sur le plan international, un effet désastreux et conduisent à des situations de blocage extrême qui ne sont pas constructives. Pour être efficace, la mégastructure du marché en transition doit savoir parler d'emblée d'une seule voix. Il semble donc essentiel d'obtenir la définition d'une stratégie claire et d'un cadrage précis dans la conduite des négociations internationales, dans le respect indispensable des règles du jeu institutionnel ; la négociation d'accords équilibrés dans lesquels il soit procédé à une juste appréciation de l'équilibre et de la réciprocité des échanges, de l'intérêt particulier de l'Europe de l'est et des conséquences qui résulteront de ces accords sur les économies en transition ; un contrôle effectif du respect de ces accords, éventuellement au prix de recours juridictionnels auprès des instances compétentes ; la définition de procédures « anti-dumping » au moins aussi performantes que celles pratiquées par leurs partenaires commerciaux : le recours à des pratiques commerciales déloyales ne peut être justifié par aucun argument, pas même celui qui, de manière pernicieuse, considère que les consommateurs des marchés en transition peuvent y trouver avantage. Lorsque ce marché subit les effets de tels comportements, ce sont aussi les salariés-consommateurs qui en pâtissent, à plus ou moins longue échéance.

3- Le troisième thème d'action pourrait privilégier la compétitivité et notamment imposer : un meilleur usage des pratiques concurrentielles qui sache se départir des tendances à privilégier le contrôle des conditions internes de concurrence pour se préoccuper davantage de la concurrence avec le reste du monde. Les économies

---

le seul mécanisme possible dans le cadre de la réduction de l'inflation. Par exemple, beaucoup de pays ont adopté des chartes qui accordent à leurs banques centrales une indépendance considérable dans l'application de politiques monétaires rigoureuses, ou ont accepté de se plier à la discipline des programmes macroéconomiques internationaux contribuant ainsi à dompter l'inflation.

en transition doivent accepter une évaluation de la compétitivité des organisations publiques, ce qui suppose à tout le moins d'avoir la volonté politique de procéder de façon permanente à ce type d'appréciation et donc de disposer de séries statistiques complètes et rapidement disponibles ; la définition de stratégies de recherche et, en particulier, de recherche-développement qui puissent se situer à un niveau au moins équivalent à celui mis en œuvre chez leurs principaux concurrents mondiaux (les autres zones émergentes) et le soutien de choix de projets innovants, directement utilisables pour l'industrie et essentiels pour leur compétitivité.

4- Enfin, le quatrième axe d'intervention tiendrait à la mise en œuvre de stratégies internes d'accompagnement pour aider au développement en insistant en particulier sur : la prise en compte de la dimension production dans la définition de la pratiques microstructurales et la mobilisation des fonds structurels en faveur d'investissements productifs susceptibles d'aider à l'amélioration de la situation globale de l'emploi ; la nécessité de mettre en œuvre des mesures favorisant le développement accru du tissu de méso-structures pourvoyeuses d'emplois ; la prise en compte des besoins dans la formation des jeunes et, notamment, le développement de l'apprentissage et de la formation en alternance.

Au-delà de la nécessaire affirmation de la volonté productive, les économies en transition ont un rôle majeur à jouer au niveau international. Les handicaps[43], trop de dépenses publiques, trop d'impôts, trop de bureaucratie, on pourrait ajouter trop de déficits exigent d'être corrigés. C'est à eux qu'il appartient de renforcer leur compétitivité, de valoriser l'excellente formation de leurs ingénieurs, de savoir retenir les jeunes diplômés, d'adapter leur législation sur les fonds de pension pour que leur capital industriel ne soit pas progressivement acquis par ces structures anglo-saxonnes.

BIBLIOGRAPHIE

AMEDZRO ST-HILAIRE, W., 2014, *Capital global et sa régulation*, coll. Esprit économique, L'Harmattan.

AMEDZRO ST-HILAIRE, W., 2013, « Decision background & financial institutions: for what contemporary theoretical reorientation? », Œconomica, Vol. 9, issue no. 5.

[43] Expliquent aussi l'effondrement de la production publique car les économies qui se sont engagées dans la transition présentaient des caractéristiques différentes qui, dans beaucoup de cas, ont compliqué les efforts de maintien de l'activité économique : l'aptitude à réorienter les échanges, les structures de production, l'idéologie politique et l'autarcie économique et financière.

AMEDZRO ST-HILAIRE, W., 2014, *Reconstruire l'Afrique : nouvelle gouvernance et projet de développement*, coll. Esprit économique, L'Harmattan.
BARNEY, J.B., 2002, *Gaining and Substaining Competitive Advantage*, Prentice Hall.
BIRKINSHAW, J., MORRISON, A., HULLAND, J., 1995, « Structural and competitive determinants of a global integration strategy », *Strategic Management Journal*, vol. 16.
DUARTE, B., FERNANDEZ, V., 2007, *Des marchés et des acteurs : éléments pour une analyse stratégique*, Eska.
GOMULKA, S., 1998, *Lessons from Russia, China, and Eastern Europe*, MIT Press.
CAMPA, J., GUILLÉN, M., « The internalization of exports: firm – and location - specific factors in a middle-income country », *Management Science*, vol. 45.
KORNAÏ J., 1990, *Du socialisme au capitalisme, l'exemple de la Hongrie*, Gallimard.
KOGUT, B., 1985a, « Designing global strategies : comparative and competitive value-added chains », *Sloan Management Review*, summer, pp. 15-28.
KOGUT, B., 1985b, « Designing global strategies : profiting from operational flexibility », *Sloan Management Review*, fall, pp. 27-38.
OHMAE, K., 1990, *The borderless world: Power and strategy in the interlinked economy*, Harper Business, New York.
PORTER, M., 1986, « Competition in global industries: a conceptual framework, Competition in global industries », M. Porter (ed.), *Harvard Business School Press*, Boston, pp. 15-60.
RUGMAN, A., VERBEKE, A., 1992, « A note on the transnational solution and the transaction cost theory of multinational strategic management », *Journal of International Business Studies*, fourth quarter.

HERITAGES, TRANSITION ET PERFORMANCES ECONOMIQUES : POUR UNE APPROCHE DECLOISONNEE DU CHANGEMENT INSTITUTIONNEL

Moktar CHBOUKI
CAE/CERGAM
Université Aix-Marseille
chboukimoktar@yahoo.fr

INTRODUCTION

Les événements de 1989 ont consacré le triomphe du modèle canonique standard et posé le problème du passage d'une économie socialiste planifiée à une économie capitaliste de marché. L'ambiance intellectuelle et le conformisme de cette époque n'ont pas permis à la réflexion institutionnaliste sur la transition de se faire entendre. La chute du mur de Berlin a signé la victoire triomphale du capitalisme moderne et invité à envisager la logique du développement de l'économie de marché, sortie victorieuse de la confrontation, dans une perspective de long terme. Le point de départ de ce processus était quasiment simultané, près de trente pays se trouvaient confrontés, à partir de situations fondamentalement hétérogènes, à la nécessité d'inventer un nouveau cadre économique.

Considérés comme un nouvel espace pour le capitalisme et ses théories, ces pays se sont rapidement transformés en un champ d'application pour des versions plus ou moins révisées des programmes d'ajustement structurel imposés une décennie auparavant aux pays en développement. Ainsi la problématique de la transition est née. Mais que n'a-t-on pas dit et écrit sur la question depuis deux décennies ! D'aucuns peuvent difficilement imaginer ce qu'on pourrait ajouter ni même répéter utilement[44]. Le problème pourtant reste posé et présente une acuité certaine. La nécessité d'une explication théorique et empirique se fait toujours sentir *pour saisir le sens des différences des performances économiques observées entre les économies en transition.* Comment expliquer la réussite de l'Europe centrale (Pologne et Hongrie) et l'échec de l'Europe orientale (Roumanie et Bulgarie) ? Pourquoi l'Ukraine et la Russie ont été à la traîne

[44] C'est le cas notamment de la Banque Européenne pour la reconstruction et le développement (BERD) qui, depuis plus de deux décennies, édite un rapport annuel sur la transformation des pays de l'est selon leurs performances macroéconomiques dont l'unique critère d'évaluation est l'indicateur synthétique de transition (voir *infra*).

par rapport aux États baltes (Lettonie, Estonie, Lituanie) ? Les premiers travaux notamment standards insistent tautologiquement sur les mêmes facteurs explicatifs (Berg *et al*, 1999 ; De Melo *et al*, 1996, 1997, 2001 ; Dethiez *et al*, 1999). Ils demeurent sommaires et restent marqués par le caractère normatif de l'approche néoclassique, ils ne se penchent que sur le passage mécanique et obligé d'un système à l'autre sans songer à comprendre les changements profonds affectant les comportements humains et les institutions qui encadrent et expliquent ces derniers. Leurs lacunes sont nombreuses : la tentation de traiter les Pays de l'Europe de l'Est comme une totalité intrinsèque et postuler d'emblée leur homogénéité notamment politique, privilégier les pays qui ont réussi à accomplir les réformes et l'incapacité d'expliquer la diversité des trajectoires au sein même de l'Europe de l'Est.

Les économies en transition (EET)[45] après la chute du Mur de Berlin étaient obligées de répondre à deux interrogations essentielles : quel type d'institutions nouvelles faudrait-il adopter et dans combien de temps ? L'importation d'institutions toutes faites est efficace seulement si elles sont compatibles avec la structure socio-économique locale. Or, certains pays ont entamé leurs programmes de privatisation sans avoir même une loi sur la concurrence et des droits de propriété bien déterminés. La transition économique est un processus dont on connaît le point de départ et dont on ignore le point d'arrivée. Elle n'est pas un système économique à proprement parler et nécessite une approche décloisonnée pour essayer de saisir les fondements profonds de cette diversité dans ses trajectoires. Dès lors, des passerelles épistémologiques intelligibles du point de vue de la problématique du changement institutionnel méritent d'être construites. L'ouverture vers l'anthropologie et l'orientation méthodologique qu'impliquent ce choix constituent un premier jalon sur cette voie pour pouvoir comprendre l'économie du monde de l'après 1989. Le paradigme de convergence occulte l'existence d'environnements institutionnels distincts et conduit à une méthode mécanique et constructiviste pour basculer vers l'économie de marché.

Cette question est un champ de recherches récent situé aux confins des sciences politiques, du droit, de l'économie et de l'histoire. *C'est là où se noue la problématique du changement institutionnel. Ce que l'approche standard tient pour*

[45] Les économies en transition (EET) correspondent aux vingt-cinq pays de l'est répartis selon un critère plutôt géographique et spatial que politique sauf pour les pays de la Communauté des États Indépendants qui, excepté naturellement la Russie, étaient dans le giron soviétique : Arménie, Azerbaïdjan, Biélorussie, Géorgie, Kazakhstan, Kirghizstan, Moldavie, Ouzbékistan, Turkménistan, Tadjikistan, Ukraine. L'acronyme (PECO) fait référence aux pays d'Europe centrale (PEC): Hongrie, Pologne, République tchèque, Slovaquie, Slovénie et aux pays d'Europe orientale (PEO) : Albanie, Bulgarie, Croatie, Macédoine, Roumanie, plus les trois pays baltes (EB) : Estonie, Lituanie, Lettonie.

secondaire et accessoire voire d'irrationnel ne serait-il pas le cœur de la problématique du succès inégal de la transition économique ?

Dans ce qui suit, nous exposons le paradigme standard de la transition et ses limites (première partie), avant d'appréhender la transition économique comme un objet anthropologique à part entière et de nous arrêter sur l'apport de l'anthropologie à la compréhension de ce processus (deuxième partie). Dans la troisième partie, nous analysons la variété des trajectoires institutionnelles à la lumière des systèmes anthropologiques avant d'esquisser, dans une perspective évolutionniste, quelques éléments pour une théorie générale du changement économique articulant deux variables essentielles : un changement culturel associant une augmentation du stock de connaissances et une transition démographique et un changement institutionnel favorisant l'exécution des contrats.

1. L'approche standard de la transition économique

La théorie normative standard ne conçoit aucunement une déconnexion entre les propositions théoriques et les recommandations normatives de politiques économiques, ni même de discordance entre la législation, les comportements et la réalité empirique observable. Basée sur l'hypothèse de la rationalité instrumentale d'un *homo-oeconomicus* statique et imperturbable, elle cantonne les institutions dans tout ce qui est légal et légiféré (droits de propriétés, loi sur la concurrence, réglementations anti-monopoles) et considère les institutions informelles comme des anomalies ou des frottements qui gênent la mécanique de l'économie. Elle ignore de ce fait que l'économie de marché suppose un cadre institutionnel combinant des institutions formelles et informelles avec de moins en moins de friction. L'économie de marché est un ordre ouvert qui embrasse l'imprévisible, l'invisible et l'irrationnel et ne peut en aucun cas être régulée ou téléguidée d'emblée.

1.1. Le paradigme standard de la transition (PST)

La chute du mur de Berlin et la disparition des régimes communistes ont inauguré l'ère de la grande transformation postsocialiste, cette période a marqué également l'évolution de la pensée économique. Les organisations chargées d'accompagner cette transformation ont joué un rôle décisif dans l'orientation des politiques économiques[46], outre l'impact intellectuel important des économistes de Cambridge et des publications du *Centre for Economic Policy Research* (Andreff, 2002).

---

[46] Il s'agit en l'occurrence du Fonds Monétaire International (FMI), de la Banque mondiale (BM), de la BERD et de l'organisation de la coopération et de développement économiques (OCDE).

L'univers théorique et scientifique créé par ces institutions, notamment le FMI, a été basé sur les propositions de la théorie standard, la modélisation du fonctionnement des économies planifiées socialistes et les résultats obtenus dans les pays en développement après l'application du Consensus de Washington dans les années 1980. Il s'appuie aussi sur les travaux de mesure du progrès des réformes élaborés par la BERD qui aligne les EET sur un seul critère unique dans son genre : *l'indicateur de transition*. La fusion ainsi produite entre ces deux séries de travaux est à l'origine d'un nouveau « paradigme » au sens de Thomas Kuhn (1983), baptisé depuis lors, le *Paradigme Standard de la Transition* (PST) (Vercueil, 2002). Le PST définit la transition comme un processus ouvertement téléologique et finaliste, il la conçoit comme dynamique sans pouvoir intégrer cette dimension dans son analyse tout en soulignant le caractère complexe de son évaluation. La transition est réduite ainsi à la simple reprise de la production comme critère principal pour en juger le succès. Il insiste toujours sur l'aspect visible de ce processus tout en occultant l'environnement et le contexte où il se déroule.

Le modèle des réformes du FMI constitue la partie appliquée du PST qui s'articule autour de trois objectifs : d'abord accroître l'*efficience allocative* des activités économiques de manière à hausser le niveau de vie moyen des populations concernées. Ensuite, maintenir la *soutenabilité financière* des réformes à travers un équilibre dynamique des soldes publics et extérieurs et une inflation faible ; et enfin assurer la *soutenabilité politique* des réformes par la mise en place de mécanismes économiques limitant le risque de retour en arrière concernant les réformes dans un contexte de démocratisation de la société.

Les mesures nécessaires pour atteindre ces objectifs ont été résumées dans le célèbre triptyque : *libéralisation*, *stabilisation* et *restructuration*. La libéralisation permet au marché de remplacer le plan dans l'allocation des ressources et la détermination des prix relatifs, elle implique la suppression des restrictions ou des orientations apportées par l'administration aux activités économiques privées et l'abrogation des contrôles des prix. Elle concerne l'ensemble des activités de production, le commerce intérieur et extérieur ainsi que les flux financiers.

La stabilisation consiste à stabiliser les équilibres macroéconomiques en premier lieu à travers une limitation des déficits publics, et ce par la compression des dépenses publiques et le ralentissement de la croissance de la masse monétaire, tout en assurant la stabilité du taux de change de la monnaie nationale. Quant à la restructuration, elle prévoit la privatisation et la transformation des modes de gouvernance des entreprises et des administrations publiques pour les adapter aux processus de marché et responsabiliser les acteurs économiques décentralisés face à la concurrence qui permet une modification de la structure des produits et des entreprises (Vercueil et Pagé, 2004).

Le paradigme néoclassique était à l'origine de l'apparition de ce triptyque et de l'importance de la macroéconomie et du court terme dans les solutions et recommandations de politique économique proposées aux économies planifiées socialistes. Le socle théorique du PST était calqué sur la tradition néoclassique du *mainstream* (courant dominant), avec le postulat érigé en dogme de la rationalité des agents économiques, outre l'équilibre final et un marché concurrentiel optimal. Ce modèle se caractérise aussi par une allocation statique des ressources, une orientation méthodologique normative et une conception téléologique et déterministe du changement, conçu comme un processus indépendant du chemin suivi (*path dependence*).

Les outils utilisés pour atteindre justement l'objectif de la grande transformation font l'unanimité parmi les économistes des grandes organisations internationales. C'est ainsi qu'un nouveau champ disciplinaire « *economics of transition* » s'est constitué par l'application et l'extension de la théorie standard à ce bloc de pays. Il s'agit d'une orientation unilatérale de la part des organisations internationales, dans la mesure où tous les pays ont été traités fondamentalement de la même manière (Vercueil, 2002). Cette situation a suscité l'émergence de courants contestant l'approche finaliste et la thèse du *big bang* de la théorie orthodoxe (Chavance, 2004). Ils insistaient surtout sur le rôle des institutions et le caractère évolutionniste du changement économique d'une manière générale.

1.2. Le rythme du passage à la propriété privée : thérapie de choc, gradualisme ou *stop-and-go* ?

Après la délimitation du programme des réformes à accomplir pour assurer le passage vers l'économie de marché, restent à savoir la cadence et le rythme souhaitables pour amorcer le processus de la transition : une progression, étape par étape, ou une ouverture instantanée de tous les chantiers du programme de réformes ? Faut-il envisager une transformation rapide ou adopter un rythme différencié suivant les cas ? Toutes ces questions étaient au centre du débat opposant les partisans du « *gradualisme* » (Chavance et Magnin, 1997, 1998), (Kornai, 2000a) et les tenants de la « thérapie de choc » appelée encore la stratégie du « *big bang* » (Balcerowicz, 1995 ; Blanchard, 1997 ; Lipton et Sachs, 1990).

Ces derniers s'inspirent des penseurs néolibéraux (Buchanan, 1992 ; Friedman, 1962 ; Hayek, 1985) qui prônent une défense inconditionnelle du marché, la propriété privée et le zéro État. L'interprétation néolibérale du paradigme néoclassique a privilégié la thérapie de choc contre le gradualisme, la libéralisation contre l'intervention économique de l'État (hormis un rôle régalien minimal) et la privatisation avant la restructuration plutôt que l'inverse (Andreff, 2002).

L'utilité et la nécessité de procéder à une transformation si rapide, préconisée par la théorie standard, sont argumentées par trois thèmes :

La complémentarité qui prévoit une simultanéité dans l'amorce du triptyque (stabilisation-privatisation-libéralisation) pour une meilleure efficacité.

L'équilibre macroéconomique : le caractère partiel des réformes risque de ne pas corriger les déséquilibres hérités de la période socialiste, la résorption à court terme de ces déséquilibres est capitale, elle nécessite urgemment des mesures immédiates. *Le risque politique* : des réformes de grande ampleur nécessitent le consensus de toute la société. Cette mobilisation risque d'être de courte durée, ce qui pénalise le processus de transition dans son ensemble. Dans le cas où les réformes prennent du temps, elles peuvent se heurter au scepticisme des classes vulnérables et des groupes d'intérêt qui vivaient de leurs rentes de situation. Ce scénario nécessite des mesures immédiates pour éliminer d'emblée la captation de la rente et protéger les populations fragilisées par la transition.

En définitive, le gradualisme est rejeté pour les risques notamment politiques qu'il peut entraîner, mais le message adressé aux EET par les organisations internationales (le FMI en premier) est resté le même : l'horizon temporel des mesures à prendre est extrêmement court.

En réalité cette approche relève plutôt des sciences politiques que de l'analyse économique. Elle se heurte néanmoins à deux limites : la première est que le programme standard se penche exclusivement sur ce laps de temps, plutôt euphorique que chronique, en négligeant totalement le moyen et long terme, ce qui le prive de moyens pour faire face aux effets inattendus de la transition. La deuxième est que la transformation radicale d'une économie nationale du jour au lendemain relève de l'impossible. Elle ne va pas sans engendrer à la fois d'énormes coûts (économiques, sociaux et humains) et des imperfections structurelles dans le système économique comme l'apparition et le développement d'activités rentières et informelles (Andreff, 2002).

La vision gradualiste, inspirée tantôt par la volonté d'amortir le choc initial tantôt par une approche alternative de la transition, soutient l'idée qu'une réforme radicale ne peut s'appliquer aux chantiers structurels (privatisations, changement institutionnel et organisationnel). Elle exige que le processus soit séquentiel et réalisé étape par étape, d'où la difficulté de connaître l'échelle optimale et appropriée des séquences à entreprendre. Ses défenseurs insistent sur le fait qu'un progrès économique substantiel peut être réalisé par des réformes qui s'échelonnent dans le temps. Le clivage dogmatique qui traverse l'économie de la transition entre thérapie de choc et gradualisme se prolongera plus tard entre « *téléologiciens* » (finalistes) qui insistent sur le résultat final dans le cadre d'une transition néolibérale, et « généticiens » défenseurs d'une transition instituée et organique basée sur les processus qui mènent à ce résultat final (Andreff,

2007). Mais cette confrontation est dépassée dans la mesure où, elle fait de la rapidité le facteur déterminant de la réussite du changement.

Certes, le rythme des privatisations est capital, mais il ne peut garantir à lui seul le succès. La transition du socialisme au capitalisme est un processus organique articulant évolution et révolution, et la transformation de l'économie n'est pas une course de chevaux (Kornai, 2000b). De surcroît, la soutenabilité d'une thérapie de choc pour un gouvernement reste souvent limitée dans le temps, parce que le risque de sanction électorale est potentiellement important comme cela a été le cas lors des élections de l'automne 1991 en Pologne.

Cette *one best way* de la transition rappelle les programmes de stabilisation et d'ajustement appliqués une décennie auparavant en Afrique et en Amérique latine et qui reposaient formellement sur le même socle théorique. Les techniciens envoyés en Europe de l'Est ont eu déjà l'occasion de s'imprégner des difficultés macroéconomiques des pays en développement. Ils considéraient le consensus de Washington comme un pacte de réformes économiques à vocation universelle dans la mesure où, l'Europe de l'Est, l'Amérique latine, l'Afrique ou l'Asie formaient pour eux un seul champ d'expérience sur la voie à suivre pour asseoir les bases d'une économie marchande et décentralisée.

Par ailleurs, l'hypothèse d'une stratégie de *stop-and-go* qui consiste à alterner thérapie de choc et gradualisme est à prendre en compte dans plusieurs (EET) qui se trouvaient obligées de stabiliser leurs équilibres macroéconomiques pour pouvoir bénéficier de l'aide financière du FMI d'une part, et d'autre part réaliser une croissance forte pour mettre à niveau leurs économies dans la perspective d'une adhésion à l'Union européenne. La Chine, réputée pour son gradualisme, n'a pas hésité à entreprendre une thérapie de choc dans l'agriculture, l'attraction des investissements directs étrangers, l'ouverture extérieure et même dans la stabilisation macroéconomique.

1.3. Les limites de l'approche standard

La philosophie du « *consensus de Washington* » stipulait l'abandon par les États d'un grand nombre de leviers d'action sur les activités économiques et sociales et l'ouverture à la concurrence internationale. Mais le bilan décevant et inattendu du programme standard a été l'occasion pour les détracteurs de ce consensus de lui adresser d'acerbes critiques (Stiglitz, 1994). Compte tenu de l'ampleur des critiques et des résultats insuffisants, un nouveau consensus s'est formé autour de l'idée que la transition est un processus long et difficile qui devait prendre en compte les institutions, le caractère social de la transformation systémique et la diversité des trajectoires nationales. On est passé de la transition néolibérale à la transition instituée.

À ce stade de l'analyse, une question méthodologique se pose : *jusqu'à quel point une théorie élaborée dans et pour un contexte institutionnel capitaliste peut-elle s'appliquer à des contextes institutionnels différents* ? Le modèle néoclassique est normatif et en tant que tel, il ne peut qu'être indifférent à la réalité sociale de l'économie nationale à laquelle il est appliqué. Il modélise cette réalité selon une optique statique et presque ahistorique et non pas telle qu'elle est. Il érige en dogme la figure de l'*Homo oeconomicus* qui est sommé de faire les meilleurs choix pour maximiser son utilité sous la contrainte des ressources limitées dont il dispose. Les économies sont réduites, de ce fait, à de simples appareils techniques servant à l'allocation des ressources rares. L'individu devient alors un instrument rationnel de maximisation, il pèse sur les bénéfices et les coûts à chaque instant et ses choix sont en permanence optimaux.

La méthodologie de la théorie standard repose sur des méthodes qui rappellent celle des sciences dures comme une formalisation excessivement agrégée, une analyse en termes exclusivement réels et le caractère concurrentiel des marchés en l'absence des monopoles. L'économie et ses acteurs évoluent de ce fait dans un état stationnaire qui ignore les contextes locaux. Pourtant, les limites de cette méthodologie sont nombreuses : analyse statique et déconnectée de la réalité, le temps et l'espace importent de surcroît peu, le caractère fermé de l'économie modélisée au départ, l'absence de l'État dans le modèle bien que cette variable non économique est déterminante dans les pays en développement et le caractère normatif du modèle dans la mesure où il suppose l'équilibre général.

Pourtant, la théorie néoclassique a occulté un des fondements de l'économie classique. En effet, Adam Smith postulait que les individus sont animés par un désir égoïste permanent pour améliorer leur condition. Pour lui, l'économie ne saurait être réductible à la simple maximisation de l'utilité rationnelle. Dans sa *Théorie des sentiments moraux* (1759), il soulignait que la motivation économique très complexe est ancrée dans des coutumes sociales plus larges.

La solidité théorique du modèle standard témoigne de sa domination, l'approche qu'il mobilise est basée sur des hypothèses cohérentes et potentiellement testables, mais fragiles empiriquement. En effet, le triptyque (stabilisation, libéralisation, privatisation) sur lequel est basé le programme standard assure théoriquement à travers un enchaînement vertueux une convergence des EET vers l'économie de marché. Si les mesures de politiques économiques qu'entraine ce triptyque sont incomplètes ou partiellement appliquées, le programme de transition qui en découle sera aussi incohérent, ce qui explique donc son échec et ses faibles performances. La réforme en Pologne était complète et cohérente, ce qui n'était pas le cas en Russie. Aussi, la concentration de l'offre ne favorise pas la restructuration et entraîne une hausse des prix suite à des positions de monopole, ce qui va à l'encontre des efforts de stabilisation.

Une restructuration incomplète pèsera sur la compétitivité internationale de ces pays et aggravera leur déficit courant dans un contexte de libéralisation et de concurrence internationale.

2. La transition économique comme objet anthropologique

Si l'économie, comme l'anthropologie, est une science sociale, la transition économique peut être appréhendée comme un objet anthropologique dans la mesure où, l'Homme, objet de recherche par excellence des sciences sociales, est au cœur de tout processus de transformation sociétale. Ainsi, pour comprendre le processus complexe de la transition économique, il faut se pencher sur son acteur principal en l'occurrence l'Homme.

2.1. La dimension humaine et culturelle du changement économique

L'anthropologie n'a-t-elle pas toujours privilégié l'étude de ce qui est spécifique et de ce qui distingue une culture en raison de son ancrage territorial et historique ? Les anthropologues, très attachés à la diversité et en recherche permanente de l'original, sont confrontés à une réalité marquée par des processus de déracinement comme celui qui est à l'œuvre dans le monde en transition. Face à ce déracinement, l'économiste, et notamment l'économiste néoclassique, reste muet parce que ce dont il a besoin pour penser le changement est une analyse quantitative qui naturellement laissera de côté les questions de fond : le changement de quoi ? Le changement pourquoi ? Le changement comment ? Face à ce type de questionnement l'analyse économique convient de son incapacité d'y répondre. Ainsi, les causes des transformations apportées au système économique peuvent se situer en dehors de celui-ci.

Quelles que soient les caractéristiques d'une société, elle garde tout de même une certaine force d'inertie et des tendances conservatrices. Le changement économique, comme une force parmi d'autres du changement social, touche à des valeurs profondément ancrées dans les mentalités des agents. La résistance de cette force est fonction des lieux. Les incitations au changement ne suscitent pas les mêmes réactions parmi les civilisations et les sociétés.

2.1.1. Qu'est-ce que signifie l'Homme d'un point de vue économique ?

Pour simplifier, cette question opposait deux regards différents : d'un côté celui de Paul Samuelson (1965), qui considère que l'objet de l'économie revient à répondre à trois questions principales : « *Que produire* ?

Comment produire ? Pour qui produire ? ». Il s'intéresse davantage aux mécanismes allocateurs au sein d'une économie. De l'autre côté, celui de Lionel Robbins (1947), qui voit dans la science économique un moyen pour atteindre une grande efficacité, c'est-à-dire que son objet est déterminé par l'objectif ultime de l'étude de la meilleure utilisation possible des moyens limités, en vue de la satisfaction des besoins, illimités par définition (Lemennicier, 2006, pp. 228-9).

Fondamentalement la pomme de discorde entre ces deux visions concerne deux questions essentielles : le rapport au réel et la dimension normative de l'économie. Dit autrement, l'économie s'intéresse-t-elle à la réalité ou bien est-elle un pur formalisme, une sorte de « *science des modèles* » ? Ce débat épistémologique continue de hanter la discipline entre une branche appliquée donc réelle et une autre abstraite et théorique donc mécanique qui prend ses distances par rapport à un réel entaché d'imperfections.

Cette configuration reflète une opposition entre une économie théorique qui refuse la confrontation de ses axiomes à l'observation et une économie basée sur le réel. N'est-il pas temps de dépasser les abstractions de l'économie *mainstream* qui, pendant des décennies, a échappé à la critique et est protégée par la discipline interne de la profession ? La réalité riche de contenus commence à retrouver son statut et sa position dans la discipline, en témoigne le regain d'intérêt pour les thèses autrichiennes sur les impasses de la crise économique actuelle (Campagnolo, 2010). Parmi les questions fondamentales sur lesquelles le *mainstrem* fait l'impasse figure la manière dont il tient compte de l'homme, de sa nature, de ses aspirations et de ses besoins.

L'économie néoclassique mobilise le modèle stylisé de l'*homo oeconomicus* pour décrire et expliquer l'activité économique et financière. Parfaitement rationnel et informé, il est en mesure de poursuivre avec la plus grande efficacité sa finalité suprême à savoir la maximisation de son bien-être matériel. En définitive, l'homme et la société ne sont pas coupés des processus qui les ont vus naître, ils n'existent qu'à travers eux et l'économie n'est que la traduction d'un homme total et non pas le résultat d'une contrainte spécifique de son existence (Bernard, 1984).

2.1.2. L'emboîtement du culturel dans l'économique

Souvent les questions de développement et de croissance économiques sont associées au taux d'investissement dans le PIB, à la compétitivité des exportations et à tout ce qui a trait aux transformations économiques. Comme c'est le cas dans les pays en transition, les programmes de réformes de l'approche standard se focalisent exclusivement sur l'aspect économique de cette transformation.

Or, l'observation de la réalité de ces pays, notamment après les cinq premières années du processus, suggère que les dimensions de la transition débordent du cadre proprement économique. Le succès inégal de la transition économique montre l'importance capitale de l'interaction entre l'économique et le non économique.

L'homme est donc le noyau générateur du changement économique et le culturel est réellement engagé dans toute action humaine. Comment occulter ses motivations quant à son rapport à l'argent ou à l'usage de son épargne ou encore au nombre d'enfants qu'il souhaite avoir ? Dès lors, comment la théorie standard sépare-t-elle la dimension culturelle des choix concrets auxquels l'homme est confronté ? La culture qu'on le veuille ou non est systématiquement sollicitée dès qu'il s'agit de comportements ou de décisions quotidiennes, parce qu'elle fournit des schémas de pensée permettant de satisfaire ou d'attiser des besoins économiques. La société fonctionne selon toute une série de valeurs et de normes culturelles qui inscrivent la dimension économique dans un cadre éthique. Le travail, et au-delà de son importance économique, ne constitue-t-il pas avant tout un trait culturel révélateur de la place que lui donne une société ? Les comportements et les motivations des hommes dans leurs activités sont largement déterminés par les institutions qui délimitent le cadre incitatif du système économique. C'est toute l'importance du qualitatif et de son analyse qui pousse à revoir la nature et l'objet de l'économie et à destituer l'orthodoxie néoclassique.

2.1.3. Comment réintroduire l'humain dans l'économique ?

La transition économique est appréhendée par la théorie standard à travers ses manifestations prêtes à la quantification. Il s'agit d'une description purement économique sinon économiciste de la trajectoire de chaque pays bradant au fond toutes les considérations des résistances psychosociologiques et des facteurs culturels inhibiteurs. La nature de ces facteurs dépasse naturellement le cadre de l'analyse standard qui considère l'ordre culturel comme un aspect détachable du reste de la réalité sociale globale. Cette dimension suppose une connaissance de l'homme et de ses attitudes qui débouchera sur des hypothèses fondamentales liées à sa nature.

S'il est courant de dire que les structures sociales conditionnent l'environnement culturel, la culture possède à son tour une grande force de conditionnement dans la mesure où, elle forme toute une sphère à partir de laquelle les individus orientent leurs comportements. L'approche mécaniste de la théorie néoclassique ignore que les mécanismes et les grandeurs sont avant tout l'œuvre de l'homme. L'action économique est une action humaine et en tant que telle elle intéresse davantage la science de l'agir humain que la psychologie (Mises, 1985).

D'autant plus que l'isolement d'un seul facteur et un seul fragilise le système explicatif. Un obstacle peut justifier une impasse, mais cela ne signifie pas mécaniquement qu'il soit seul en cause. La distorsion qui existe entre le réel et la tentative de conceptualiser rationnellement la totalité des faits économiques, empêche de prendre en compte les valeurs et les dispositions d'esprit dans le processus du changement économique.

Au fond, les quantifications de l'économie correspondent à une utopie si le changement ne s'intègre pas dans les schémas mentaux des individus. Faire oublier la dimension humaine et culturelle du changement économique condamne à ne pas comprendre la praxie humaine et donc à ne pas agir. Reste à savoir « *jusqu'à quel point convient-il de dissocier le fait économique des autres faits dits sociaux ?* », il s'agit en effet d'une « *difficulté qui ne touche pas le seul économiste mais affecte réciproquement le sociologue, l'ethnologue et dans une certaine mesure tout adepte d'une science de l'homme en société* » (Granger, 1990, p.6).

2.2. La valeur axiomatique et heuristique des systèmes anthropologiques en économie

Le succès inégal de la transition et d'une manière générale la réussite du changement économique dans certains pays et son échec dans d'autres n'a pas été expliquée jusqu'à présent d'une manière convaincante. Il faudrait plutôt essayer d'expliquer le maximum des faits empiriques par un jeu d'hypothèses simples, le chercheur dans ce cadre doit s'efforcer de réduire la complexité de son objet et du phénomène observé à l'évidence d'une loi sous-jacente. L'originalité de l'analyse anthropologique réside dans sa capacité à expliquer des phénomènes contemporains par des facteurs immuables et latents. C'est une science qui étudie les rigidités mentales et *cherche à savoir pourquoi des sociétés si proches géographiquement ne fusionnent pas pendant des millénaires* (Todd et Le Bras, 1981).

2.2.1. Le modèle des systèmes anthropologiques

Comprendre l'économie ne peut se faire qu'en sortant de l'économie (Hayek, 1956) en étendant la vision aux interactions globales, car l'économie est un outil des hommes (Mises, 1985). Parler d'économie oblige à resituer le contexte. Bien qu'il cherche à comprendre, le chercheur doit recourir à une approche pluridisciplinaire, mais il n'est pas obligé de solliciter toutes les disciplines, cela relève de sa méthodologie.

De l'histoire longue (Braudel, 1985), à la sociologie (qui est l'étude de chaque société), à l'anthropologie (qui compare les sociétés humaines) et à la psychologie (qui est savoir sur l'individu), il peut solliciter une ou deux disciplines (en minimisant le risque de la confusion) par rapport à son domaine de base et son objet de recherche.

Il faut dire que l'institution familiale a été depuis longtemps négligée dans l'analyse économique. Elle a été perçue comme un domaine non marchand dans un univers fondamentalement marchand. Il revient à Gary Becker (1981) le mérite d'avoir intégré cette institution dans le viseur économiste. Cependant, sa méthode consistant à appliquer des concepts tels que la demande d'enfants, les coûts d'opportunité du mariage ou la notion du temps dans l'éducation des enfants à des phénomènes familiaux était considérée comme une sorte d'« *annexionnisme réductionniste* » (Bourdieu, 2000). Or, la famille est « *un instrument puissant, inconscient, invisible et silencieux de reproduction de la société, dans les tribus africaines comme dans les pays développés du monde industriel* » (Todd et Le Bras, 1981, p. 22).

2.2.2. La matrice des systèmes familiaux[47]

La famille est un mécanisme solide de reproduction des hommes et des valeurs. Chaque génération intériorise d'une manière inconsciente les valeurs parentales qui déterminent les rapports humains élémentaires : parents/enfants, frère/frère, frère/sœur, sœur/sœur, mari/femme. Ce mécanisme puise sa force de tout sauf d'une formalisation consciente et verbale, il est en ce sens automatique et infralogique (Todd, 1983). Chaque individu, chaque génération dont les valeurs de base sont inculquées dans le cadre familial peut réinventer et reproduire le comportement économique dominant de son environnement social sans aucune contrainte ou endoctrinement.

L'analyse du rapport (libéral ou autoritaire) entre parents et enfants donne une idée sur le lien d'attachement de l'individu au groupe. La cohabitation par exemple sous un même toit de trois générations : parents, enfants, petits-enfants confère à ce système un trait *autoritaire* parce qu'il présuppose l'existence d'enfants adultes mariés sous l'autorité parentale. En revanche, un lien faible entre parents et enfants et de l'individu au groupe favorise un départ précoce des enfants de la maison parentale, ce système familial est considéré comme *libéral.*

Les coutumes qui régissent l'héritage nous renseignent sur la nature des rapports entre les frères. L'existence d'une règle de partage symétrique montre que le système est *égalitaire.* Mais lorsqu'il existe une règle instaurant le principe de l'héritier unique, le système ne peut être qu'*inégalitaire. Ces principes élémentaires de l'anthropologie fondamentale permettent de décrire et d'expliquer les fondements de la diversité du monde capitaliste et postcommuniste. Ils marquent une rupture avec le discours binaire ambiant opposant l'économie à l'économie.*

À partir de ces critères (autoritaire, libéral, égalitaire et inégalitaire), (Todd, 1998, p. 32) infère quatre types familiaux :

- *La famille nucléaire absolue*, qui rend autonome les enfants précocement et laisse l'héritage libre, est le modèle le plus individualiste des systèmes familiaux du fait qu'il détache l'enfant de ses parents et instaure une règle asymétrique d'héritage entre les

[47] Sur la genèse des systèmes familiaux, voir la somme de Todd E., 2011, *L'origine des systèmes familiaux, volume 1 : L'Eurasie*, Editions Gallimard, Paris.

frères. Il est caractéristique du monde anglo-saxon (Angleterre, les États-Unis, Australie, Nouvelle-Zélande, Canada dans sa partie anglophone). Elle se trouve également dans le Danemark, le Sud-est de la Norvège, la façade maritime des Pays-Bas, en Zélande, Hollande, Groningue et Frise.

- *La famille nucléaire égalitaire* est un modèle individualiste qui autonomise les enfants et favorise dans une certaine mesure leur départ. Ce modèle n'est pas systématique contrairement au précédent dans la mesure où, la séparation des enfants n'est pas un objectif ultime ce qui confère à ce type un caractère libéral. Les règles de partage sont égalitaires, les frères gardent le contact après la séparation et jusqu'à la mort des parents. La règle d'héritage demeure symétrique définissant ainsi les frères comme équivalents. Ce modèle familial occupe le Bassin parisien[48] l'Italie du Sud et du Nord à l'exception de la Vénétie, l'Espagne centrale et méridionale, le Portugal, Roumanie et la Pologne.
- *La famille souche* est autoritaire et inégalitaire. Elle présuppose une conception non individualiste de la vie familiale et sociale. Ce modèle est très rare hors de l'Europe et il est surprenant de le trouver dans la partie la plus avancée économiquement de l'Asie orientale. Le critère du mariage fait la différence au sein de ce système. En effet, la famille coréenne par exemple ressemble à celle du même type à l'échelle européenne (l'Allemagne), elle est exogame et refuse le mariage entre cousins germains. En revanche, la famille japonaise est caractérisée par une tendance à l'endogamie. La famille souche est répandue dans la partie centrale et occidentale du continent européen (pays de galles, Irlande, Écosse occidentale, pays Basque, Catalogne, nord du Portugal, Vénétie, Bohème en République Tchèque, Slovénie, l'Autriche, la Suisse alémanique).
- *La famille communautaire* est autoritaire et égalitaire, elle se trouve dans la partie capitaliste de l'Europe en Finlande et en Italie du centre (la Toscane), mais elle occupe une bonne partie de l'Europe orientale (la Russie) où elle a donné naissance au communisme et favorisé un niveau culturel élevé. Ses caractères autoritaire et égalitaire exigent que les fils restent au foyer parental après leur mariage. Elle est typique également de la Chine. Le critère du mariage est exogame en Russie, Toscane et en Chine, mais il est endogame dans le monde Arabe où le mariage entre cousins

[48] Hétérogène sur le plan anthropologique, la France est le seul pays européen où les anthropologues ont identifiés la dispersion territoriale des quatre principaux systèmes familliaux (Todd et Le Bras, 1981). Cette diversité anthropologique laisse la France écartelée entre deux systèmes économico-idéologiques : l'un anglo-saxon et atlantique, l'autre allemand et continental, ce qui explique que « ... *la conversion de la France à un libéralisme authentique est toujours matière à projet*... » (D'iribarne, 2006, p. 31).

germains est fréquent. En Hongrie, ce type familial est nuancé par un trait inégalitaire dû à l'influence de la famille souche germanique dont les effets, par l'histoire et la géographie, sont immédiats[49].

L'hypothèse qui va nous guider dans cette démonstration, après cet exposé détaillé de la structure familiale comme institution à part entière agissante de manière souterraine sur les comportements individuels et les dynamiques économiques, est la suivante : *dans quelle mesure la diversité des structures anthropologiques peut-elle expliquer celle des trajectoires institutionnelles de la transition économique* ?

2.2.3. Systèmes anthropologiques et performances économiques

Le modèle esquissé au-dessus a apporté un nouveau regard sur la diversité intrinsèque qui caractérise les sociétés humaines. Ainsi, la vie sociale, économique et les penchants idéologiques des Anglo-Saxons dérivent directement des valeurs libérales et non égalitaires de la famille nucléaire absolue. Ce système individualiste et libéral correspond parfaitement à l'*homo oeconomicus* du modèle néoclassique.

Une telle représentation n'a guère de sens dans des pays comme l'Allemagne, le Japon ou la Corée où l'individu est intégré au groupe local ou professionnel. Ce phénomène n'est que le reflet des valeurs autoritaires de la famille souche qui associe fortement entre eux les membres de la famille autour d'un projet lignager autrefois, entreprise familiale aujourd'hui. Contrairement à la théorie des avantages relatifs de Ricardo, qui fait que chaque pays participe à l'optimisation de l'échange mondial en se spécialisant dans les produits pour lesquels il dispose des compétences et des matières premières, la vision allemande et japonaise est tout autre chose. Les importations doivent être limitées au strict nécessaire des

[49] Le cas de la Hongrie peut s'expliquer par le principe de conservatisme des zones périphériques (PCZP) qui permet de rendre compte de la diffusion même partielle du trait inégalitaire de la famille souche. Connu chez les linguistes pour interpréter les cartes de variation dialectales, ce principe est utilisé également en anthropologie pour décrire l'histoire de la distribution géographique d'une forme de parenté dans un endroit précis et à un moment donné. Il permet d'analyser les mécanismes de diffusion des innovations, des mœurs et des formes d'organisation économique et institutionnelle. Bien évidemment la diffusion suppose des rapports de force entre dominants et dominés. Gabriel de Tarde avait mobilisé le concept de l'imitation extra-logique dans *Les lois de l'imitation* (1890) pour expliquer la diffusion des bases de la civilisation (agriculture, ville, métallurgie, écriture) à une grande partie du monde. Mais cette diffusion exercée par les dominants n'est pas toujours synonyme d'efficacité. L'appropriation de certaines formes familiales par les dominés les a entraînés dans une spirale régressive, « *L'innovation patrilinéaire (ascendance paternelle) et communautaire a en réalité fini par casser le processus de développement là où elle s'est imposée, parce qu'elle a abouti dans sa phase finale à un abaissement du statut de la femme qui a diminué le potentiel éducatif de la population concernée… Cette forme familiale, portée par des peuples innovateurs dans le domaine de la culture technique, a pu être prestigieuse, symbole de la modernité de l'époque.* » (Todd, 2011, p. 38).

matières premières et le pays doit se suffire à lui-même pour les biens supérieurs.

Leur force économique tient d'une part au niveau élevé de la formation de leurs populations actives, au goût très prononcé pour la perfection du travail accompli et d'autre part à leur attachement instinctif aux produits nationaux. Les comportements économiques d'une collectivité ou d'une entreprise ne peuvent s'interpréter donc que dans le cadre de l'impact du référentiel anthropologique sur les motivations des individus[50].

Ainsi, la théorie des avantages relatifs ne peut expliquer le déséquilibre de l'échange international entre des pays dont le solde commercial est chronologiquement déficitaire (les Etats-Unis) et des pays où ce solde est souvent excédentaire (le Japon ou l'Allemagne). C'est une théorie qui échappe à une investigation approfondie et surtout empirique de l'organisation de l'échange entre sociétés. Les échanges internationaux ne sont de ce fait que le reflet de la régulation souterraine des valeurs anthropologiques dont l'action est double sur l'individu et sur la collectivité.

---

[50] Un groupe d'économistes a repris les travaux de (Todd, 1990) sur la diversité des systèmes familiaux pour montrer l'influence de ces systèmes sur le potentiel économique régional et national. Ils ont basé leur modèle sur six indicateurs économiques et sociaux mettant en évidence une corrélation entre le dynamisme économique et social de certaines régions d'Europe et le système familial majoritaire sur cette région. Leurs conclusions sont surprenantes, ils concluent sur le rôle central que jouent les systèmes familiaux dans la différenciation des régions européennes en matière de potentialités de développement, ce qui correspond bizarrement à la carte des types familiaux géographiés par (Todd, 1990). Il ressort par exemple de cette étude la forte corrélation entre le système familial nucléaire absolu implanté au Nord de l'Europe et le degré de développement économique et social de cette région (Duranton, *all.*, 2007).

Tableau 1 : Systèmes anthropologiques et valeurs économiques et idéologiques

Types anthropologiques	Eléments de structure familiale		Implications socioéconomiques		
	Rapports parents/ enfants	Rapports entre frères	Potentiel culturel	Idéologie	Valeurs et comportements économiques
Nucléaire absolu (Monde anglo-saxon, Hollande, Danemark)	Libéral	Inégalitaire	Moyen (+)	Individualisme libéral	Initiatives privées individuelles, esprit d'entreprise, optimisation des dépenses et des gains
Nucléaire égalitaire (Pologne, Roumanie, France du Bassin parisien).	Libéral	Egalitaire	Moyen	Individualisme égalitaire	Initiatives privées individuelles, esprit d'entreprise, optimisation des dépenses et des gains
Autoritaire exogame (Tchéquie, Slovénie, Allemagne, Suède, Corée) *Autoritaire endogame* (Japon)	Autoritaire	Inégalitaire	Très fort	Autoritarisme ethnocentrique	Discipline, rigueur, perfection, respect des engagements et des délais, Esprit de conquête en groupe : entreprises familiales.
Communautaire exogame (Russie, Biélorussie, Ukraine, Bulgarie, Bosnie Herzégovine, Hongrie, Kosovo, Macédoine, Serbie, Pays Baltes, Chine)	Autoritaire	Egalitaire	Moyen –	Communisme	Discipline, lenteur, ouverture, Esprit coopératif : entreprises individuelles.
Communautaire endogame (Le monde arabe)	Autoritaire	Egalitaire	Faible	Autoritarisme centralisé	Discipline, lenteur, replie communautaire, esprit coopératif : entreprises et sens du collectif.

Source : fortement inspiré et adapté de Todd (1984, pp. 222-3).

Chaque société dispose de ses propres moyens pour pouvoir prospérer, elle compte sur sa propre culture. Chaque société peut alors prospérer économiquement en prenant avantage de sa tradition culturelle, de son héritage et de ses valeurs anthropologiques.

Ainsi, la science économique, et au-delà de ses abstractions, ne peut expliquer la diversité des sociétés capitalistes. Partout un système hérité des temps fondateurs définit la forme concrète du capitalisme.

L'hypothèse néoclassique d'un monde homogène et symétrisé n'a pas de fondement et est loin d'être vérifiée. La diversité des structures anthropologiques implique des manières de faire et des solutions différentes au problème universel de la rareté. Dans un groupe, un pays ou une communauté, l'importance de l'inconscient anthropologique est telle qu'il devient un cadre immédiat d'adaptation économique rationnelle des acteurs.

Les structures familiales influencent la manière dont les individus perçoivent l'idée même de marché et comment ils s'y coordonnent. En ce sens, l'engagement entrepreneurial se trouve à son tour déterminé par cette structure qu'elle soit autoritaire ou libérale, égalitaire ou inégalitaire. La Russie par exemple a fait énormément d'efforts pour rattraper le temps perdu dans sa course d'accès à l'économie de marché, mais au fond elle ne peut avoir qu'une certaine idée du marché et de la démocratie d'une manière générale, comme la Chine d'ailleurs, car ces pays dont l'organisation sociale est fortement communautaire sont incapables pour le moment d'atteindre un idéal libéral et ouvert.

3. La transition économique entre pluralité des trajectoires et hétérogénéité des performances économiques

a. Le bilan des résultats économiques des pays en transition

Le processus de la transition est si complexe que les résultats enregistrés restent pour l'essentiel très mitigés. On retient dans ce cadre sept critères de comparaison : l'indice de liberté économique, l'état des droits de propriété, l'Etat de droit, la part du secteur privé dans le PIB, l'indice de transition de la BERD, l'indice du développement humain et le PIB par tête. L'intérêt que nous portons aux institutions et à la liberté d'entreprise nous oblige d'intégrer l'état des droits de propriété et le degré de liberté économique. Ce parti pris, qui consiste à croiser les indicateurs institutionnels et les indicateurs conventionnels, qui prêtent par ailleurs à controverses, nous permet de souligner la vitalité d'une approche institutionnelle des trajectoires de transition.

Le tableau ci-dessous montre clairement que les cinq pays d'Europe centrale contrairement à ceux de l'Europe orientale ont entrepris une remontée remarquable depuis le début de la transition. En l'espace de deux décennies, ces cinq pays ont atteint des parts considérables du niveau moyen de développement de l'Europe des 28, au point que les moins développés de l'Union européenne (UE) comme le Portugal, la Grèce ou l'Espagne ont réalisé ces dernières années des performances bien inférieures à celles des nouveaux membres d'Europe centrale. En revanche, les pays de l'Europe orientale avec la Russie en tête n'ont pas été en mesure de s'approcher du niveau de développement de l'UE.

Bien que les pays d'Europe centrale aient des efforts à faire pour achever leur transition dans le domaine de la régulation, de la concurrence et de la réforme des infrastructures globales, les indicateurs de transition de la BERD montrent qu'ils ont pratiquement atteint les standards d'une économie de marché arrivée à maturité.

Par ailleurs, la part du secteur privé dans le PIB est de plus de 80% en République tchèque, en Hongrie et en Slovaquie et légèrement moindre, mais tout de même élevée en Pologne (75%) et en Slovénie (70%). Il est important de signaler qu'il n'existe pas de relation causale entre les progrès réalisés en termes de critères de transition et la performance des pays en termes de rattrapage de PIB. En effet, la Hongrie a réalisé de meilleurs résultats d'après les critères de transition, mais elle reste à la traîne au niveau des indicateurs du PIB. En revanche, la Slovénie a obtenu de meilleures performances en termes de rattrapage, mais elle a réalisé de mauvais résultats selon les indicateurs de transition (plus de 3 que de 4). Reste la Slovaquie, qui s'est montrée efficace dans son double processus de rattrapage et de transition.

Le niveau d'industrialisation et de modernisation ainsi que les contraintes de la transition exigent de l'ensemble de ces pays de mettre en place un cadre institutionnel adapté. L'état de ce dernier est évalué en fonction de la qualité des institutions. L'institut FRASER a montré que la relation entre liberté économique et prospérité matérielle est toujours positive. Le PIB par habitant est plus élevé dans les pays dont la liberté économique est de moins en moins entravée. À ce titre, sans surprise, les cinq pays de l'Europe centrale se positionnent à la tête du peloton.

Tableau 2 : Résultats des indicateurs institutionnels et conventionnels de la transition

	Indicateurs institutionnels °						Indicateurs conventionnels			
							Indicateurs de transition 2010		Indicateurs socioéconomiques	
Pays	Indice de liberté économique		Etat des droits de propriété		Indicateur de l'Etat de droit		Indice de transition°°	Part secteur privé/PIB	IDH 2011	PIB /Tête 2011
Europe centrale	2009	2012	2009	2012	2008	2011				
Tchéquie	69,4	69,9	6,1	6,4	0,679	0,655	3	82	0,917	25,600
Hongrie	66,8	67,1	6,4	6,4	0,711	0,67	4 +	85	0,862	18,800
Pologne	60,3	64,2	5,3	6,2	0,604	0,645	4-	75	0,853	18,800
Slovaquie	69,4	67,0	6,3	6,2	0,623	0,639	4-	85	0,875	22,000
Slovénie	62,9	62,9	5,6	5,9	0,642	0,656	3	70	0,935	28,200
Europe orientale										
Biélorussie	45,0	49,0	ND	ND	0,44	0,439	2-	ND	0,785	13,600
Russie	50,8	50,5	4,1	4,5	0,478	0,448	3 +	45	0,777	15,900
Ukraine	48,8	46,1	4,2		0,528	0,514	2 +	40	0,810	6,700
Roumanie	63,2	64,4	4,8	5,3	0,566	0,582	3-	35	0,841	11,600
Moldavie	54,9	54,4	3,6	4,0	0,544	0,539	2	30	0,746	2,500
Asie de l'Est										
Chine		51,2	4,7	5,5	0,483	0,492	3 +	40	0,687	5 184

Sources : statistiques nationales, PNUD, BERD, Institut FRASER. ND : non disponible.

° Il s'agit ici d'indicateurs dont le choix est délibéré, ce sont des constructions non conventionnelles permettant de rendre compte de la place des institutions dans le processus du changement économique. Le plus synthétique d'entre eux est l'indice de liberté économique de l'institut FRASER.

Le deuxième indicateur : bien que l'indice de liberté économique intègre une note sur la protection des droits de propriété, l'International Property Rights Index élabore sur la base de trois domaines (l'environnement politique et juridique, les droits de propriété physique et les droits de propriété intellectuelle), l'état des droits de propriété dans le monde avec une classification détaillée. Le troisième indicateur est issu de l'indice de gouvernance mondiale établit par le forum pour une nouvelle gouvernance mondiale, il s'agit de l'Etat de droit qui est la moyenne de trois sous indicateurs (arsenal législatif, existence et fonctionnement d'un système juridique indépendant et la corruption).

°° : Grâce à cet indice le degré d'avancement de chaque pays a été mesuré annuellement depuis 1994 sur une échelle de 1 (absence totale de libéralisation) à 4 + (économies occidentales), sous quelques dimensions (% du secteur privé dans le PNB, libération des prix, réforme des institutions bancaires et financières,…). Les économies nationales apparaissent ainsi explicitement comme plus ou moins avancées ou en retard sur cette échelle unidirectionnelle. Toutefois, il reste très simpliste comme indicateur dans la mesure où, il agrège et normalise les performances économiques nationales abstraction faite des valeurs ajoutées et plus-values des systèmes productifs informels, la pratique du troc par exemple subsiste encore dans certaines contrées ex-soviétiques.

Il est important de signaler qu'empiriquement les pays dont les réformes ont commencé très tôt ont pu réaliser de meilleures performances économiques. C'est le cas de la Chine en 1978, de la Hongrie en 1968, bien que le capitalisme de ces deux pays se heurte encore à des problèmes structurels hérités du passé et à la dualisation de leur économie suite à la difficulté d'achever l'adaptation de leurs institutions aux règles de l'économie de marché, et de la Slovénie en 1965 au sein de l'ancienne Yougoslavie. En revanche, les pays (la Russie, la Roumanie, la Bulgarie, l'Ukraine et d'autres pays de l'ex URSS) qui ont tardé à engager des réformes se trouvent aujourd'hui à la traîne avec une part très importante de l'économie souterraine dans le PIB, un Etat faible, une extension du troc, un poids pesant des mafias dans des segments significatifs de l'économie, ainsi qu'un accroissement considérable des inégalités et de la pauvreté. Depuis le début des années 2000, le groupe des pays de l'Europe centrale et des Etats baltes se porte bien sur le plan macroéconomique et ce n'est pas un hasard si ce sont eux qui ont réussi plus ou moins leur adhésion à l'UE.

Tableau 3 : Esquisse d'une typologie des capitalismes postsocialistes en gestation

Pays	Structure Anthropologique	Orientation Idéologique	Valeurs économiques	Contrat social	Etat	Forme du Capitalisme
Pologne Roumanie	Nucléaire égalitaire	Individualisme égalitaire	Initiatives privées individuelles, esprit d'entreprise	Relations sociales conflictuelles, syndicalisme très fort du fait de l'égalitarisme de la société.	Etat patriarcal fort et légitime, un nationalisme affirmé, protection sociale universelle	Capitalisme étatique à la française/italienne
Tchéquie, Slovénie	Autoritaire exogame	Autoritarisme ethnocentrique	Discipline, rigueur, perfection, Esprit de conquête en groupe : entreprises familiales	Pacte social implicite soutenu par l'Etat, syndicats faibles	Etat fort et légitime, Régime de protection sociale social-libéral	Capitalisme intégré à l'allemande/autrichienne
Russie, Biélorussie Ukraine, Bulgarie, Bosnie, Hongrie, Kosovo, Macédoine Serbie, Pays Baltes, Chine.	Communautaire exogame	Communisme	Discipline, lenteur, ouverture, Esprit coopératif : Entreprises individuelles.	Pacte social implicite, Tripartisme affaibli Syndicats divisés et affaiblis.	Etat patriarcal autoritaire, protection sociale universelle affaiblie, Faible légitimité de l'Etat	Capitalisme communautaire Modèle réticulaire (Balkan, Asie de l'est sauf japon, Corée et Europe orientale)

Dès lors, *comment expliquer la persistance de cette trappe de « sous-développement » institutionnel qui bloque le développement économique et la transition vers une économie de marché ? Pourquoi les pays où les réformes structurelles et le changement économique tardent ne les adoptent-ils pas ?* La réponse à ces questions relève en premier chef de l'économie politique, mais aussi des traits caractéristiques des systèmes anthropologiques de ces pays et de leurs sentiers nationaux respectifs.

3.2. La diversité anthropologique des trajectoires institutionnelles de la transition économique

Pour la première fois dans l'histoire se présente une telle conjonction de facteurs et d'éléments favorisant la réflexion sur l'innovation institutionnelle pour un groupe de pays. Les faits actuels, confortés par l'expérience de la transition, sont en train de confirmer une réalité d'importance capitale pour qui veut se donner la peine de la saisir : l'impossibilité de reproduire à une vaste échelle et sur la base d'un mouvement socio-économique et socioculturel englobant l'ensemble de la société, le modèle d'économie de marché qui caractérise actuellement l'évolution sociale du monde occidental. *Il s'agit ici de mettre en évidence que l'hétérogénéité des systèmes anthropologiques exprime et reflète cette variété des réactions nationales au programme standard et par conséquent celle des trajectoires institutionnelles. La divergence des performances économiques n'est que la partie visible de l'iceberg, elle est la conséquence de forces et de mouvements dont le déploiement intervient à un niveau plus profond des structures sociales et mentales.*

3.2.1. Du succès de l'Europe centrale (Pologne, Hongrie, Slovaquie, Tchéquie) à l'échec de l'Europe orientale (Russie et ex-pays de l'URSS)

Certes, l'héritage historique, éthique et les conditions initiales expliquent la divergence des résultats attendus dans différents pays. L'exemple des privatisations massives a abouti à des formes de propriété du capital et de gouvernement d'entreprise assez hétérogènes, de même que la thérapie macroéconomique de choc a eu des effets opposés en Pologne et dans la Fédération de Russie. La diversité des expériences invite à prendre du recul par rapport aux généralisations hâtives. Le processus de changement économique est si complexe, polymorphe et controversé qu'il nécessite un autre regard, cette fois-ci non économique, expliquant les forces souterraines derrière cette diversité intrinsèque.

Dans les pays où le fond anthropologique n'est pas inégalitaire et libéral, la dynamique économique ne peut pas produire un système capitaliste libéral de type anglo-saxon. En Angleterre, les individus s'attachent à l'idée de liberté plus qu'à celle d'égalité. La Russie en tant que noyau central de la sphère soviétique a inventé le socialisme, système autoritaire et égalitaire, qu'elle a proclamé universel. Le succès du communisme peut s'expliquer par « *l'existence dans une bonne partie du monde, principalement dans la partie centrale de l'Eurasie, de structures familiales égalitaires et autoritaires prédisposant à percevoir comme naturelle et bonne l'idéologie communiste… L'égalité était inscrite au cœur de la structure familiale des paysans russes par une règle d'héritage absolument symétrisée… Comme les paysans français fraîchement alphabétisés de l'époque révolutionnaire, les paysans russes fraîchement alphabétisés du XXème siècle ont spontanément perçu les hommes comme a priori égaux. Cette approche universaliste a permis la transformation de l'empire russe en Union soviétique* » (Todd, 2002, p.176).

La spécificité culturelle de la Russie ne lui permet pas d'atteindre la forme d'un capitalisme individualiste à l'anglo-saxonne dans la mesure où, il est quasi impossible qu'elle se détache de ses traits communautaires. La profondeur de ces traits est très lointaine comme le montrait Anatole Leroy-Beaulieu dans *L'empire des tsars et les Russes* (1881-1889), où il décrit exhaustivement des comportements et des institutions de forte sensibilité communautaire bien avant l'apparition du communisme (Todd, 2002). La ressemblance anthropologique de la Russie et des ex-pays de la sphère soviétique est frappante, tous ces pays reposaient sur des structures communautaires paternalistes (Le Play, 1855, 1864). La Russie est toujours en quête d'une formule permettant une sortie du communisme et sa substitution par un système économique et une politique libéralisée sans irriter ses attaches communautaires. L'implantation du communisme a trouvé un terreau favorable dans la *famille communautaire* qui, autoritaire et égalitaire, demeure réfractaire au libéralisme économique dont le monde anglo-saxon, réfractaire à son tour au communisme, constitue le terrain principal (Todd, 1983). Animé par un idéal égalitariste étouffant l'initiative privée individuelle, le communisme a trouvé dans le communautarisme de la vie paysanne et le rôle de l'Église orthodoxe des alliés de poids bien ancrés dans l'histoire russe.

Par ailleurs, l'apparition d'une société civile en Hongrie, en Pologne et en Tchécoslovaquie dès le XIXème siècle était en mesure de déstabiliser le régime communiste dans ses contrées immédiates. L'exemple typique d'une telle configuration est celui de la fondation en 1980 du mouvement *Solidarnosc* en Pologne, « *le mouvement Solidarnosc est ainsi la dernière expression d'un individualisme millénaire et capable de résister à quarante ans de bureaucratisation communiste* » (Todd, 1983, p. 122). Le communisme des démocraties populaires s'est transformé avec le temps en une droite libérale classique comme c'est le cas aujourd'hui en Hongrie. Les dirigeants de ce pays savaient pertinemment qu'il accouchera d'un système occidental moyennement développé évoluant « *à l'espagnol* » vers le libéralisme en l'absence de l'armée soviétique. La Hongrie et la Bulgarie, pays de structure communautaires, ont pu s'adapter au système de planification centralisée. De même, la RDA et l'ancienne Tchécoslovaquie, scindée depuis 1992 en deux républiques : la Tchéquie et la Slovaquie, ont su digérer le principe d'une organisation verticale de la société.

3.2.2. La Chine : un creuset de leçons anti-standard

L'expérience chinoise est un casse-tête pour l'analyse de la transition. Le modèle chinois en la matière n'a pas conduit à une crise de transition comme c'était le cas en Europe de l'Est. Sa singularité tient au refus de la privatisation de masse, pierre angulaire du programme standard. En effet, ce sont les entreprises des collectivités urbaines et rurales qui ont formé le moteur de la transition en Chine. Il s'agit en fait d'une décentralisation du pouvoir central vers une sorte de coopératives fonctionnant sans droits de propriété bien définis. L'autorité et la compétence du Parti ont été limitées sans renoncer aucunement à son rôle de noyau dirigeant et de paternalisme vis-à-vis de la société civile chinoise. Le mot d'ordre de la stabilité du système était le pragmatisme contrairement à l'amateurisme des pays de l'Est qui ont voulu ou plutôt étaient contraints de modifier totalement les institutions et les mécanismes économiques.

Le parti communiste a mené une réforme expérimentale reposant sur une série *d'innovations institutionnelles* qui n'ont rien à voir avec les standards occidentaux. Ces innovations puisent leur contenu de l'histoire et surtout du système des valeurs culturelles de la Chine. Le plus étonnant, c'est qu'elles ont permis une incitation à la logique du marché, une stabilité macroéconomique et des formes de droits de propriété non conventionnelles. Dès lors, comment expliquer cette capacité de transformation en douceur qui fait de la Chine le champion « *hétérodoxe* » de la transition ? La théorie économique ne peut malheureusement expliquer le modèle chinois qui combine ouverture économique et autoritarisme politique.

D'un point de vue anthropologique[51], la structure de la famille chinoise est basée sur un système culturel appelé *zongfa*[52]. Il existe deux *institutions* dans la culture chinoise : le ménage et le groupe de descendance (Campbell et Lee, 2000). Le rapport égalitaire entre fils permet aux membres du ménage d'accéder aux ressources de façon égale. On constate bien que l'individu autonome et libre est systématiquement effacé devant la notion du groupe.

Le caractère patrilinéaire de la famille chinoise explique le paternalisme du système politique chinois. L'extrapolation de la patrilinéarité à l'ensemble de la société n'est que la reproduction du même rapport d'autorité parent/fils, et c'est exactement le rôle qu'assume le parti communiste en chine. Il est en effet le père de la nation qui, vu l'immensité du pays, bien qu'elle ne constitue par ailleurs pas une condition comme l'illustre l'exemple coréen ou cubain, centralise les décisions et fixe les choix publics. La Chine reste attachée à l'idée de la régulation des processus et pense davantage le pouvoir, la morale et le système de subordination, que le droit, la transcendance de la loi et de la justice comme c'est le cas en occident. Les Chinois n'ont jamais vécu ni pensé un autre régime que la monarchie. Le seul problème à vrai dire politique était de distinguer le bon du mauvais prince.

Dans la mentalité chinoise tout est processus, tout s'inscrit dans le temps, tout est en cours. Ce n'est donc pas une pensée du progrès, mais du processus continu, de la voie, de l'immanence, de ce qui advient de l'intérieur. Un individu chinois par nature ne se précipite jamais, il laisse germer pour bien cueillir. Sa force réside dans sa capacité à vaincre sans combattre. C'est toute l'efficacité du génie chinois dans la conduite *graduelle* des réformes structurelles.

Par son gradualisme, la Chine est devenue le champion « *hétérodoxe* » de la transition économique. Dans la pensée chinoise, l'ordre est en perpétuelle altération, les choses naissent par mouvements et transformations. Agir, c'est accompagner le mouvement. En Chine, la culture communautaire signifie l'inexistence de l'individu. Loin d'un droit

---

51 La Chine est anthropologiquement un pays de structure familiale communautaire où cohabitent l'autorité des pères sur les enfants et l'égalité entre les frères, ce système inscrit son action dans le temps, ses investissements sont soutenus sur plusieurs générations. Pour une description du système anthropologique communautaire (voir *supra*).

52 Le *zongfa* est un système culturel basé sur des règles qui régissent les relations entre les membres d'une famille (père fils, mari femme, frère sœur), les rituels funéraires (le nombre d'ancêtres dans le temple, la durée du deuil, les rites) et les règles de l'héritage.

abstrait des contrats ou des règlements, la valeur en Chine est avant tout une confiance réciproque bien qu'elle soit issue de relations personnelles[53]. De surcroît, les valeurs confucéennes d'austérité, de discipline, de travail, d'autorité, de frugalité et du culte de la formation et d'éducation, sont des forces positives latentes qui restent une énigme pour les économistes. Elles synthétisent tous les mobiles et les ingrédients pour favoriser des comportements capitalistes, mais leur action souterraine s'inscrit dans le temps[54].

3.3. Le changement institutionnel est endogène et contingent

Suivant Hayek (1978, 1988) et Witt (1994), nous avançons l'idée que les changements économiques doivent être pensés et conçus comme des processus endogènes. Ces changements sont la conséquence d'un changement dans les comportements dus à une évolution des systèmes de

[53] North (North, 2005 ; North *et al*, 2010) et Greif (2006a) attribuent, bien qu'ils divergent sur les causes, au caractère impersonnel des relations sociales un rôle essentiel dans le développement économique de l'occident. Les cultures orientales n'arrivaient pas à se défaire de ces rapports personnels. Sans doute il existe des mobiles derrière cet attachement. Parmi les premiers résultats du modèle anthropologique, il s'avère que les *systèmes communautaires* de parenté sont les mieux disposés à développer un tissu dense de relations personnelles. De nature patriarcale et égalitaire, ce système anthropologique est le plus hermétique de tous les systèmes de parenté, il confère à la structure sociale une certaine étanchéité par rapport aux influences extérieures. Ce système caractérise la Chine, la Russie et le monde Arabe, trois ères curieusement orientales. La question que devait avoir l'économiste à l'esprit est de savoir si les relations sociales personnelles riment avec efficacité économique. En ce sens, la Chine fournit un exemple empirique éclatant qui va à l'encontre de la thèse de (Greif, 2006a) en particulier et de (North, 2005 ; North *et al*, 2010) en général. Le modèle empirique proposé enrichit les thèses de (Greif, 2006a) sur le rôle des relations sociales personnelles dans le retard économique des maghribis (les Nord-africains), au moment où les économies européennes avec des relations impersonnelles réalisaient des performances économiques meilleures et voyaient leur commerce se développer rapidement. Le système communautaire de parenté est plus à même d'expliquer la persistance dans le temps des relations personnelles.

[54] Aujourd'hui la réussite économique chinoise est matière à controverses. Certains auteurs insistent sur la fragilité de ce succès et affirment que l'absence d'une véritable liberté dans les idées et les initiatives économiques ne peut garantir, en présence d'un choc violent, un progrès régulier et durable mais plutôt un retour en arrière. Le développement de la Chine inquiète et demeure artificiel, voire même téléguidé. Il n'y a pas de spontanéité dans ce modèle. On retrouve ici tout l'intérêt de l'ordre spontané d'Hayek et on peut dire avec lui que l'ordre social chinois est construit. En effet, la politique de l'enfant unique par exemple a ruiné démographiquement le pays. Le déficit de filles se traduit par un déséquilibre du rapport de masculinité des naissances dans un contexte de baisse rapide de la fécondité. Au-delà de l'objectif de limitation d'une démographie galopante, les mobiles de cette politique sont d'ordre anthropologique puisque la Chine pratique depuis des lustres l'infanticide des bébés de sexe féminin. Basé sur les exportations et sur un très fort taux d'investissement public, ce modèle est en train de s'essouffler aujourd'hui dans une conjoncture mondiale caractérisée par une baisse de la demande notamment européenne. En revanche, l'occident industrialisé grâce à la liberté d'entreprendre et à ses capacités de résilience finit toujours, face aux crises, par trouver des idées nouvelles pour rectifier le tir (North *et al*, 2010) (Voir *supra*).

règles d'action. Il n'en reste pas moins que la problématique du changement économique est d'une complexité telle qu'elle dépasse largement le strict cadre d'analyse économique. Cette complexité devait faire appel naturellement à une ou des approches pluridisciplinaires avec des concepts en rupture totale avec le fonctionnalisme néoclassique. Le caractère endogène du changement économique est d'emblée tributaire d'un changement dans les mentalités et dans les dispositions culturelles car, « *l'évolution de la société, c'est en réalité un processus où les individus s'adaptent mentalement sous la pression des circonstances* » (Veblen, 1970, p.126).

La richesse est celle des hommes (Bodin, 1993), éduqués (Chaunu, 1975), œuvrant dans une société de confiance (Peyrefitte, 2005) et de liberté (Hayek, 1960). La révolution culturelle synonyme d'évolution des mentalités est un phénomène autonome qui précède dans le temps le développement économique et la modernité politique.

La famille en tant que foyer producteur de comportements, à travers laquelle se joue le devenir d'un pays en termes de poids démographique et économique, constitue un terrain privilégié permettant d'apprécier l'aptitude, la souplesse et la capacité d'une société de convenir de la nécessité du changement. Parmi les indicateurs essentiels de cette évolution, l'indice conjoncturel de fécondité qui mesure le nombre d'enfants par femme, mais surtout renseigne sur l'évolution mentale de la société. Le second indicateur de cette évolution est le taux de diffusion de l'éducation qui reflète la progression culturelle de la société.

Le changement structurel prend au départ la forme d'une révolution dans les mentalités. Dans un premier temps, il se manifeste par une progression soutenue du niveau général de l'éducation et dans un deuxième temps par la baisse des taux de mortalité et de natalité. Ainsi, l'homme maîtrisera son environnement biologique et son avenir par la création de nouvelles règles et de nouvelles institutions formelles et informelles[55]. Dans un troisième temps, il se traduit par des performances qualitatives notamment à travers l'accroissement du niveau de vie des individus. La suite logique de ce processus réside dans le renforcement de certaines institutions que l'on ne peut écarter comme les droits de propriété et dans l'émergence d'un consensus sociétal, garantissant un non-retour en arrière et protégeant les acquis de la transition en jetant les bases de l'Etat de droit.

Il n'en demeure pas moins que le changement structurel est un jeu complexe dans la mesure où, il prend appuie sur des systèmes de valeurs difficiles à faire bouger comme la volonté d'apprendre à lire et écrire, la disposition de faire moins d'enfants, la capacité de prendre soin de son

[55] Les institutions formelles sont généralement les textes de lois, les constitutions, le bicaméralisme (système parlementaire de deux chambres) et tout ce qui est écrit et légiférant. Les institutions informelles, si l'on tient compte de la typologie de North (2005), regroupent les traditions culturelles, les coutumes, les normes et codes oraux et surtout les systèmes de croyances (les idéologies et les religions).

propre corps et de son environnement. Autrement dit, des résultats politiques ou économiques significatifs ne sont que le reflet d'une transition mentale et intellectuelle qui intervient sur les structures profondes d'une société (Chbouki, 2014).

Schéma 1 : Le processus de la transition politique et économique

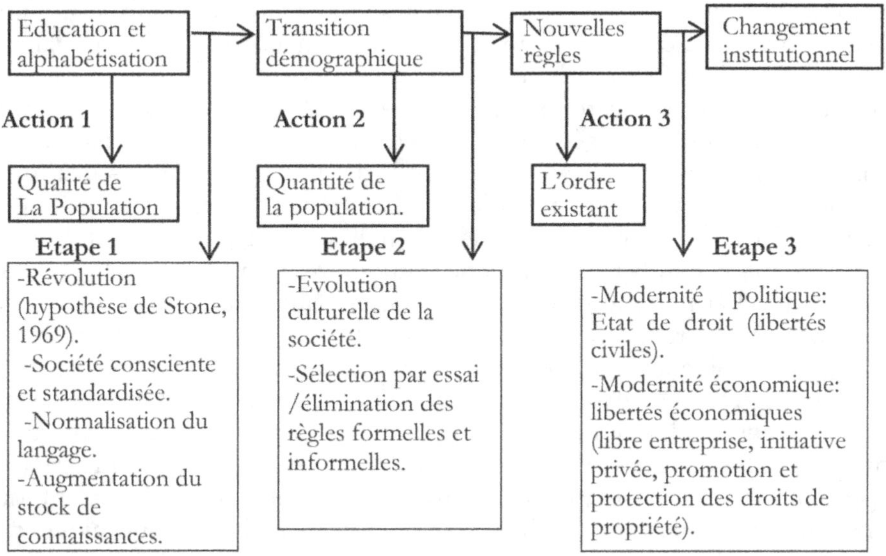

Source : (Chbouki, 2011, p. 3).

La première et la deuxième étape constituent la composante culturelle et anthropologique du processus du changement institutionnel. Elles donnent une idée sur la transition mentale de la société dont les structures profondes subissent doublement les effets de la première et la seconde action. La troisième étape est la composante institutionnelle de ce processus, elle est en réalité la suite logique et la conséquence directe de la première et la deuxième étape.

La modernisation culturelle s'accompagne souvent par des dérèglements transitoires liés au processus même de la modernisation. A cette phase succédera une période de stabilisation et d'apaisement où les habitudes et les mœurs se standardisent, c'est là où apparaissent les effets directs du développement culturel sur les formes possibles du changement institutionnel et économique.

CONCLUSION.

Convenir que le changement institutionnel suppose la transformation des hommes et de leur subjectivité, nous invite à prendre en compte les forces inhibitrices de ce processus. Le divorce entre l'anthropologie et l'économie ne date pas d'aujourd'hui, l'une cantonnée dans l'universalisme et l'altérité, l'autre verse dans l'utilitarisme et la fonctionnalité. Il s'agit d'un clivage entre une vision de la réalité comme conséquence directe de l'homme et de ses institutions et une autre qui la perçoit comme le résultat du jeu des forces matérielles. L'analyse anthropologique a éclairé les zones d'ombre de cette diversité institutionnelle et a fourni des éléments de réponses à la problématique du succès inégal de la transition économique. Considérée comme le noyau central de cette analyse, la structure familiale est une institution capitale dans tout processus de changement structurel dans la mesure où, elle influence directement les comportements individuels. Les courants institutionnalistes partagent l'idée que le post-socialisme était une étape transitoire, une séquence transformationnelle caractéristique de chaque pays dans la mise en place d'un cadre institutionnel se substituant aux institutions communistes initiales. Ces pays ne disposaient pas de la même culture, ni les mêmes règles informelles, ce qui rend par conséquent le programme standard comme une sorte de mécanique agissant dans un vide culturel et historique avec des résultats contradictoires et divergents d'un pays à l'autre. La diversité des situations initiales de départ reflète à elle seule la diversité des réactions nationales au modèle standard de la transition, celle des formes possibles du changement institutionnel. Sans doute la réussite de celui-ci serait conditionnée par la capacité d'adaptation propre à chaque pays. Comme nous avons essayé de le montrer, une approche anthropologique du changement institutionnel associant des observations issues de l'anthropologie et de l'analyse économique des institutions est de l'ordre du possible. Ainsi, nous pouvons dire avec Hodgson (2007d) que c'est sur cette voie que pourrait émerger la future *mainstream* en économie.

BIBLIOGRAPHIE

ANDREFF, W., 2002, *Analyses économiques de la transition postsocialiste,* Editions La découverte.

ANDREFF, W., 2007, *Economie de la transition. La transformation des économies planifiées en économie de marché*, Editions Bréal.

BALCEROWICZ, L., 1995, *Socialism, Capitalism, Transformation, Budapest*, Central European University Press.

BECKER, G., 1981, *A Treatise on the Family*, London, Harvard University Press.

BERG, A., BORENSZTEIN, E., SAHAY, R., ZETTELMEYER, J., 1999, *The Evolution of Output in Transition Economies : Explaining the Differences*, IMF Working Paper, WP/99/73, Washington DC, Fond monétaire international, mai.

BERD, 2010, *Transition Report*, 2010, *Banque européenne pour la Reconstruction et le Développement*, Londres.

BERNARD, J.P.H., 1984, *Les trésors de Cérès, les fondements anthropologiques de l'économie*, Edition du SEDES.
BLANCHARD, O., 1997, *The Economics of Post Communist Transition*, Oxford University Press.
BODIN, J., 1583, 1993, *Les Six Livres de la République*, Edition et présentation Gérard Mairet, Librairie Générale française.
BOURDIEU, P., 2000, *Les structures sociales de l'économie*, Seuil, coll. « Liber », Paris.
BRAUDEL, F., 1985, *Écrits sur l'histoire*, Éditions Flammarion, Paris.
BUCHANAN, J., 1992, *Les limites de la liberté : entre l'anarchie et le Léviathan*, Editions Litec.
Campagnolo G., 2010, « Pourquoi la crise ne dément pas Hayek », in *Cités*, N°.41/2010.
CAMPBELL, C.D., LEE, J.Z., 2000, « Households, household groups, and individual outcomes in Liaoning, 1789-1909 », in Neven M., Capron C. (éd), *Family Structures, Demography and Population. A Comparison of Societies in Asia and Europe*, Université de Liège.
CHAUNU, P., 1975, *Histoire science sociale, la durée, l'espace et l'Homme à l'époque moderne*, SEDES, Paris.
CHAVANCE, B., MAGNIN, E., 1997, « Emergence of Path-dependent Mixed Economies in Central Europe », in Amin A., Hausner J. (eds.), *Beyond Market and Hierarchy. Interactive Governance and Social Complexity*, Cheltenham, Edward Elgar, pp. 196-232.
CHAVANCE, B, MAGNIN, E., 1998, « National trajectories of post-socialist transformation: Is there a convergence towards western capitalism? », *Prague Economic Papers*, vol.7, N°.3.
CHAVANCE, B., 2004, « Les théories économiques à l'épreuve de la transformation postsocialiste », in Forest M., Mink G (dir.), *Postcommunisme : Les sciences sociales à l'épreuve*, L'Harmattan.
CHBOUKI, M., 2011, « Education, démographie et efficience institutionnelle : pour une nouvelle approche du changement en économie », *Revue internationale de sciences humaines et sociales*, juin.
CHBOUKI, M., 2014, *Institutions et changement économique : la Nouvelle économie institutionnelle à l'épreuve de l'anthropologie*, L'Harmattan, Coll L'Esprit économique, série Krisis, à paraître.
DE MELO, M., DENIER, C., GELB, A., 1996, *From Plan to Market: Patterns of Transition*, World Bank Policy Research Working Paper, N°1564, Banque mondiale, janvier, Washington DC.
DE MELO, M., DENIER, C., GELB, A., TENEV, S., 1997, *Circumstances and Choice: the Role of Initial Conditions and Policies in Transition Economies*, World Bank Policy Research Working Paper, N°.1866, Washington DC: Banque mondiale, octobre.
DE MELO, M., DENIER, C., GELB, A., TENEV, S., 2001, « Circumstances and Choice: the Role of Initial Conditions and Policies in

Transition Economies », *World Bank Economic Review*, vol. 15, N°.1, pp. 1-31.
DETHIEZ, J.J., GHANEM, H., ZOLI, E., 1999, *Does Democracy Facilitate the Economic Transition ? An Empirical Study of Central and Eastern Europe and the Former Soviet Union*, World Bank Policy Research Working Paper, N°2194, Banque mondiale, octobre, Washington DC.
D'IRIBARNE, P.H., 2006, *L'Etrangéité française*, Seuil.
DURANTON, G., RODRÍGUEZ-POSEB, A., SANDALLB, R., 2007, « Family types and the persistence of regional disparities in Europe », *Bruges European Economic Research*, paper N°10, March.
EUROPEAN BANK FOR RECONSTRUCTION AND DEVELOPMENT, 2010, *Transition Report*, London.
FRIEDMAN, M., 1962, 2002, *Capitalism and Freedom,* University of Chicago Press.
GRANGER, G.G., 1990, « Epistémologie économique », in Greffe X, *et al*, (édit), *Encyclopédie économique*, Tome 1, Paris, Economica.
GREIF, A., 2006a, *Institutions and the Path to the Modern Economy. Lessons from the Medieval Trade*, Cambridge University Press, New York.
HAYEK, F.V., 1956, « The dilemma of specialization », in Leonard D. White (éd.), *The state of the social sciences*, university of Chicago Press.
HAYEK, F.V., 1960, *La Constitution de la liberté*, Liberalia Litec, traduction française, 1994.
HAYEK, F.V., 1978, « The Primacy of the Abstract », in *New Studies in Philosophy, Politics, Economics and the History of Ideas*, Routledge & Kegan Paul, Londres, pp. 35-49.
HAYEK, F.V., 1985, *La route de la servitude*, Paris, PUF.
HAYEK, F.V., 1988, *La présomption fatale - les erreurs du socialisme*, PUF, deuxième édition, 1993.
HODGSON, G.M., 2007d, « Evolutionary ant Institutional Economics as the New mainstream? », *Evolutionary and Institutional Economic Review*, Vol. 4, N°.1.
KORNAI, J., 2000a, « What the Change of System from Socialism to Capitalism Does and Does Not Mean. », *Journal of Economic Perspectives*, vol.14, N°.1, p.27-42.
KORNAI, J., 2000b, « Le passage à la propriété privée », *Finance & Développement*, Septembre.
KUHN, T., 1983, *La structure des révolutions scientifiques*, Flammarion, Paris.
LEMENNICIER, B., 2006, *La Morale face à l'économie*, Editions d'Organisation, Paris.
LE PLAY, F., 1855, *Les Ouvriers Européens*, Paris, Imprimerie impériale.
LE PLAY, 1864, *La Réforme Sociale* sous-titrée « *déduite de l'observation comparée des peuples européens* », Henri Plon, Paris.
LIPTON, D., SACHS, J., 1990, « Creating a Market Economy in Eastern Europe : The case of Poland », *Brookings papers on Economic Activity*, N°1, pp. 75-147.

MISES, L.V., 1985, *L'action humaine,* PUF, Paris.
NORTH, D.C., 2005, *Le processus du développement économique*, Editions d'Organisation.
NORTH, D.C., WALLIS, J.J., WEINGAST, B., 2010, *Violence et ordres sociaux. Un cadre conceptuel pour interpréter l'histoire de l'humanité*, Gallimard, Paris.
PEYREFITTE, A., 2005, *La société de confiance : Essais sur les origines du développement*, Odile Jacob.
ROBBINS, L., 1947, *Essai sur la nature et la signification de la science économique*, Trad. Fr Krestovsky I, Librairie de Médicis, Paris.
SAMUELSON, P.A., 1965, *Les Fondements de l'analyse économique*, Gauthiers-Villars, Paris.
SMITH, A., 1759, 1990, *Théorie des sentiments moraux*. Trad. fr. de *The Theory of Moral Sentiments*, PUF, éd. révisée en 2003.
STIGLITZ J., 1994, *Whither Socialism*, Cambridge, MA, MIT Press.
STONE, L., 1969, « Literacy and education in England 1640-1900 », in Past & Present, N°42 (1), February.
TODD, E., 1983, *La Troisième Planète : Structures familiales et système idéologiques,* Seuil.
TODD, E., 1984, *L'Enfance du monde : structures familiales et développement*, Seuil.
TODD, E., 1990, *L'Invention de l'Europe*, Seuil.
TODD, E., 1998, *L'illusion économique, essai sur les sociétés développées*, Gallimard.
TODD, E., 2002, *Après l'empire*, Gallimard.
TODD, E., LE BRAS, H., 1981, *L'invention de la France*, collection Hachette.
VERCUEIL, J., 2002, *Transition et ouverture de l'économie russe (1992-2002). Pour une économie institutionnelle du changement*, L'Harmattan, Paris.
VERCUEIL, J., PAGE, J.P., 2004, *De la chute du Mur à la Nouvelle Europe. Économie politique d'une métamorphose*, L'Harmattan, Paris.
VEBLEN, T., 1899, 1970, *La théorie de la classe de loisir*, TEL, Gallimard.
WITT, U., 1994, « The Theory of Societal Evolution », in Birner J et Van ZIJP, R., 1994, (eds), *Hayek, Coordination and Evolution*, Londres, Routledge and Kegan Paul.

A NOTE ON THE CRISIS OF SOCIALISM

Jesús HUERTA DE SOTO
Professor of Political Economy
Universidad Rey Juan Carlos (Madrid)
huertadesoto@dimasoft.es

INTRODUCTION

There is nothing more practical than a good theory. Therefore I intend to explain in theoretical terms what socialism is and why it is an intellectual error, a scientific impossibility. I will show why it (or at least real socialism) collapsed, and why the socialism which still exists in the form of economic intervention in western countries is the main source of the tensions and conflicts we experience. We live in a world which is essentially socialist, despite the fall of the Berlin Wall, and we continue to suffer the effects which, according to theory, are typical of state intervention in social life.

To define 'socialism', we must first understand the concept of 'entrepreneurship'. Economic theorists conceive 'entrepreneurship' as an innate human ability. I am not referring to the typical entrepreneur who gets a business off the ground. I am referring to that innate ability all human beings have to discover, create and recognize the profit opportunities which arise in their environment, and to act accordingly to take advantage of them. In fact, etymologically speaking, the word 'entrepreneur' evokes the discoverer, someone who realizes something and grasps it. It is the light bulb which lights up.

1. The Concept of Entrepreneurship

Entrepreneurship is man's primary capacity. This ability to create and discover goals and means is what, by nature, most distinguishes us from the animals. In this general sense, man is more homo empresario than *homo sapiens* (Huerta de Soto, 2010, Chapter 2). Who then is an entrepreneur? Mother Theresa of Calcutta, for instance. I am not talking merely about Henry Ford or Bill Gates, who have been most certainly great entrepreneurs in the area of business and economics. Every person with a creative, revolutionary vision is an entrepreneur. The mission of Mother Theresa was to help the most needy, and she sought the means to accomplish it creatively, by pushing and harmonizing the efforts and wishes of many different people. Hence, Mother Theresa of Calcutta was a paradigmatic example of an entrepreneur. Let us view entrepreneurship as the most intimate characteristic of our nature as human beings, a quality responsible for the emergence of society as an extremely complex network of interactions. These consist of exchange relationships between people, and we establish them because we somehow realize that they benefit us. And our entrepreneurial spirit is the driving force behind them all.

Every entrepreneurial act involves three stages. The first stage consists of the creation of information; when an entrepreneur discovers or creates a new idea, he generates in his mind information which did not exist before. Then, one way and another, this information is transmitted in successive waves, which leads to the second stage. Here I see a cheap resource which is poorly used, and there I discover an urgent need for the same resource. I buy cheap and sell dear. I transmit the information. Finally, in the third stage, economic agents who act in a discoordinated manner learn; they discover that they should save a resource because someone else needs it. Those are the three stages which complete the process: the creation of information, the transmission of information, and most importantly, the effect of coordination or adjustment. From the time we wake up in the morning until the time we go to bed at night, we discipline our behaviour in terms of the needs of others, of people we never even meet, and we do this motu proprio, because when we act in our own entrepreneurial self-interest, we realize that this is to our advantage. It was important to present this idea first, because now, in contrast, we will consider the nature of socialism.

2. Socialism: its definition and essence

Socialism must be defined as 'any system of institutional, methodical aggression against the free exercise of entrepreneurship' (Huerta de Soto, 2010, Chapter 3). It consists of a forcible imposition, via all the coercive means of the state. A socialist regime may place certain objectives in a positive light, but it will have to impose them and thus aggressively interfere with the process of social coordination which entrepreneurs spearhead. Therefore, in a socialist system, the state acts using coercion, and this is the main characteristic of socialism. It is very important to keep this in mind, because socialists invariably wish to conceal their coercive side, the essential feature of their system. Coercion consists of the use of violence to force someone to do something. There are two types of coercion: that of the criminal who robs people in the streets, and that of the state, the sort of which characterizes socialism. In the case of asystematic coercion, the market has mechanisms to provide, as far as possible, a definition of property rights and a defence against crime. However, in the case of systematic, institutional coercion by a state with all the tools of power at its disposal, we have very little hope of avoiding it or defending ourselves against it. It is then that socialism reveals its true essence in all its harshness.

I am not defining socialism based on whether ownership of the means of production is public or private. That is an archaism. The essence of socialism is coercion, institutional state coercion, by which a governing body is meant to perform the tasks necessary to coordinate society. The responsibility passes from ordinary people, who are in charge of their entrepreneurship, seek ends and attempt to create the circumstances most favourable to achieving them, to a government body, which 'from above' strives forcibly to impose its particular view of the world or its particular objectives. Moreover, in this definition of socialism, the issue of whether or not the governing body has been democratically elected is irrelevant. The theorem of the impossibility of socialism remains intact and totally unchanged, regardless of whether the governing body which tries to forcibly impose the coordination of society is of democratic origin.

Now that I have defined socialism, I will explain why it is an intellectual error. Socialism is an intellectual error because the governing body in charge of exercising coercion to coordinate society cannot possibly obtain the information it needs to give its commands a coordinating effect. That is the problem of socialism, its great paradox. It requires information, knowledge, data for its desired coercive outcome -- the organization of society -- to be successful. But the governing body can never obtain such information. Mises and Hayek, theorists of the Austrian school of economics, formulated four basic arguments during their twentieth century debate with the theorists of neoclassical economics, who were never capable of fathoming the problem posed by socialism. Why were they incapable of fathoming it? The answer is that they believed the economy functioned as explained in first-year economic textbooks, yet what is explained in first-year economic textbooks concerning the functioning of a market economy is radically incorrect and false. The writers of these textbooks explain the market in terms of mathematics and perfect adjustment. That is they portray the market as a sort of computer which automatically and perfectly adjusts the desires of consumers and the action of producers in such a way that the ideal model is that of perfect competition, which is described by Walras's system of simultaneous equations.

In my first economics class as a student, the professor began with a surprising statement: 'Let us suppose that all information is given'. He then began to fill the blackboard with functions, curves and formulae. That is the supposition neoclassicals use: that all information is given and unchanging. However, that supposition is wildly unrealistic. It contradicts the most typical characteristic of the market: information is never given.

Knowledge of data emerges continually as a result of the creative activity of entrepreneurs: new ends, new means. Thus, that supposition cannot provide the basis for a valid economic theory. Neoclassical economists deemed socialism possible because they assumed that all of the data necessary to formulate the system of equations and find the solution were 'given'. They were unable to perceive the real world events they should have researched scientifically; they could not see what was really happening.

3. The Impossibility of Socialism

The Austrian school alone – led by Ludwig von Mises (Mises, 1966) – followed a different paradigm. Austrians never assumed information to be given; they viewed the economic process as one driven by entrepreneurs who continually change and discover new information. Only members of the Austrian school managed to realize that socialism was an intellectual error. They grounded their position on four arguments, two 'static' and two 'dynamic'.

The first argument asserts that for reasons of volume, the governing body cannot possibly obtain the information it needs to give its commands a coordinating effect. Human beings handle an immense volume of information, and what seven billion people have in their minds cannot possibly be managed. The neoclassicals might be able to understand this argument, but it is the weakest, the least important. After all, the computer capacity available to us nowadays permits us to process immense volumes of information.

The second argument is much more profound and convincing. The information people work with in the market is not objective; it is not like the information printed in the telephone book. Entrepreneurial information is of a radically different nature. It is subjective, not objective. It is tacit. In other words we know something, the know how, but we do not know in detail what it consists of, the know that. To put it another way, it is like information on how to ride a bicycle. A person could try to learn a bicycle by studying the formula of mathematical physics which expresses the equilibrium the cyclist maintains when he pedals. However, the knowledge necessary to ride a bicycle is not obtained in this way, but through a learning process which usually contains set backs, but which eventually enables the rider to experience a sense of equilibrium on a bicycle and teaches him that he must lean to one side in the curves to avoid falling. In all probability, Indurain Armstrong is unfamiliar with the laws which enabled him to win the Tour de France six times, but he knows how to ride a bicycle. Tacit information cannot be expressed in a formalized, objective manner, nor can it be transferred anywhere, much less to a governing body. Only univocal information, which does not lend itself to misunderstandings, can be transmitted to a governing body, be assimilated and used by it in the coercion of society, and give coordinating quality to its commands. Nevertheless, most of the information upon which the success of our lives depends is not objective; it is not like the information printed in the telephone book, but is subjective, tacit information.

Still, these two arguments – that the information is huge in volume and also of a tcit nature – are not sufficient. Two other arguments exist, which are dynamic and much more convincing as well, and they highlight the impossibility of socialism.

Human beings are endowed with an innate creative capacity. We constantly discover 'new' things, 'new' ends, 'new' means. Information or knowledge that entrepreneurs have not yet 'created' can hardly be transmitted to a governing body. The governing body is determined to build 'social nirvana' through coercion and the Official State Gazette. However, to do so, it must know what will happen tomorrow. And what will happen tomorrow will depend on entrepreneurial information which has not yet been created today, and thus cannot be transmitted today so that our authorities can coordinate us effectively tomorrow. This is the paradox of socialism, the third argument.

However, that is not all. There is a fourth argument which is definitive. By its very nature, socialism – which as we have stated, rests on coercion of civil society as a whole – blocks, hampers or renders impossible, precisely where it affects society and to the extent that it affects society, the entrepreneurial creation of information, which is precisely what the authorities need to issue coordinating commands.

This is the explanation of socialism's theoretical impossibility in scientific terms: the authorities cannot acquire the information they need to give their commands a coordinating quality. And this is a purely scientific and objective analysis. We should not think the problem of socialism is that 'bad people are in power'. Not even the best person in the world, with the best intentions and the greatest human knowledge, could organize a society according to the coercive socialist model; he would make it hell, since, given human nature, it is impossible to achieve the socialist objective or ideal.

All of these characteristics of socialism have consequences we can identify in our everyday lives. To begin with, socialism is attractive. In the most intimate part of our nature lies the risk of succumbing to socialism, because its ideal tempts us, because man rebels against his own nature. To live in a world with an uncertain future disturbs us, and the possibility of controlling that future, of eradicating uncertainty, attracts us. In The Fatal Conceit, Hayek writes that socialism is actually the social, political and economic manifestation of man's original sin, pride (Hayek, 1988). Man wants to be God, that is, omniscient. Therefore, generation after generation, we will have to persistently guard against socialism and accept that our nature is creative and entrepreneurial. Socialism is not a simple matter of acronyms or political parties in specific historical contexts. It will always seep furtively into communities, families, neighbourhoods, conservative and liberal parties... We must resist that temptation towards statism, because it is the most original danger we face as human beings, our greatest temptation to believe we are God. The socialist considers himself of overcoming this problem of radical ignorance which fundamentally discredits his social system. Hence, socialism is always a result of the sin of intellectual pride. Within every socialist there lies a pretentious person, a prideful intellectual.

4. Other consequences of socialism

Furthermore, socialism has some characteristics we could call 'peripheral': social discoordination and disorder. The pure entrepreneurial act coordinates, but socialism distorts it though coercion and causes discoordination. The entrepreneur realizes a profit opportunity. He buys cheap and sells dear. He transmits information and coordinates. Two people who initially acted against their respective interests now, without realizing it, act in a coordinated or adjusted manner. Because socialism forcibly prevents this exchange, it causes maladjustment to a greater or lesser extent. To top it all, when socialists observe the maladjustment they have caused, the discoordination, the conflict and the worsening of the problem, far from reaching the reasonable conclusions we have presented, they demand more socialism, more institutional coercion. And we enter a process in which problems, rather than being solved, worsen indefinitely and produce yet further increases in the weight of the state. The socialist ideal requires that the tentacles of the state reach every gap in society, and it triggers a process which leads to totalitarianism.

Another characteristic of socialism is its lack of rigor. Criteria are tried and changed, problems are observed to worsen, and a new political direction is taken, and thus coercion is erratic. Why? Because the effects of interventionist measures usually bear little resemblance to the effects sought. The minimum wage, for instance, is intended to raise the standard of living. Its result? More unemployment and more poverty. The worst hit? Social groups which are entering the labour market for the first time,, i.e. young people, women, ethnic minorities and immigrants. Another example: a community agricultural policy is designed, and the European Union is flooded with products via subsidies or political prices. The consumer pays higher prices, and poor countries are placed at a disadvantage because international markets fill with surplus products from the EU at prices with which they cannot compete.

In addition, socialism acts as a sort of drug, like an inhibitory opium. It generates poor investments, because it distorts the signs which indicate where investments should be made of the desires of consumers are to be satisfied. Socialism exacerbates problems of scarcity and provokes the systematic irresponsibility of governments, and because it is impossible to acquire the information necessary to act responsibly, costs cannot be known. The authorities can only act wilfully and leave a record of their mere wishes in the Official State Gazette. However, as Hayek asserts, that is not 'LAW' in capital letters, but 'legislation' or rules which are usually excessive and useless, even when they are claimed to be based on objective data (Hayek, 1973, 1976 and 1979). Lenin held that the entire economy should be organized like the postal service, and that the most important department in a socialist system is the National Institute of Statistics. The word 'statistics' derives etymologically from 'state'. Therefore it is a term we must be cautious of if we wish to avoid socialism, a suspicious concept. Jesus was born in Bethlehem because the emperor had ordered a statistical study concerning taxes. The first duty of every great libertarian should be to request the elimination of the National Institute of Statistics. Since we cannot keep the state from doing harm, let us at least blindfold it so that the damage will occur more at random when the state errs, as invariably it will.

Socialism also plainly exerts a terrible effect on the environment. The only way tp protect the environment is to define property rights clearly and to defend them effectively. No one rings someone else's doorbell and then throws garbage in his face. This only happens in 'common areas'. An old Spanish saying goes 'lo que es del común es del ningún', or 'what belongs to everyone belongs to no-one'. The tragedy of the commons – first described by Ludwig von Mises in 1940 (Mises, 1940) – whether it be polluted water, disappearing schools of fish or the extinction of the rhinoceros, is always the result of a state restriction on the property rights required by a market economy. For instance, there is hunting where mountain land is privatized, but not where it is publicly owned. And elephants survive where they have been privatized. Fighting bulls still exist because bull-fighting entrepreneurs look after them. The only way to preserve the environment is through a market economy, a capitalist system which implies well-defined property rights. Where these principles disappear, the environment suffers. English rivers are privatized, for example. They are all clean and there is fishing in all of them: members of different fishing clubs, cheap, expensive and moderately priced, fish in them. But try to find fish in Spanish rivers...

And then there is corruption. Socialism corrupts. Those who experienced the socialist economies which hid behind the Berlin Wall became aware of the huge lie that whole world represented. And let us not rest on our laurels and think that we have overcome it, that the huge lie has no power here. It is still in present, though in varying degrees. Why does socialism corrupt? For several reasons. Coerced people in a socialist system quickly realize that in order to reach their goals, it is more effective for them to devote their effort and ingenuity to influencing the authorities, rather than seeking opportunities to make a profit and to serve others.

This is the origin of special interest groups, which strive to influence the decisions of the governing body. The socialist governing body attracts all sorts of perverse, corrupting influences like a magnet. It also sets in motion a struggle for power. When the socialist model predominates, the issue of who is in power, whether it is someone from 'my group' or not is vital. A socialist society is always very politicized, unlike Switzerland, for instance, where people most likely do not know the name of their defence minister or even of the president. In fact, it does not even matter to them, because the question of who is in power is not crucial.

Human beings should dedicate most of their efforts to living successful lives, without this sort of intervention. This process of struggle for power, of interventionism, provokes a gradual change in man's habits of moral behaviour. People manifest behaviour that is increasingly amoral and less subject to principles. Our behaviour becomes more and more aggressive. The goal is to gain power so we can impose our wishes on others. This also applies mimetically to the behaviour of individuals and, consequently, we discipline our behaviour less and less and disregard the customary framework of moral laws. Morality is the automatic pilot of freedom. Thus, the above serves as another example of the corrupting influence of socialism.

Furthermore, the more prevalent socialism is, the more the underground economy or black market develops. However, as people in the countries of Eastern Europe used to say, in a socialist setting, the underground economy is not the problem but the solution. For instance, in Soviet Moscow there was no gasoline, but everyone knew that in a certain tunnel, gasoline was sold on the black market. As a result, people were able to drive.

Still, obviously, socialist governments cannot simply accept all of these criticisms, so they resort to political propaganda. It is claimed that the state detects every problem in time and solves it immediately. Again and again, political propaganda is systematically disseminated in all spheres in an attempt to deflect criticism and, as a consequence, a culture of the state is created, a culture which bewilders and disorients the citizenry, who come to believe that when faced with any problem, the state will take care of everything. And this strictly socialist way of thinking is passed down from generation to generation through the education system which is always controlled by the state.

Propaganda leads to megalomania. Bureaucratic organizations, public officials, politicians, etc. are not subject to a profit and loss statement. For them, poor management does not mean expulsion from the market. Authorities and public officials are only accountable to a budget and a set of regulations. There is no personal malice involved. At least not necessarily. They are like any one of us, but in the institutional environment in which they live, their actions are perverse. Their activity within the state leads them to request more public officials and a larger budget, and to assert that their work is vital. Can you think of a single public official, politician or bureaucrat who, after a profound analysis has arrived at the conclusion that the agency for which he works is useless or entails costs which exceed the benefit it provides society, a single individual who has proposed that his government superior and minister eliminate the corresponding budget item? Not one. On the contrary, in all contexts and governments, each official invariably considers his own role in the state 'vital'. Socialism is megalomaniac and infects all of society with this quality. Culture, transformed into cultural policy, is one example, and it was defined by a very distinguished representative of the European Union, when speaking with a fellow party member who was head of the ministry of culture as follows: 'Lots of public money, lots of parties for the young people and awards for the pals'.

In addition, socialism leads to the prostitution of the concepts of law and justice. Law, in the classical view, is simply a set of abstract, substantive rules or laws which are generally applied equally to all. Justice consists of judging whether or not individual behaviours have been in keeping with this framework of objective and abstract laws. These are blind laws. Thus, justice has traditionally been portrayed blindfolded. In Leviticus 19,15 we read: 'Do not pervert justice; do not show partiality to the poor nor favouritism to the great, but judge your neighbour fairly.' The moment we violate general legal principles, even if we do so 'for a good cause' (because we are moved by an eviction for unpaid rent, or because a minor theft in a large department store will have no significant effect on the income of the company involved), we do terrible damage to justice. Judges who act in this way, who neglect to apply the law, fall prey to the fatal error of intellectual conceit, of believing themselves gods. They replace the law with their impression of the particular circumstances of the case and they open the door to those whose goal it is for the judge to be moved, not to administer justice. Each suit becomes a lottery ticket which may be a winner if one is lucky in court, and a snowball effect is triggered and overloads judges, who issue increasingly flawed rulings and encourage the process with their arbitrariness. Legal certainty disappears and justice is corrupted.

Of course, the solution is not to provide the judicial system with more resources, but that is precisely what will be required by public officials.

Ultimately, the most perverse effect of socialist corruption is the mimetic influence it exerts on the sphere of individual moral actions. To people of good faith, socialism is very attractive: if there are problems, the state will provide the necessary resources and impose a solution. Who could oppose the achievement of such a worthwhile, praiseworthy objective? The problem is the ignorance which lies at the heart of this argument. The state cannot know what it would need to know to act in this manner; it is not God, even if some people believe it is. This belief disturbs the entrepreneurial process and aggravates problems. Instead of acting automatically and according to dogmatic principles which are subject to law, the state acts arbitrarily, and that is what most demoralizes and corrupts society. The illegal battle fought against terrorists in Spain, while the Spanish Socialist Workers' Party (PSOE) was in power, provides the perfect example. It was a colossal mistake. Principles are not an obstacle which prevents us from achieving desired results, but the only road which can lead us to them. As the English proverb teaches, 'honesty is the best policy', i.e. honesty is a principle which should always be followed. This is precisely where socialism fails, for in the socialist model for choosing the best combination of means and ends, the leaders play God and it is thought that the 'optimal' course of action is to violate moral principles.

Socialism is not only an intellectual error, but is also a truly antisocial force, because its most intimate characteristic consists of its coercive restriction, to a varying degree, of people's entrepreneurial entrepreneurial freedom, in its creative and coordinating capacity. As this freedom is humanity's distinguishing attribute, socialism is an unnatural social system which conflicts with man's true nature and aspirations.

In his encyclical letter, 'Centesimus Annus, (IV, 42)', Pope John Paul II, when considering whether capitalism is the social system most compatible with human nature, writes:

If by 'capitalism' is meant an economic system which recognizes the fundamental and positive role of business, the market, private property and the resulting responsibility for the means of production, as well as free human creativity in the economic sector, then the answer is certainly in the affirmative.

Nevertheless, he immediately adds 'But...' Why? Because Pope John Paul II spent his life warning of the effects of an unbridled 'capitalism' detached from moral, ethical and legal principles. But if we take into account that what is reprehensible is egoism, immorality, etc., ... true capitalism as a social system is neutral at worst. In fact, a system of voluntary exchanges promotes morality, the distinction between good and evil, as opposed to the moral corruption which always accompanies socialism.

CONCLUSION

Finally, whatever happened to socialism? Has it failed? Has it disappeared? Has it vanished into thin air? Yes and no. That certainly has been the fate of 'real socialism', but our societies are still deeply imbued with socialism. The differences between so-called left-wing and right-wing parties are differences of degree, although Spain did make some progress in the last two decades in the area of freedom. First came the abolition of that twentieth century form of slavery, compulsory military service.

Military service became voluntary, and that is of vital importance incidentally, may I mention that the socialists opposed this? Second, there was a timid tax cut, and then the principle of a balanced budget was adopted, and some liberalization and privatization occurred. It was not really much to get excited about, but we must remember that the vast majority of the voters of the political parties in power are, in fact, also socialists according to the definition we have offered here. Not much else could be done.

Now the mission falls to us, the university professors, the intellectuals and the 'second-hand dealers of ideas'... We are responsible for gradually changing the spirit of the times, especially among the young, who are willing to take to the streets boldly to defend their ideals. Today socialism continues to prevail: between 40% and 50% of the gross domestic product of the countries in the modern western world is in the hands of government. Our only hope lies, as always, in the power of ideas and in the intellectual honesty of the young.

BIBLIOGRAPHY

HAYEK, F.A., 1973, 1976 and 1979, *Law, Regulation and Liberty*, University of Chicago Press, Chicago.

HAYEK, F.A., 1988, *The Fatal Conceit: The Errors of Socialism, Routledge*, London and University of Chicago Press, Chicago.

HUERTA DE SOTO, J., 2010, *Socialism, Economic Calculation and Entrepreneurship*, Edward Elgar, Cheltenham, U.K. and Northampton, U.S.A. French translation by Rosine Letinier, « Socialisme, calcul économique et function entrepreneuriale », L'Harmattan 2014.

MISES, L.V., 1940, *Nationalökonomie: Theorie des Handelns und Wirtschaftens*, Editions Union, Geneve.

MISES, L.V., 1966, *Human Action: A Treatise on Economics*, Henry Regnery, Chicago.

PROJECT CONTROL, CAPITAL POLICY INSTRUMENTS AND THE STRATEGIES OF EXCESS VALUE CREATION

Walter AMEDZRO ST-HILAIRE,
MBA, Ph.D, PostDoc,
University of Ottawa
Multilateral Investment Guarantee Agency
a.st-hilaire@telfer.uottawa.ca

INTRODUCTION

Foreign direct investment in transition market has been considered as the most effective way of the exploitation of host economy (according to the dependency school). However nowadays, this is perceived as changing agent for the growth of host economy due to being a bundle of capital, technology and managerial efficiency. The policy makers of host economy are designing policy tools to fulfill the need of domestic economy by using capital. This process is facilitated by developing mechanism to channeling technology in technology deficient industries, capital in capital deficient industries and managerial efficiency in efficiency deficient industries. The industrial performance gets improved by infusing specific scarce resources in deficient industry. The scarce resources required for growth of a specific industry has been considered as basis for the classification of capital and accordingly, three categories of capital have been identified based on the priority of scarce factor to be infused in an industry. This classification is further supported by policy documents of the host economy government, which is used for designing policy tools. These policy tools are helpful in infusing desired component of capital in a specific industry. The process of infusing these factors is interplay of demand (as per need of industry) and supply (competitive advantage of investors). In this research work, the shades of capital has been defined from perspective of home economy with competitive advantages in terms of technology, capital and efficiency (competitiveness) in a specified industry. Accordingly, three shades of capital are considered as technology, capital and competitiveness.

Two different sets of firms' i.e. foreign and non-foreign, are operating with different shades of capital. MFC firms are benefited in terms of access to internal capital market, using pool of talents, expertise and fund of external leading to reduction in cost of capital and improvement in performance. These features of reallocation is expected to have propping effect however tunneling effect is also reported in transition economy (Bertrand and al, 2002; Silva and al, 2005). External invest is another important aspect of transition economy (Khanna and Rivkin, 2001) since they possess majority of the productive asset. Against this background, the research question is defined as whether reallocation of investment has propping effect or tunneling effect on firm with different shades of capital in transition economy?

In this paper, the effect of reallocation on different shades of capital has been analyzed in transition economy. This analysis has used dataset from emerging market and it is observed that reallocation has tunneling effect in competitiveness shaded FDI capital is highly significant. In technology shaded and capital shaded capital, reallocation tunneling effect is significant after controlling value enhancing factors like profitability, growth opportunity and asset utilization.

The paper consists of seven sections. Section 2 discusses different shades of capital, which is linked to the policy framework adopted by Transition government. Section 3 deals with effect of these shades of capital on excess value created by firm. This discussion is further extended to analyze effect of reallocation on excess value created by firm with different shades of capital. This section gets concluded with presentation of hypotheses. Section 4 deals with dataset while section 5 covers methodologies used for analysis. Section 6 presents results and discussion followed by conclusions.

1. FDI Policy Framework: Defining of FDI Capital

More often Transition Government intends to open specific industry in regulated environment. Allowing external direct investment for specific industry is critical decision of Transition government and there is a separate list known as negative list, which covers all the industries where is prohibited. The purpose of Transition government to make domestic industry competitive in international market gets served through spillover effects.

Transition's investment policy focuses on a combination of restrictions in three dimensions for any given industry i.e. capital flow restriction, ownership restriction and repatriation restriction. The rationale behind these three forms of restrictions is provided in the policy documents of the government. These restrictions are meant to channel the flow of FDI with capital, technology and managerial implications to industries, which require them. For instance in industries wherein huge capital investments are required and where there is limited or no domestic players exist, restrictions are not imposed in the first two dimensions i.e. capital and ownership with a limited restriction on the third dimension. In such identified industries or sectors a foreign investor can directly invest without prior government permission and also have full ownership, but repatriation or exit is not allowed in the first three years of operation.

The above mentioned policy instruments adopted by Transition government are summarized in Table1. In the following sections an attempt is being made to elaborate on the rationality of these policy instruments in light of need of industries and characteristics of investors as mentioned in the policy document. These policy documents explicitly mention the objective of opening a specific industry for FDI and policy instrument used. Accordingly, this study presents the discussion on rationality of policy instruments in subsequent sections based on restrictions imposed. The industries can be categorized based on the restrictions imposed into four categories:

1. Industries with Capital restriction (no ownership restriction) - Industries with Capital and Repatriation restriction
2. Industries with Ownership restriction (no capital restriction)
3. Industries without any restriction (neither ownership nor capital)
4. Industries with both Capital and Ownership restriction

In the subsequent sections, the discussion is primarily focused on the first three categories, since the industries, which fall under the last category, are primarily related to national security and defense. These do not form part of this study, since most of the firms in these industries are not listed and the financial data is not available in the public domain.

1.1. FDI Investment Industries with Capital Flow Restriction

Restriction on capital flow has been imposed in the form industry specific route for FDI approval i.e. automatic route and government route. FDI approval through automatic route is provided by default, as the investor needs to just inform the relevant authorities and in transition market's case primarily. This route virtually does not offer any restriction to capital flow. On the other hand FDI approval through government route vests the competent authority with substantial discretion with respect to restriction of capital flows in these industries and sectors. The restriction or the discretionary powers vested with the regulator also has two inter related dimensions of control, it not only controls the magnitude of investment which can be brought in by an investor in a particular firm but also the number of such investors to be allowed in each sector. In many cases the investments allowed in these sectors/industries are non-competitive in nature due to its uniqueness. For example if an investor is allowed to invest in a road project then there is no possibility of investment in another road project in same geographical region.

Transition FDI policy framework is designed to control capital flow in industries having potential of offering large size investment opportunity. In these industries capital restriction is imposed to avoid speculative investment. There is possibility of acquisition of land for construction of residential complex; township etc., both Brownfield and Greenfield projects, in anticipation of rise in price upon completion of projects due to limited supply. Most of these projects are unique and investor can behavior may be monopolistic in nature. Lack of capital with domestic investors ceases such possibility of speculative investment and there is no need to restrict domestic investors in making investment. However, there is a fair chance that external investors with large capital raised at low-cost will use such speculative investment opportunity, which needs to be avoided to control asset price bubble. This problem may be further accentuated in terms of price and affordability of local residents in case of large-scale acquisition of real estate by foreign investors. This restriction is also by virtue of partial capital account convertibility in Transition economy. In addition to controlling meso-level effect, this restriction also helps in controlling negative effect of large capital inflow at macro level i.e. volatility of real exchange rate (Simone and Sorsa, 1999) and crisis of balance of payment (BoP) as experienced by South North American countries in 1997 (North American Development Bank,2002).

Given the above substantial discretionary powers have been vested in the regulator to control capital flow in infrastructure sectors like roads (highway), bridges, dams, development construction project & township, residential housing and other capital intensive infrastructure projects.

Table 1: FDI Policy Instruments for Transition Government and Investor Characteristics

Need of Industry			Policy Instruments			FDI Investor characteristics
Capital	Technology	Managerial Skills	Ownership restriction	Capital flow Restriction	Repatriation restriction	
P	S	S	×	√	√	Having large capital to invest Able to raise large capital at low cost
S	P	S	√	×	×	Developed superior technology Less capital is required
S	S	P	×	×	×	Interested in market penetration, integrating global operation Possessing superior managerial skills
P : Primary need; S: Secondary need; ×: No restriction; √: Restriction is required						

1.1.1. Industry with Capital and Repatriation Restriction

The condition of minimum period for repatriation of the original external investment is imposed in some of capital seeking industry like real estate sector (Development of townships, Housing, Built up infrastructure and Construction Development Projects). This restriction is a precautionary measure considered by competent authority to prevent speculative capital inflow and ensure availability of the capital as per original commitment of investors. Although, this restriction may discourage investors but the uniqueness of project precludes any competition in market and ensure higher return. In this research work, firms operating in this industry have been pulled with industries with capital restriction.

1.2. FDI Investment Industries with Ownership Restriction

Ownership restriction has been considered a policy instrument to encourage strategic collaborations in industries where technology is a more critical resource than capital. It has been mentioned in the policy documents that encouraging foreign investment in these industries along with technology collaboration would allow domestic firms access to superior technologies, increased exports and expansion of the production base. Imposing restriction on external ownership of a firm ensures that the domestic partner would gain expertise rapidly thus accelerating the spillover effect. These partnerships also help in establishing dynamic relationship between domestic and external industry in terms of both technology & investment which in turn would benefit the Transition economy in terms of technology transfer, marketing expertise, modern managerial techniques and promoting exports. As a measure to encourage FDI and technology transfer, FDI ownership has been increased to 51% in these industries (also known as FERA Industries or Annexure III Industries) on discretionary basis. This increase in ownership was done with an objective to avoid bottleneck in bringing new technology due to the lack of controlling ownership.

This is more important for closely held technology by manufacturing firms. In high priority industries, automatic approval helps in facilitating technology transfer agreements and limiting bureaucratic delays in the process. Hiring of external technicians and conducting testing of indigenously developed technologies were also set free from the prior approval process. Domestic trading companies (primarily engaged in export activities) were also allowed for 51% equity investment to encourage export. This was done in addition to government initiatives of extending assistance to trading companies in systematic exploration of world markets through intensive and professional marketing activities.

In many industries advanced technologies are not available and which are essential for domestic firms to compete globally. Transition government's objective to develop these industries through technology transfer and produce high-tech products/services was clearly enunciated in the policy document of FDI opening for Commodity exchange where FDI will bring the latest technology, modern management skills and best practices. Similarly the telecommunications sector and IT sector were also opened for limited ownership FDI with the intent to enable these sectors to access state of the art technology in these domains. Policy documents also mention the new technology infusion is the prime objective for allowing FDI in Global Mobile Personal Communications by Satellite, ready-made garments sector and software industry.

1.3. FDI Industries without Restriction (Neither Ownership Restriction nor Capital Flow Restriction)

Investment in these industries provides opportunity for foreign investors to full ownership and unlimited capital flow without prior permission (automatic route). The rationale as per the policy documents is to make Transition industry globally competitive. The policy envisages that FDI in these sectors would leading to the introduction of superior quality of products and services given their expertise in international market spurring Transition firms to improve the quality of their products and services to remain solvent. For example Terrestrial Broadcasting FM industry has been opened for FDI to provide superior programs (local content and relevance), quality improvement in service and generating local employment. On the other hand FDI has also been permitted through Export hardware schemes, Electronics Hardware Technology Park Scheme, Software Technology Park, Export oriented units and Export promotion zones, trading companies with thrust on export and industries like textile, Aquaculture & fish/prawn units etc.

1.4. FDI Investment Industries with Capital and Ownership Restriction

The firm operating in this type of industry fall under defense sector in Transition Market and for security reasons, restrictions on both, capital flow and ownership have been imposed. The ownership limit has been kept at minimum level of 26%, which does not offer controlling ownership to foreign investors as per the Company Act. The negative effect of imposing ownership restriction has been highlighted in discussion paper issued by Transition government. Transition defense industry has been deprived of access to high-end technologies as original equipment manufacturers are not interested in bringing their proprietary technology due to lack in controlling ownership. These firms are not listed with Transition stock exchanges and hence, not considered in analysis.

1.5. Implications of FDI Policy Framework

Given the above, ownership restriction and capital restriction are important policy instruments in context of Transition economy. This study considers these two as major dimensions to be considered for classification of FDI investment industries in terms of their resource requirements and accordingly four different FDI types of industries are presented in Figure 1. These industries are capital seeking, technology seeking, competitiveness seeking and security seeking. Accordingly, FDI capital is classified as technology shaded, capital shaded, security shaded and competitiveness shaded. This research work is focused on three shades i.e. technology shade, capital shade and competitiveness shade of FDI capital.

Figure 1 Shades of FDI Capital in Indian Economy

Ownership restriction	Capital restriction: Yes	Capital restriction: Non
No	Capital Shaded FDI Capital	Competitiveness Shaded FDI Capital
Yes	Security Shaded FDI Capital	Technology Shaded FDI Capital
	Yes	Non

Capital restriction

2. Hypotheses

The hypotheses being proposed in this research paper are centered on relationship between shades of FDI capital, excess value creation and reallocation. The various aspects of their relationships have been discussed in two stages. At stage one, effect of different shades of capital on excess value created by the firm is discussed. This discussion is presented in the following three subsections of this section i.e. technology shaded FDI capital (2.1), capital shaded (2.2) and competitiveness shaded (2.3). In stage two, this discussion is extended to cover the effect as presented in subsection (2.4). This section gets concluded with proposed hypotheses against the background of the above mentioned discussion.

2.1. Technology Shaded FDI Capital and Excess Value Creation

Restriction on ownership is unique feature of technology shaded FDI capital and for any investor ownership restriction reduces the attractiveness of investment since in most cases this restriction imposes a control constraint. This ownership reduction forces the investor to work with the domestic partner in exploring synergies, which will enable them to generate superior, returns. The possibility of superior returns would depend on the inherent cost efficiencies or technology deficiencies of the domestic partner. In case of cost efficiencies unless they are specific to the host economy or domestic partner, the investor would opt to invest wherever such cost efficiencies are available without the ownership constraint unless the investor is more interested in exploiting the domestic market which otherwise will not be accessible. Given the above, in case of ownership constraints investment decision by a foreign investor would depend on other factors other than cost efficiencies. Literature clearly identifies that technology superiority of the investor as compared to the domestic partner is a critical factor for investment in any economy in spite of ownership restrictions. The magnitude of this technology gap also plays a critical role in nature and timing of the spillover effects as elaborated in literature review earlier. The following section elaborates on the incentives available to investors due to their possession of superior technologies in spite of ownership constraints imposed by the economy on investment in specific sectors.

Investors have firm specific advantages by virtue of possession of superior technology as strategic asset, which helps in creating higher surplus than non-FDI firms. The surplus generated by these investors consists of two components a) output based observable surplus and b) intangible asset (goodwill, experience etc.) based unobservable surplus (Karabay, 20010). Although, output is independent of ownership control (Dasgupta and Sengupta, 1995) but firm-specific advantage depends upon the unobservable costly effort of foreign investors in developing technologies through R&D, which is directly proportional to its ownership control. Technology is already available with these investors and the product or service utilizing this technology can be made available in the market with minimal investment since only the incremental cost of its implementation with domestic partner would be needed, this reduces cost of investor's effort. Investment would flow into the economy as long as this reduction in level of effort more than compensates the decrease in surplus due to domestic partnership as imposed by regulator. Therefore, inspite of ownership restriction, technology investors get motivated to make investment in Transition economy from a resource exploitation perspective as long as the magnitude of technology gap is not large enough to delay the time line of superior returns. These investors get benefited through better utilization of raw material, technical skill available in host economy, cost efficient human resource (unskilled worker). These investors also get benefited by virtue of being first mover (Li and al, 2003) especially with market-seeking motive in high growth industry. These investors prefer partial ownership with domestic partner (Frynas, Mellahi and Pigman, 2006) and reduce the time of offering product/service by using facilities of incumbent partner (Kogut and Singh, 1988). Creation of wholly owned subsidiary along with development of adequate production and supply chain capacities delay the entry of investor thus loosing opportunities to capture the market (Bell, 1996). Since this delay would catalyze the domestic industry to source the technology from a different partner to protect their markets.

In addition to the above, there is also a fair chance of obsolescence of new technology in long-term (Vernon, 1966), which will reduce the time available to the investor in monetizing the same. Two other dimensions i.e. technology transfer and internal R&D capability also explain foreign investors' expectation about performance in different time horizons. Investors in possession of new technology can implement in FDI firm through technology transfer at lesser cost compared to developing in-house or acquiring from open market. The return of FDI firm increases due to adoption of new technology, which is further fueled by reduction in technology implementation cost. Investor exploits technological advantages in host economy in collaboration with domestic partner, which facilitates internal R&D capability of FDI firms in short term. Non-FDI firm either develops their R&D capability or acquires the technology in the medium to long term (spillover effect), which will gradually erode competitive advantage of FDI firm unless they maintain their technological superiority.

The performance of a firm can also be measured on another dimension which would be the value created by FDI firms. This differs from the superior returns as measured and tested in the previous hypotheses. Excess value creation is considered as an indicator of relative performance. This measure of performance considers capital gain, which is normally excluded while calculating return expressed in terms of accounting measures (ROA, ROE etc.) and equity market (logarithmic return).

In industry with ownership restriction, value creation is viewed from two aspects i.e. information processing and commercialization (development of new products/services). Uncertainty and equivocally are two important dimensions which explaining role of management of the receiving firm for effectiveness of technology in value creation (Teasley and al, 1996). The familiarity about technological situation (Uncertainty) and the degree of ambiguity about technology (equivocally) of FDI firm is dependent of managerial ability. FDI firm is proposed to be superior to non-FDI firms on these two criterion. Technology transfer is focused on a three-step process i.e. acquisition of new knowledge or information, converting to commercial products or service and positioning products/service in marketplace (Camp and Sexton, 1992). Given the availability of technology with investor of FDI firms, they are in a better position to create more value (internal spillover effect) as compared to domestic firm having no access to these technologies and lacking in innovation. This is an intangible asset for the FDI firm which is difficult to imitate and easy to protect. During initial period, creation of excess value is possible by increasing managerial ability (in terms of familiarity with technology, development of products/services and positioning). With time, technological spillover effect will increase and non-FDI firms will have also access to these technologies and decrease the excess value created by FDI firms.

2.2. Capital Shaded, FDI Capital and Excess Value Creation

As elaborated in section 2.1, for industries wherein capital restriction strategy has been implemented, the investor is faced with the limitation in the magnitude of investment, which can be bought into a specific sector/industry. This limitation is incentivized by also limiting competition in these sectors by imposing a cap on the number of firms who can invest in these sectors. This incentive would limit the volatility of returns to a large extent. Other than this there is also a repatriation limitation, which is imposed wherein, exit is not permitted for a minimum specified period. From the investor point of view only those investors who have access to large capital resources and having longer return horizon would be interested given the incentive of limited competition.

Given the policy constraint on overseas borrowings and the nature and scale of the projects, domestic investors are constrained by the unavailability of low-cost funds, along with lack of relevant experience due to limited operation in international domain. The excess demand of capital in a particular industry increases cost of capital and accentuates the scarcity of capital to other critical sectors/industries thus adversely affecting a balanced economic growth. This increased cost of capital combined with inability of generating revenue stream in short-term due to nature of the projects in these sectors/industries accentuates the riskiness of investment.

As opposed to the domestic investors, external investors have access to low-cost capital in large amounts due to low-interest rates and lack of investment opportunities for savers in their economies. The infusion of foreign capital from these investors in this particular set of industries will relax the financial constraints on the host economy thus reducing gap between demand and supply of capital. This reduction in gap of demand and supply will reduce the interest rates due to the demand supply mismatch and thus the cost of capital for investments in these large long gestation projects. This will also reduce the volatility of returns associated with these projects. This reduction in uncertainty of cash flow and decreased risk associated with financing firms in industries with capital constraints reduces the cost of capital and increases the return associated with these sectors/industries.

This combined with limited competition would allow for higher returns to these firms in both short-term and long-term. Other than the above in these industries, technology is accessible to both FDI and domestic firms however these two different types of firms can be distinguished on the basis of scale & scope of economies. These sectors/industries require heavy investment during initial periods to create the infrastructure for offering long-term products/facilities. In other words, these investments have long gestation periods due to which revenue streams are delayed with the initial cash flow streams being negative for a longer duration. Another factor is the scale and scope economies in long run inherent in these projects with very limited opportunity of imitation or competition. Given the expertise required and scale and scope of these projects it would be very difficult for these projects to be executed properly in the absence of assistance in terms of technology, capital and expertise. Firms, which have global exposure with access to significant funds, will have a definite advantage and add value to the economy. Most of these projects are in the form of creating non-transferable tangible assets within the host economy. The objective of FDI firm is to create excess value in long term due to nature of projects as discussed earlier. It is proposed that they will also create excess value in short term due to their long experience in handling international projects.

2.3. Competitiveness, Shaded FDI and Excess Value Creation

Industries in which a foreign investor can hold 100% ownership and the investment can be made through the automatic route are primarily industries in which there are experienced domestic players. These players have access to technology and capital in line with any foreign firm interested in investing in these sectors/ industries. These industries are characterized by few well-established players and exhibit monopolistic/oligopolistic characteristics. An investment by an investor in these industries would be able to generate superior returns only if the investor along with capital, technology also has superior managerial and operation efficiency and expertise. Once such an investor enters these industries then by default the efficiency of the domestic players would have to increase rapidly to maintain their competitiveness. In other words FDI in these industries other than capital and technology is primarily characterized by managerial and operational efficiencies and would increase the competitiveness and efficiency of the firms operating in these industries rapidly and the industry will be characterized by high competitiveness.

In this industry, access to all advantage generating factors of production i.e. new technology, capital and superior managerial skills is not a limiting factor for any firm to perform. Given this an argument that it is not possible to differentiate between FDI and non-FDI firms in terms of their performance in the long-term, though there could be marginal differences in the short-term within a specific economy. Though the window for these differences in the short-term would be very small and negligible. Since there would be a time lag for rationalizing any FDI in these sectors, in the short-term and FDI firm would underperform a non-FDI firm but the window for this opportunity would be very small or negligible as mentioned earlier. For a FDI firm investment in these sectors will be tenable not because of the possibility of superior returns but because of marginal contribution to their overall returns at the global level.

In industries without capital or ownership restriction, protection of firm's asset specificity is crucial for strengthening its competitive position (Bell, 1996) and hence external investors prefer higher ownership control. The exploitation of competitive advantage helps in strengthening its position in the market especially in case of price competition. In these industries, FDI firm outperforms on account of total factor productivity (efficiency) due to technology, capital and better managerial practices. Technology and capital are also available for domestic firms however complacency due to limited number of players reduces their managerial and operational efficiencies. In other words, FDI investment in these sectors/ industries would compel domestic firms to adopt latest technology and managerial practices of FDI firms in very short period to stay competitive. In this way, any advantage from FDI investors total factor productivity gets eroded very quickly as non-FDI firm also uses these factors.

Excess value creation is another dimension of discussion regarding the impact of FDI. In industries with no constraint, access of new technology and capital is available to both FDI and domestic firms. These firms can only create value by using human resources, technology and innovation, unit costs economics and the infra-structure and strategy of the firm (Pitelis and Vasilaros, 2010). Imitation of all these value-creating elements is possible for the non-FDI firms in these industries. Given this any excess value creation by FDI firm would be of a short-term nature.

2.4. Effect of the investment reallocation

Foreign is inferred in the literature as collection of firms with common administrative & financial controls and crossholdings. They have common brand identity, pool of labor and rely on intra-group financing (Khanna and Fisman, 1998). Their interlocking facilitates communications about developments in technology, business opportunity and strategy among member firms. Granovetter (2005) observes that elimination of contract reneging through social mechanism of member firms further strengthen the ties resulting into increased cooperation.

In context of Transition economy, large business houses are family dominated with a greater possibility of extracting wealth from other shareholders (Silva and al, 2006). These are also suffering from the problem of misallocation of resources resulting into cross subsidization.

Strategically reallocation' benefit in building and accessing a network for its own interest wherein resource can be easily accessible. It is true to domestic as well as international relationship. The larger external facilitates the operations and entry in the international market via joint ventures (Khanna & Palepu, 2000). The foreign firms are capable of enforcing property rights through their reputation or close relationship with bureaucrats. External is also in a better position to protect the technology as a core competency of their business. The external have been proven superior to stand alone firms in terms of accessing the foreign capital and technology.

External affiliated firms can access the internal capital market that brings down the cost of capital. Primarily the foreign investment can have access to broad sources namely internal capital market and external capital market. The internal capital market means the capital requirement is satisfied by raising it from the internal source from its member firms, which can be availed in various forms such as actual money, raw material or managerial competency. This is widely reported in literature that accessing funds through internal market is very easy and cheaper for external' member firm and it is also a desired form of source. The availability of internal capital is of greater advantage in comparison to raising the capital from external market. The advantage is two-fold one being availing the capital at lower cost and other is keeping the ownership concentration undiluted. Therefore the controlling stake remains the same across the firms owned by the foreign.

External' member firm can invest surplus cash available with foreign in high NPV project. These firms also get supported by other member firms due to higher insider ownership, to avoid dilution in private benefits after firm bankruptcy and hiding negative information about the group (Gopalan and al. 2007). Such financial assistance extended by group members reduces probability of default on the investment and improves return by reducing cost of capital. The intra-group flow of funds also follows tunneling that can have high insider holding for the new firm. Foreign firms in Transition market has more internal capital market (Khanna and Palepu, 2000) and financial assistance is extended by intra-group firm (Gopalan and al, 2007). Reallocation has advantage of increasing the firm's debt capacity by reducing the risk of the firm's debt, when business segments with imperfectly correlated earnings are combined (Lewellen, 1971).

This effect is also known as co-insurance effect (Ferris and al, 2003) which is visible in diversified firms and is also valid for diversified investment. This increase in debt capacity will lead to increase in tax shields and therefore reallocation reduces the amount of taxes to be paid. This reduction in tax will further increase performance of the firm. The above discussed features of foreign and its member firms, leads to dominant role of external even in case of joint venture with its member firm. The investors tend to underweight firms with a dominant owner.

The foreign firm also gets benefited through diversification because the firm has certain resources that can be profitably deployed outside the industry in which it operates i.e. entrepreneurial skills, technology, requirement of fund for other business venture etc. The foreign corporation's reap the benefits from the diversification and definitely reduce the overall unsystematic risk. The member firm stands as an individual entity in the legal system, it gives option for reallocation to decide whether it would like to bail out the underperforming firm or let it stop its operations to reduce further losses. The predominance of reallocation' insulates from the pressure of institutional investors and takeover threats although the undisputed controlling rights lies with the institutional investors (Nicodano and Chiesa, 2003).

The improvement in firm performance due to its investment reallocation is widely cited in literature and a number of reasons been cited for the same. Institutional void or response to market failure (Khanna and Palepu, 1999, 2001; Gopalan and al., 2007) is one of the prominent reason on the basis their ability to mobile capital and labor to the concern firm from other. The frequent interaction between these affiliated firms helps in improving resource allocation and its bargaining power for favorable terms while acquiring financial resources (Guillen, 2000). Such interaction improves co-ordination in investment decision and reduces uncertainty in supplying intermediate goods (Gerlach, 1992; Keister, 1998). The efficiency of these affiliated firms also gets improved on the basis of reduced transaction cost since resources like scarce skilled and managerial talent (Chang and Choi, 1988; Chang and Hong, 2000; Khanna & Rivkin , 2000). The availability of tacit information, due to existence of networks of these reallocation, reduce the level of uncertainty and makes situation better for these firms in contract enforcement and opportunity identification (Weidenbaum and Hughes, 1996; Granovetter, 2005). The opportunity search process is also facilitated by disseminating information regarding technology and product developments (Luo and Chung, 2005).

The literature cites that reallocation' performance is correlated with the internal capital market and is highly significant when external capital market is imperfect. These firms are less sensitive to their own cash flow than cash flow of the rest of the members while making investment decisions (Fazzari and al. 1988, Hoshi et. al. 1991, Shin and Stulz 1998). Internal market of foreign investment provides managerial competency and expertise in various areas that gives advantage to MFC affiliated firm in labor market. Internal market of reallocation provides reputation, brand equity and MFC affiliated firm gets benefited in product market (Maurer and Sharma, 2001). The positive value is generated to a particular firm through mimicking the market mechanism by their reallocation in incomplete and inefficient market.

The reallocation helps in increasing value by reducing transaction cost since resources like scarce skilled and managerial talent (Chang & Choi, 1988; Chang & Hong, 2000; Khanna & Rivkin, 2001) are shared among group member firms. These firms use tacit information available in their network of group member firms for value creation (Weidenbaum and Hughes, 1996; Granovetter, 2005). The dissemination of information regarding technology and product developments (Luo and Chung, 2005) further helps in creation of additional value. Therefore, a positive effect on excess value created by the firm is expected and the following hypotheses are proposed.

H_{0a}: reallocation has Propping Effect in firm with technology shaded FDI.
H_{1a}: reallocation has Tunneling Effect in firm with technology shaded FDI.
H_{0b}: reallocation has Propping Effect in firm with capital shaded FDI.
H_{1b}: reallocation has Tunneling Effect in firm with capital shaded FDI.
H_{0c}: reallocation has Propping Effect in firm with competitiveness shaded FDI.
H_{1c}: reallocation has Tunneling Effect in firm with competitiveness shaded FDI.

3. Dataset

This dataset is extracted from Prowess database maintained by the Centre for Monitoring Transition Economy. The dataset of 4635 firms with FDI investment, consist of 61% of firms with competitiveness shaded FDI, followed by 31% of firms with technology shaded capital. Number of firms with capital shaded FDI (255) is sufficient enough for analysis. The descriptive statistics of FDI ownership in reallocation' affiliated and non-affiliated firms across different FDI investment categories are presented in Table 2. The FDI investment is made more in non-foreign affiliated firms across and within FDI categories. It is observed that FDI ownership in NMFC firms is higher than MFC firms for all FDI categories.

3.1 Variables for Excess Value Creation

Three different excess value multiples i.e. asset multiple, sales multiple and EBIT multiple, have been used to measure excess value in very similar fashion to Berger and Ofek (1995). Asset multiple is defined as the natural logarithm of ratio of actual value to imputed value. Actual value of the firm is defined as the sum of total book value of debt and market value of equity. The imputed value is calculated as firm's asset multiplied by its industry median capital-to-asset ratio. Sales multiple is defined as natural logarithm of the ratio of actual value to its imputed value. The imputed value for this multiple is calculated as the sales of the firm multiplied by its industry median capital-to-sales ratio. Similarly, EBIT multiples is calculated as natural logarithm of ratio of actual value to its imputed value. The imputed value for this ratio is defined as firm's EBIT multiplied by its industry median capital-to-EBIT ratio. The firm size is measured by taking natural log of total assets. This analysis considers EBIT to sales as surrogate measure for profitability of the firm and growth opportunities of the firm has been captured as the ratio of capital expenditure to sales.

Capital expenditure is calculated by taking change in net fixed asset of the firm. Net fixed asset value has been calculated after deducting depreciation from the block fixed asset. Therefore, this study has not considered depreciation separately to calculate excess capital expenditure. Berger and Ofek (1995) have considered depreciation as one of the variable. This value have been considered only if change is more than 5% otherwise no change. Then calculation of median industry capital expenditure year-wise is done for each industry. The excess capital expenditure is then calculated by subtracting median industry capital expenditure from the capital expenditure value of the firm. The descriptive statistics of these multiples and ratios is presented in Table 3.

Table 2: Descriptive Statistics of FDI Ownership in Foreigns Affiliates (MFC)/Non-affiliates (NMFC) with Different Shades of FDI Capital

Shades of FDI Capital and /NMFC Firm			2001	2002	2003	2004	2005	2006	2007	2008	2009	2010	2011
Technology Shaded	MFC	N	50	49	48	47	46	92	74	72	70	70	70
		M	13.94	15.70	14.18	13.94	14.55	14.52	13.57	15.24	13.08	13.08	13.08
		SD	13.28	15.26	13.20	13.15	13.09	17.44	13.31	15.59	13.86	13.86	13.86
	NMFC	N	59	59	64	61	62	120	92	87	85	85	85
		M	29.31	27.30	26.61	27.09	25.20	25.35	20.37	21.60	22.87	22.87	22.87
		SD	19.44	20.49	20.61	20.88	20.64	21.13	20.48	20.95	21.91	21.91	21.91
Capital Shaded	MFC	N	8	9	8	7	9	7	9	11	12	12	12
		M	9.14	11.01	12.23	13.07	17.47	20.04	13.13	14.68	23.08	23.08	23.08
		SD	8.06	10.34	14.64	15.57	16.47	14.26	14.30	16.00	22.46	22.46	22.46
	NMFC	N	12	12	10	11	10	9	17	16	18	18	18
		M	17.89	16.83	19.49	21.57	23.18	29.74	29.60	30.27	30.36	30.36	30.36
		SD	15.14	15.90	18.93	18.06	22.38	29.17	30.88	29.93	28.21	28.21	28.21
Competitiveness Shaded	MFC	N	93	100	118	105	107	92	142	138	133	133	133
		M	15.20	13.71	12.34	13.89	13.86	14.52	13.74	14.36	14.33	14.33	14.33
		SD	14.36	13.26	12.32	13.96	15.96	17.44	16.84	16.56	16.19	16.19	16.19
	NMFC	N	116	120	123	126	125	120	164	162	161	161	161
		M	25.86	26.38	25.39	25.11	24.37	25.35	22.30	21.00	21.51	21.51	21.51
		SD	19.96	20.15	20.35	21.12	20.87	21.13	21.19	19.67	20.18	20.18	20.18
N= Number of Firms, M = Mean Value , SD = Standard Deviation													

Table 3: Descriptive Statistics of Excess Value (Multiples)

Excess Value of firm as	N	Minimum	Maximum	Mean	SD
Asset Multiple	19906	-11.43	11.52	0.3714	1.645
Sales Multiple	20147	-11.09	14.10	0.4613	1.977
EBIT Multiple	14350	-9.24	41.41	0.8529	2.16

The mean excess value expressed as Asset multiple, Sales multiple and EBIT multiple have large variation as reflected from standard deviation. The number of observations for these multiples also differs since values are missing for many firms in the database and these have been removed from the sample. This research work is focused on comparing excess value created by MFC and NMFC firms with different shades of FDI capital. The descriptive statistics of excess value created by MFC and NMFC firms with different shades of FDI capital are presented in Table 4. The mean excess value for MFC firms is observed to be less than NMFC firms with all shades of FDI capital.

4. Methodology

Initially univariate analysis of the measures of excess value created by MFC and NMFC firms has been carried out to establish the differences between the means of different categories using ANOVA test. One way analysis of variance (ANOVA) is modeled for quantitative data (Anderson and Bancrfot, 1952; Scheffe, 1959; Searle, 1971). This method decomposes total variance due to a single source into two components i.e. systematic (difference in means of groups) and random effect (variability around group means). Out of these two components of variance, only systematic effect of variance has statistical influence on the given dataset.

Table 4: Descriptive Statistics of Excess Value Created by Firms with Different Shades of FDI Capital

Excess Value Measure		Competitiveness Shaded		Technology Shaded		Capital Shaded	
		NMFC	MFC	NMFC	MFC	NMFC	MFC
	N	1703	1217	842	630	179	115
Asset Multiple	Mean	1.21	1.03	1.19	1.09	1.44	1.19
	SD	1.38	1.43	1.36	1.34	1.77	1.59
Sales Multiple	Mean	1.23	1.10	1.25	1.03	1.85	1.41
	SD	1.57	1.70	1.63	1.64	2.26	2.18
EBIT Multiple	Mean	1.73	1.45	1.59	1.04	1.98	1.81
	SD	2.13	1.55	1.69	1.76	1.54	1.72

The ANOVA test reveals that firm's excess value differs across and within different shades of FDI capital. Two way ANOVA and MANOVA (Wilk's Lambda) tests have been performed to assess the effect of FDI capital. After establishing this fact, the significance of other control variables is tested by performing regression estimation. The factors observed to be significant in regression estimate have been used for confirmatory factor analysis.

5. Results and discussion

The ANOVA test performed on pooled data reveals that the difference in excess value created by foreign affiliated firm (MFC firm) and stand-alone firm (NMFC firm) is statistically significant (5% significant level) if it is measured in terms of asset multiples. The mean value of excess value created by foreign firm is observed to be lower than that of stand-alone firm. For excess value measured in terms of sales multiple and EBIT multiple, no statistically significant difference have been observed between MFC firm and NMFC firm.

For competitiveness shaded FDI capital, ANOVA test results shows statically significant difference between excess value created by MFC and

NMFC firms in terms of asset multiple (5% significance level) and EBIT multiple (10% significance level). For sales multiple, no significant difference is observed. The mean value of excess value created by MFC firms is observed to be lesser than NMFC firms.

For technology shaded and capital shaded FDI capital, no statistically significant difference is observed between excess value created by MFC and NMFC firms. This holds true for all three measures of excess value i.e. asset multiple, sales multiple and EBIT multiple.

Results of Two Way-ANOVA Test performed on reallocation and shades of FDI capital are reported in Figures 2A (asset multiple), Figure 2B (sales multiple) and Figure 2C (EBIT multiple). It is observed that for competitiveness shaded FDI capital, marginal means of excess value for NMFC firm is higher than MFC firm for all three multiples. For technology shaded FDI capital, marginal means of excess value for MFC firms is higher than NMFC firm however it is not significant. For capital shaded FDI capital, marginal means of excess value for MFC firm is lower than NMFC but the difference is not statistically significant.

Figure 2A: Two Way ANOVA Results for Asset Multiple on IF affiliation and Shades of FDI Capital

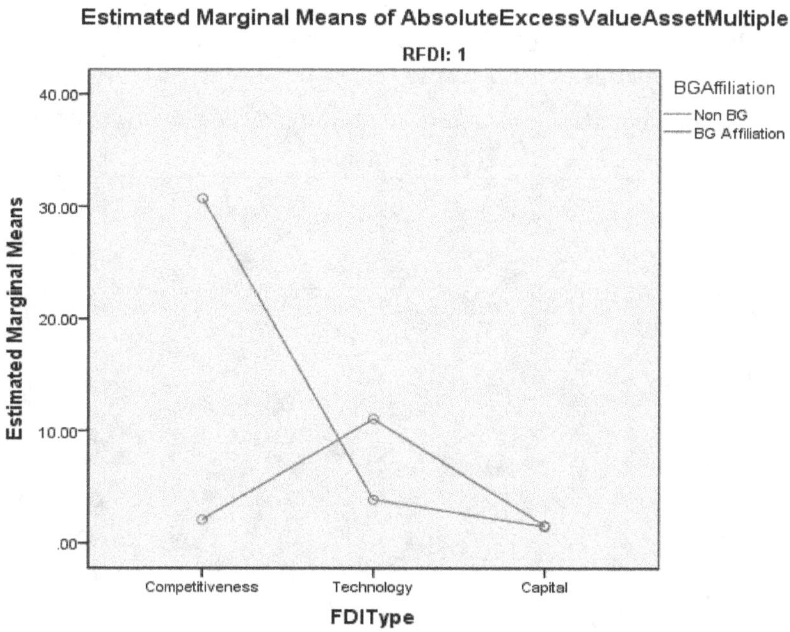

Figure 2B: Two Way ANOVA Results for Sales Multiple on MFC affiliation and Shades of FDI Capital

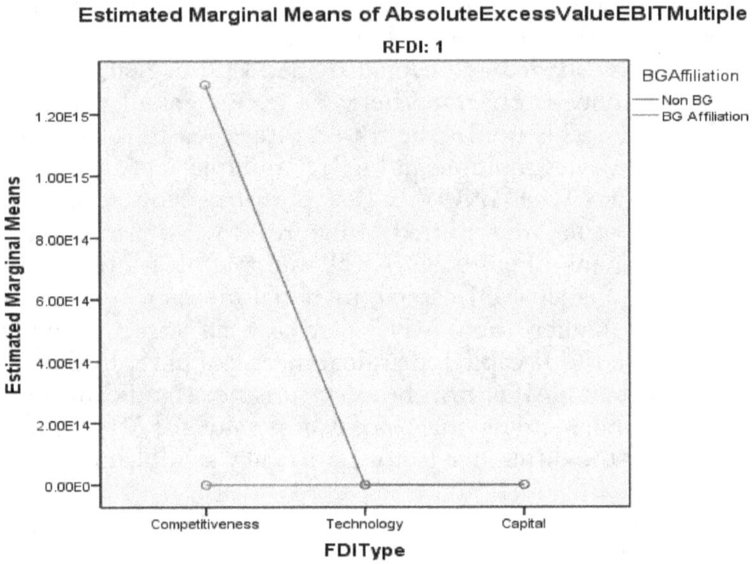

Figure 2C: Two Way ANOVA Results for EBIT Multiple on MFC affiliation and Shades of FDI Capital

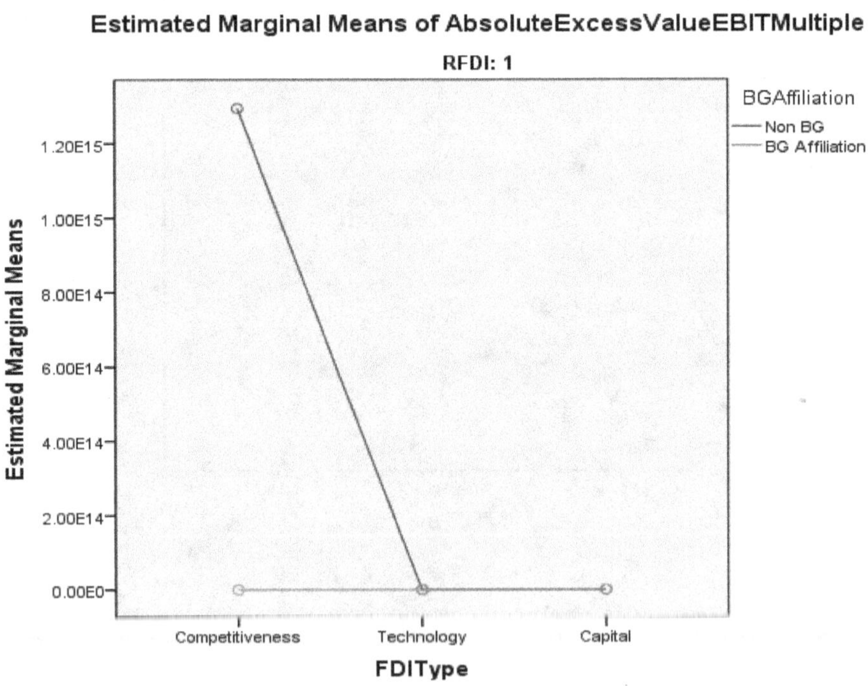

Since, the difference between excess value created by MFC and NMFC differs significantly for competitiveness shaded FDI capital in terms of asset multiple, therefore further analysis is focused on the same. MANOVA test results for excess value (asset multiple) as reported in Table 5 reveals that shade of FDI capital and reallocation are significant (10% significance level) however their interaction is not observed to be significant.

Table 5: Results of MANOVA Test (Wilk's Lambda) for Excess Value (Asset Multiple)

Independent Factors	Value	F	df	Error df	Sig
Intercept	0.997	2.194	3	2194	0.087
FDI Type	0.997	1.189	6	2788	0.081
FDI Type* MFC Affiliation	0.998	0.82	6	4388	0.554
MFC Affiliation	1	0.302	3	2194	0.082

The panel dataset is available for analysis and diagnostic tests are conducted for the same. Hausman test result (p > chi2 = 0.035) tells that fixed effect model (FEM) is more appropriate for analysis. Further to this, Wald test has been performed and test result (p > chi2 = 0.128) shows that there is no heteroskedasticity. Since, the dataset set is micro-panel, therefore there is no need to perform serial correlation test and cross sectional dependence test.

Table 6: Panel Data Regression Estimates: Fixed Effect Model

Independent variable	1st Year	2nd Year	3rd Year	4th Year	5th Year	6th Year	7th Year	8th Year	9th Year	All Years
Constant	(0.000)	(0.129)	(0.052)	(0.000)	(0.743)	(0.619)	(0.000)	(0.000)	(0.000)	(0.000)
EBIT to Net Sales	-.216 (0.001)	-.097 (0.074)	0.168 (0.035)	0.235 (0.000)	0.348 (0.000)	0.240 (0.000)	0.303 (0.000)	0.411 (0.000)	0.137 (0.000)	0.101 (0.000)
Fixed Asset to Net Sales	0.124 (0.016)	0.100 (0.056)	0.726 (0.000)	0.655 (0.000)	0.537 (0.000)	0.505 (0.000)	0.478 (0.000)	0.846 (0.000)	0.021 (0.455)	0.313 (0.000)
Capex to Net Sales	0.591 (0.000)	0.643 (0.000)	-.184 (0.283)	0.095 (0.061)	-.153 (0.000)	-.055 (0.042)	-.020 (0.333)	-.255 (0.000)	0.650 (0.000)	0.174 (0.000)
Shade of FDI Capital	-7.569 (0.000)		-9.752 (0.062)	11.374 (0.000)			9.768 (0.000)	19.429 (0.000)	-14.78 (0.000)	-3.686 (0.000)
MFC Affiliation	-.114 (0.10)	-.059 (0.02)	-.032 (0.06)	-0.013 (0.09)	-0.032 (0.030)	-0.55 (0.018)	-0.006 (0.07)	-.027 (0.02)	-.155 (0.00)	-.031 (0.002)

Firm Status	7.589 (0.000)	0.004 (0.932)	9.7895 (0.061)	-11.35 (0.000)	0.016 (0.591)	0.014 (0.538)	-9.806 (0.000)	- 19.512 (0.000)	14.85 (0.000)	3.702 (0.000)
N	296	265	131	538	680	1403	1807	1794	767	7689
R square	0.409	0.456	0.436	0.449	0.379	0.308	0.392	0.496	0.517	0.237
Adj R square	0.395	0.444	0.404	0.442	0.374	0.305	0.389	0.494	0.513	0.236

The regression estimate of FEM has been presented in Table 6. In this model, Excess value measured as asset multiple is dependent variable and firm characteristics like profitability (EBIT to net sales), asset utilization (fixed asset to net sales) and growth opportunity (capex to net sales) are controlled. These variables are observed to be highly significant for creation of excess value in all investment horizons. The external' investment reallocation is observed to be highly significant for all investment horizons. The negative coefficient can be considered as negative effect of investment reallocation for excess value creation by a firm. The effect of reallocation has been also estimated through confirmatory factor analysis (CFA) model. The path-diagram for the same is shown in Figure 3. In this model, profitability, asset utilization, growth opportunity and age of the firm are also considered in addition to investment reallocation. The results are reported in Table 7, which reveals that these factors are highly significant. The negative coefficient of external' investment reallocation is in confirmation with the result obtained through regression estimate in FEM.

On the basis of the above findings, the following hypotheses are accepted

H_{1a}: reallocation has Tunneling Effect in firm with technology shaded FDI capital.

H_{1b}: reallocation has Tunneling Effect in firm with capital shaded FDI capital.

H_{1c}: reallocation has Tunneling Effect in firm with competitiveness shaded FDI capital.

While, the following hypotheses are rejected

H0a: reallocation has Propping Effect in firm with technology shaded FDI capital.

H_{0b}: reallocation has Propping Effect in firm with capital shaded FDI capital.

H_{0c}: reallocation has Propping Effect in firm with competitiveness shaded FDI capital.

CONCLUSIONS

The competitiveness shades of FDI capital is observed highly significant for external affiliated firm. The difference in excess value created by foreign affiliated and stand-alone firm is highly significant and mean value of excess value is observed lower for foreign affiliated firm. These empirical evidences are in favor of tunneling effect of investment reallocation for all shaeds of FDI capital. This results are in line with findings of Bertrand and al (2002) (non-operating profit). Controlling value creating factors like growth opportunity, asset utilization and profitability, it is observed that tunneling effect of external' investment reallocation is highly significant for three shades of FDI capital.

Table 7: Results of Confirmatory Factor Analysis

		Coefficient	OIM Std Error	Z	P>|Z|
AGE	EV	1 (Constrained)			
	Const	192.34	1.234	57.34	0.00
Foreign	EV	-2.34	1.62	3.5	0.00
	Const	90.37	1.89	40.23	0.00
Profitability	EV	3.23	1.45	5.5	0.00
	Const	72.45	1.46	58.25	0.00
Asset Utilization	EV	0.98	2.23	3.24	0.00
	Const	89.75	1.67	9.35	0.00
Growth Opportunity	EV	2.45	2.34	6.5	0.00
	Const	72.65	2.64	8.92	0.00
Shade of FDI Capital	EV	0.42	0.12	3.5	0.00
	Const	19.23	2.81	8.72	0.00

BIBLIOGRAPHY

ANDERSON, R.L., BANCROFT, T.A., 1952, *Statistical Theory in Research*, McGraw Hill, New York.

NORTH AMERICAN DEVELOPMENT BANK, 2002, *Key indicators of North American and pacific Countries 2002*, ADB Publishing.

BERGER, P.G., OFEK, E., 1995, « Diversification's Effect on Firm Value », *Journal of Financial Economics*, 37(1), pp. 39-65.

BELL, J.H.J, 1996, *Single or joint venturing? A comprehensive approach to foreign entry mode choice*, Aldershot, England, Avebury.

BERTRAND, M., MEHTA, P., MULLAINATHAN, S., 2002, « Ferreting out Tunneling: An Application to Transition Foreigns », *Quarterly Journal of Economics*, 117(1), pp. 121-48.

CAMP, S.M., SEXTON, D.L., 1992, « Technology Transfer and Value creation: extending the theory beyond information exchange », *Technology Transfer*, 17(2/3), pp. 68-76.

CHANG, S.-J., CHOI, U., 1988, « Strategy, structure, and performance of Korean foreigns:A transaction cost approach », *Journal of Industrial Economics*, 37(2), pp. 141-158.
CHANG, S.-J., HONG, J., 2000, « Economic performance of group-affiliated companies in Korea: Intra-group resource sharing and internal business transactions », *Academy of Management Journal*, 43(3), pp. 429-448.
DAHLQUIST, M.R., RAN, G.K., 2001, « Direct Foreign Ownership, Institutional Investors, and Firm Characteristics », *Journal of Financial Economics*, 59, pp. 413-440.
DASGUPTA, S., SENGUPTA, K., 1995, « Optimal Regulation of MNEs and Government Revenues », *Journal of Public Economics*, 58 (2), pp. 215-234.
FAZZARI, S., HUBBARD, R.G., PETERSEN, B., 1988, « Financing Constraints and Corporate Investment, *Brookings Papers on Economic Activity*, 1, pp. 141–95.
FERRIS, S.K., KIM., P.K., 2003, « The Costs (and benefits?) of Diversified Foreign: The Case of Korean Chaebols », *Journal of Banking and Finance*, 27, pp. 251-273.
FRYNAS, J.G., PIGMAN, G.A., MELLAHI, K., 2006, « First Mover Advantages in International Business and Firm-SpecificPolitical Resources », *Strategic Management Journal*, 27 (4), pp. 321-345.
GERLACH, M.L., 1992, *Alliance capitalism: The social organization of Japanese business. Berkeley*, CA: University of California Press.
GOPALAN, R., NANDA, V., SERU, A., 2007, « Affiliated Firms and Financial Support: Evidence from Transition Foreigns », *Journal of Financial Economics*, 86, pp. 759-795.
GRANOVETTER, M., 2005, « Foreigns and Social Organization », In N. J. Smelser, and R. Swedberg (Eds.), *The handbook of economic sociology*, 2nd Ed., Princeton University Press, Princeton, pp. 429-450.
GUILLÉN, M.F., 2000, « Foreigns in emerging economies: A resource based view », *Academy of Management Journal*, 43, pp. 362-380.
HOSHI, T., KASHYAP, A., SCHARFSTEIN, D., 1991, « Corporate structure, Liquidity and Investment: Evidence from Japanese Industrial Groups », *Quarterly Journal of Economics*, 106(1), pp. 33-60.
KARABAY, B., 2010, « Foreign Direct Investment and Host Country Policies: A Rationale for Using Ownership Restrictions », *Journal of Development Economics*, 93 (2), pp. 218-225.
KEISTER, L.A., 1998, « Engineering growth: Foreigns structure and firm performance in China's transition economy », *American Journal of Sociology*, 104, pp. 404-440.
KHANNA, T., PALEPU, K., 2000, « Is group affiliation profitable in emerging markets? An analysis of diversified Transition foreigns », *Journal of Finance*, 55, pp. 867-891.

KHANNA, T., FISMAN, R., 1999, « Is Trust a Historical Residue? Information Flows and Trust Levels », *Journal of Economic Behavior and Organization*, 38 (1), pp. 79-92.
KHANNA, T., RIVKIN, J., 2001, « Estimating the Performance Effects of Foreigns in Emerging Markets », *Strategic Management Journal*, 22(1), pp. 45-74.
KOGUT, B.; SINGH, H., 1988, « The Effect of National Culture on the Choice of Entry Mode », *Journal of International Business Studies*, 19 (3), pp. 411-432.
LEWELLEN, W.G., 1971, « A Pure Financial Rationale for the Conglomerate Merger », *Journal of Finance*, 26, pp. 521-537.
LI, M., WONG, Y., 2003, « Diversification and economic performance: An empirical assessment of Chinese firms », *North America Pacific Journal of Management*, 20(3), pp. 243-265.
LUO, X., CHUNG, C-N., 2005, « Keeping it all in the family: The role of particularistic relationships in foreign performance during institutional transition », *Administrative Science Quarterly*, 50, pp. 404-439.
MAURER, N., SHARMA, T., 2001, « Enforcing Property Rights Through Reputation: Mexico's Early Industrialization », 1878-1913, *The Journal of Economic History*, 61(4), pp. 950-973.
NICODANO, G., CHIESA, G., 2003, « Privatization and Financial Market Development: Theoretical Issues », FEEM Note di Lavoro.
PITELIS, C.N., VASILAROS, V., 2010, « The Determinants of Value and Wealth Creation at the Firm, Industry, and National Levels: A Conceptual Framework and Evidence », *Contributions to Political Economy*, 29 (1), pp. 33-58.
SCHEFFE, H., 1959, *The Analysis of Variance*, John Wiley et Sons, Inc., New York.
SEARLE, S.R., 1971, *Linear Models*, John Wiley and Sons, Inc., New York.
SHIN, H.H., STULZ, R., 1998, « Are Internal Capital Markets Efficient? », *Quarterly Journal of Economics*, 113, pp. 531–552.
SILVA, F., MAJLUF, N., PAREDES, F., 2006, « Family ties, interlocking directors and performance of foreigns in emerging countries: The case of Chile », *Journal of Business Research*, 59 (3), pp. 315-321.
SIMONE, F.N., SORSA, P., 1999, « A Review of Capital Account Restrictions in Chile in the 1990s », *IMF Working Paper*, 99/52, International Monetary Fund, Washington D.C.
TEASLEY, B., LUND, A., BENNETT, R., 1996, « Interactive Television: A New Challenge for HCI, *In Conference Companion on Human Factors in Computing Systems*, Common Ground, CHI'96, ACM.
VERNON, R., 1966, « International Investment and International Trade in the Product Cycle », *Quarterly Journal of Economics*, 80 (2), pp. 190-207.
WEIDENBAUM, M., HUGHES, S., 1996, *The bamboo network: How expatriate Chinese entrepreneurs are creating a new economic superpower in North America*, Free Press, New York.

Résumés/Abstracts

La politique de l'innovation en Russie ou l'impératif de réformes dans une économie de rente, quelques pistes de réflexion

Guillem ACHERMANN

L'économie de rente est une économie fragilisée par la concentration de son système productif sur un secteur en particulier. A la recherche d'une plus grande diversification pour renforcer sa performance économique, l'enjeu d'un pays possédant une économie de rente est de rééquilibrer son système productif national. A l'échelle nationale, la politique d'innovation peut servir de passerelle pour reconfigurer certains secteurs productifs pouvant réorienter l'ensemble de la structure productive. Ainsi, en renforçant le système national d'innovation et en octroyant aux politiques d'innovation un rôle moteur dans le développement d'un pays, l'État peut théoriquement atténuer les effets de la rente. Cependant, un système national d'innovation, c'est avant tout un réseau d'institutions capables de favoriser le développement d'activités d'innovation au niveau sectoriel et/ou territorial. Dès lors, c'est tant la capacité d'absorption de connaissances du système national d'innovation que la fluidité de l'information véhiculée par les interrelations des acteurs du processus d'innovation qui est mis à l'épreuve. Dans le cas de la Russie, la croissance économique se base essentiellement sur les recettes de ses exportations d'hydrocarbures. Même si le pays a hérité d'une majeure partie du parc industriel soviétique et de son système scientifique et technique, l'économie russe n'a, depuis sa transition économique des années 1990, pas réussi à instaurer durablement une économie de la connaissance et de l'innovation. Afin de se prévenir d'un syndrome hollandais persistant, la Russie s'efforce de réorganiser son système productif et de valoriser le « *réservoir* » de connaissances acquis pendant la période soviétique en accordant aux activités d'innovation une dimension primordiale pour le développement économique et social du pays. Mais les multiples institutions (réformées et nouvelles) découlant de la transition économique des années 1990 ont modifié les dynamiques organisationnelles de l'ancien système productif soviétique. Dès lors, il s'agit pour l'État de rééquilibrer la structure du système productif national au travers d'une politique d'innovation capable d'intégrer les dynamiques institutionnelles des multiples systèmes productifs locaux.

Mots-clés : système national d'innovation, politique d'innovation, Russie, économie de rente, syndrome hollandais.

The resource rent economy is an economy weakened by the concentration of its productive system on a particular sector of the economy. Looking for more diversification to strengthen its economic performance, the challenge for a country with a resource rent economy is to rebalance its national productive system. At the national level, innovation policy can be the bridge to reconfigure some productive sectors that can redirect the whole productive structure. Thus, enhancing the national system of innovation and giving to the innovation policies a driving force in the development of a country, the state can theoretically reduce the effects of the rent. However, a national innovation system, it is above all a network of institutions, which promotes the development of innovation activities at the sectorial and/or territorial level. Therefore, the ability of the national innovation system to absorb knowledge and the flow of information transmitted by the interrelations between actors of the innovation process are been tested. In the case of Russia, economic growth is mainly based on the incomes from its oil exports. Even if the country has inherited most of the Soviet industrial park and its scientific and technologic system, the Russian economy, since the economic transition of the 1990s, have not still achieved the implementation of the innovation and knowledge-based economy. In order to prevent a persistent Dutch Disease, Russia is trying to reorganize its productive system and enhance the « *reservoir* » of knowledge acquired during the Soviet period giving priority to innovation activities in the economic and social development. However, the multiple institutions (reformed and new ones) emerging from the economic transition of the 1990s changed the organizational dynamics of the old Soviet productive system. Therefore, the state has to rebalance the structure of the national productive system through the innovation policy, which is able to integrate the institutional dynamics of the different local productive systems.

Key words: National innovation system, innovation policy, Russia, resource rent economy, Dutch disease.
Classification JEL: L5, O1, P3

Des pôles de croissance vers des systèmes d'innovation territorialises dans une « nouvelle » économie de marche : le cas de Gdansk (Pologne)

Maria LOREK

Depuis la libéralisation économique des pays de l'ancienne Union soviétique, les pôles de croissance construits sous la tutelle de l'État ont connu des transformations institutionnelles et organisationnelles. Les nouvelles formes d'organisation industrielle, qui en découlent, donnent lieu aux pratiques de coopération, du partage et des actions collectives qui s'inscrivent dans le cadre de la « nouvelle » économie de marché. Dans ces pays, la question de la reconversion des pôles de croissance par la libéralisation économique demeure nettement peu explorée en termes d'impact sur le développement de l'innovation. Pour décrire les capacités innovantes des acteurs locaux, nous proposons le concept du « système d'innovation territorialisé ». L'histoire économique et les choix des autorités locales (après 1989) sont autant de facteurs qui font de la région de Gdansk un cas intéressant pour analyser dans quelle mesure la libéralisation économique a été une incitation au développement de l'innovation sur son territoire.

Mots clés : Pôles de croissance, reconversion, nouvelle économie de marché, actifs secondaires, institution, système d'innovation territorialisé, Gdansk.

Since economic liberalization, growth poles constructed under the State's supervision have seen major institutional and organizational changes in the centrally planned economies. New forms of industrial organization that are responsible for these changes are manifested by the new practices of cooperation, sharing and collective actions in the context of the "new" market economy. However, the question of the conversion of growth poles through economic liberalization remains substantially unexplored in terms of the impact on the development of innovation in the former centrally planned countries. To describe the innovative capacity of local actors we propose a concept of regionalized innovation system. Its economic history and the choice of local authorities (after1989) are as many factors that make the Gdansk region an interesting case study of how economic liberalization has been an incentive for the development of innovation in its territory.

Key words: growth poles, conversion, "new" market economy, secondary assets, institution, regionalized innovation system.
Classification JEL : L14, L26, P21, P31.

Le management des réseaux territorialisés : le cas macro-région du Caucase (Russie)

Issa BOKOV

La Russie, au cours des dernières décennies, a développé un programme de modernisation de son économie, mettant fin au modèle soviétique fondé sur une trop forte dépendance vis-à-vis de ses ressources naturelles. Depuis 2005, le gouvernement russe a mis en place une série de réformes pour tenter de diversifier l'économie du pays et favoriser l'innovation. Les managers régionaux montagneux ruraux russes mettent davantage en place les différents types de réseaux territoriaux d'organisation. Le tourisme occupe actuellement une place essentielle dans le développement territorial. L'objectif de cet article est d'apporter un éclairage nouveau sur le management des réseaux territorialisés de la région du Caucase (Russie). Le terrain de recherche est un cluster touristique, dans la région du Caucase. Notre travail de recherche nous conduira à proposer des préconisations permettant d'améliorer l'attractivité des régions russes et la mise en œuvre d'orientations stratégiques d'innovation du territoire.

Mots-clés : réseaux territorialisés d'innovation, cluster touristique, management, région du Caucase, Russie.

During the past decades, Russia developed a program of modernization in its economy, changing it completely from the Soviet model based on too much dependence on natural resources. Since 2005, the Russian government set up a series of reforms in an attempt to diversify the economy of the country and to promote innovation.

Regional Russian managers in rural areas of mountains are now more often building up the different existing types of territorial organization networks. Tourism is currently playing an important role in territorial development.

The purpose of our paper is to give a new idea of the management of territorial networks in the region of Caucasus (Russia). The research territory is a touristic cluster in the region of Caucasus. Our research program will bring us to make propositions for more attractiveness of Russian regions and for the implementation of strategic policies in the field of territorial innovation.

Key words : territorial networks, touristic cluster, management, region of Caucasus (Russia).
Classification JEL : R11.

La Bulgarie: transitions, modernisation, intégration européenne

Sonia VATEVA

L'auteur cherche à démontrer la continuité dans le processus de modernisation économique et sociale de la Bulgarie. L'idée de modernisation est liée aux transformations profondes qui ont marqué le pays dans le temps. L'accent est mis sur les contraintes incontournables qui ont fixé les limites de l'activité économique et de la politique bulgare. Les restrictions de l'intérieur tiennent surtout à l'insuffisance de capitaux, aux ressources faibles et limitées, au degré d'ouverture et au développement institutionnel. Malgré tout la transition d'une économie centralisée d'Etat vers une économie de marché permit le développement d'un secteur privé qui ne manque pas de dynamisme. L'intégration européenne de la Bulgarie peut être considérée comme un projet de modernisation à long terme dont la réalisation dépend de la capacité de la société et des institutions bulgares à se transformer et agir pour conduire le progrès.

Mots-clés : développement économique, transition, réformes structurelles, modernisation, intégration.

The author strives to demonstrate the continuity of the process of economic and social modernisation for Bulgaria. The idea of modernisation is linked to the deep changes which have characterised the development of the country in time. The unavoidable restrictions have been emphasised as they outline the boundaries of the economic activities and the politics in Bulgaria. The internal restrictions are mainly connected to the lack of capital, the poor natural resources and the level of the economic openness and the institutional development. Nevertheless, the transition from a centralised state economy to a liberal one, has lead to the development of a dynamic private sector. The European economic integration of Bulgaria can be considered as a long-term modernisation project, whose realisation depends on capability of the Bulgarian society and the institutions to transform accordingly and to actively influence the progress.

Key words : economic development, transition, structural reforms, modernisation, integration.
Classification JEL : N10, N14.

Echelles de conflits et de compromis dans la transformation économique post-socialiste : le cas de l'insertion des exploitations russes et bulgares dans une filière laitière internationalisée

Pascal GROUIEZ
Petia KOLEVA

L'article analyse les difficultés de la transformation agricole en Russie et en Bulgarie en adoptant une grille d'analyse institutionnaliste mettant en évidence des conflits liés à la propriété, à l'efficacité productive et à des objectifs sociaux pendant la transition. Il s'intéresse aux principaux acteurs « diffuseurs de règles institutionnelles » et à leur rôle dans la résolution des conflits à différentes échelles (nationale ou locale). Il apparaît qu'en Russie la diversité des politiques agricoles régionales menées depuis vingt ans conduit à une importante disparité dans le développement économique agricole des territoires. L'entrée de firmes internationales dans certaines filières accentue ce processus de diversification des exploitations agricoles, comme en témoigne l'exemple de la filière laitière. En Bulgarie, la modernisation de la filière se heurte à l'héritage de la restitution des terres que les politiques européennes post-adhésion auront du mal à corriger dans les années qui viennent.

Mots-clés : agriculture, transformation post-socialiste, investissement étranger, économie institutionnelle, territoires.

The article analyzes the difficult transformation process of Russian and Bulgarian agricultures by referring to an institutional grid focused on conflicts about ownership, productive efficiency and social objectives during the transition period. It identifies the main actors "diffusing institutional rules" and shows their role in conflict solving at different levels (national or local). Thus, in Russia the variety of regional agricultural policies during the last two decades has led to a significant disparity in the territorial development of agricultural activities. The entry of international companies in some sectors accentuates the agricultural holdings' process of diversification as illustrated by the diary industry. In Bulgaria, the upgrading of the sector is made difficult because of the consequences of land restitution reform; in spite of the European policies since the integration to the EU, this path dependency could certainly remain in the near future.

Key words : agriculture, post-socialist transformation, foreign investment, institutional economics, territories.
Classification JEL : L52, P25, P31, Q13, Q15

La protection sociale en Russie : au service du développement économique ?

Jérôme LEFRANC

Cet article examine les principales évolutions de l'État-providence en Russie depuis 1990. Il s'interroge sur la taille et les particularités du système de protection sociale russe, ainsi que sur son niveau de performance. S'appuyant sur les relations dynamiques entre croissance économique et développement humain mises en évidence par certains auteurs, l'article examine la capacité de l'État-providence russe à se mettre au service de la croissance économique du pays. L'essor récent de l'État-providence russe témoigne d'un rapprochement avec les pays occidentaux. Toutefois, cet essor n'a été possible que grâce aux recettes élevées provenant de l'exportation des produits pétroliers, une situation qui ne peut durer éternellement. Dans ces conditions, la détermination d'une stratégie alternative permettant la poursuite de l'extension de l'État-providence devient un objectif prioritaire. Des améliorations concernant le développement humain peuvent accompagner et soutenir des taux de croissance plus élevés qui, à leur tour, contribueront à de nouveaux progrès en termes de développement humain, l'objectif sociétal de base. La protection sociale peut constituer un tremplin pour conquérir le bien-être collectif en Russie. Pour pouvoir atteindre ce bien-être, la possession d'immenses ressources pétrolières est insuffisante. Il faut aussi pouvoir compter sur une volonté politique assumée.

Mots-clés : Russie, politique sociale, État-providence, développement humain, croissance économique.

This paper explores the main welfare state developments in Russia since 1990. It wonders about the size and features of the Russian social protection system, as well as on its level of performance. Based on the two-way links between economic growth and human development highlighted by some authors, the article examines the ability of the Russian welfare state to serve the country's economic development. The contemporary welfare expansion in Russia reflects a closer link with Western countries. However, this expansion was possible only thanks to higher revenues from the export of oil products, a situation that cannot last forever. Under these conditions, the determination of an alternative strategy for the further development of the welfare state becomes a priority. Improvements in human development can accompany and support higher rates of growth which, in turn, will contribute to further improvements in human development, the basic societal goal. Social welfare system can constitute a springboard to win collective well-being in Russia. To attain this well-being, the possession of huge oil resources is insufficient. It is also necessary to be able to count on an assumed political will.

Key words : Russia, social policy, welfare state, human development, economic growth.
Classification JEL : H53, O11, O52, P35.

L'évaluation de la productivité publique. Nouvelle trajectoire quadridimensionnelle et perspectives de structuration stratégique

Walter AMEDZRO ST-HILAIRE

Libéralisation, stabilisation macroéconomique, restructuration et privatisation, réformes juridiques et institutionnelles, l'action structurale fondamentale vers une économie de marché semblent acquis. Aussi, dans cette orientation, cet article relève que conformément à un système de marchés ouverts et concurrentiels, la gestion des difficultés de la transition des pays de l'Europe de l'est vers une dynamisation économiques doit viser essentiellement à : 1) l'accélération adaptative des investissements productifs publics aux changements structurels ; 2) une structuration favorable à l'initiative et à la coopération des actions publiques et enfin, *ceteris paribus*, 3) favoriser une meilleure exploitation du potentiel stratégique d'innovation publique. Ainsi, il existe une interrogation sur le rôle que la norme de production publique est appelée à jouer dans l'élaboration rationnelle des stratégies de stabilisation macroéconomique et de concurrence dans les économies en transition.

Mots-clés : la gestion des difficultés économiques, investissements productifs publics, changements, stratégies d'innovation, production publique, stabilisation macroéconomique.

Economic liberalization, macroeconomic stabilization, reorganization and privatization, legal and institutional reforms, the fundamental structural action towards a market economy seem acquired. So, in this orientation, this paper finds that, according to a system of opened and competitive markets, the issues management of the transition, in countries of the Eastern Europe, towards an economic impetus must essentially aims to: 1) improve the adaptive acceleration of the public productive investments in the structural changes; 2) start a restructuration that will be favourable to the initiative and the cooperation of public actions and finally – ceteris paribus – 3) favor a better exploitation of the strategic potential of public innovation. So, doubts still remain regarding the role of the public productivity standard in providing a rational basis for the development of macroeconomic stabilization policies and competitive strategies, in the context of transition to a market economy.

Key words: economic issues management, public productive investments, changes, public innovations strategies, public productivity, macroeconomic stabilization.

JEL Classification: O10, L16, L51, L52, L53, O25, O38, P20.

Héritages, transition et performances économiques : pour une approche décloisonnée du changement institutionnel

Moktar CHBOUKI

Cet article revient sur la problématique du changement institutionnel que les pays de l'Europe de l'est traversent depuis un peu plus de deux décennies et qui présente encore une acuité certaine pour saisir le sens des différences des performances économiques observées entre eux. Pour comprendre le succès inégal de ce processus, nous avons essayé de dépasser, dans une perspective évolutionniste, le paradigme standard de la transition par l'interrogation des systèmes anthropologiques de ces pays. La science anthropologique qui étudie les rigidités mentales, cherche à savoir pourquoi des sociétés si proches géographiquement ne fusionnent pas pendant des millénaires. Aborder le problème de la culture, des valeurs et des croyances reviendrait à admettre l'irréductibilité empirique des différences nationales. Le principe de la diversité culturelle du monde confère à chaque société un socle anthropologique qui marque à jamais son système de valeurs et son modèle d'organisation économique et sociale, d'où le polymorphisme du capitalisme selon les pays. La révolution culturelle, synonyme d'évolution des mentalités, est un phénomène autonome qui précède dans le temps le développement économique et la modernité politique. S'appuyant d'emblée sur une trame de mentalités, le politique et l'économique n'agissaient pas dans le vide. Ils sont par nature endogènes et contingents, car une société ne changera, que si elle convient de la nécessité du changement.

Mots-clés : transition économique, anthropologie, institutions, changement institutionnel.

This paper returns to the issue of institutional change that Eastern Europe's countries have experienced for the past two decades. This change still presented a certain acuteness to grasp the sense of the differences in the economical performances observed between the economies in transition. To understand the uneven success of this process, we have tried to pass in an evolutionary perspective, the standard paradigm of the transition by the questioning of anthropological systems of these countries. The anthropological science that studies mental rigidity is trying to understand why societies that are so geographically close do not merge for millenniums. Broaching the problem of culture, values, and beliefs would mean admitting the empiric irreducibility of national differences. The principle of the world's cultural diversity conferred an anthropologic base to every society. That base would forever leave a mark on its value system and its model of economic and social organization, hence the polymorphism that capitalism would occasionally take. The Cultural Revolution, synonym of evolution of the mentalities, is an autonomous phenomenon that precedes economic development and political modernity. Relying at once on a framework of mentalities, the politics and the economics never act without results. They are, by virtue of their nature, endogenous and contingent, because a society can only change if it acknowledges of the necessity of change.

Key words: economic transition, anthropology, institutions, institutional change.
JEL Classification: B52, B53, P14, P17, Y80, Z13.

A Note on the Crisis of Socialism

Jesús *HUERTA DE SOTO*

Dans cet article, on analyse avec un esprit critique les économies socialistes, du point de vue de l'économie autrichienne. Un nouveau concept de socialisme est également introduit sur la base du concept de coercition systématique contre l'esprit d'entreprise. Après avoir examiné le théorème de l'impossibilité du socialisme pour son manque de connaissances sur l'information microéconomique qui est constamment créé dans un marché libre. D'autres conséquences négatives périphériques du socialisme sont prises aussi en considération.

Mots-clés : socialisme, l'esprit d'entreprise, la coercition, la connaissance du marché.

In this paper we analyze critically socialist economies, from the point of view of Austrian economics. A new concept of socialism is also introduced based on the concept of systematic coercion against entrepreneurship. After reviewing the theorem of the impossibility of Socialism for its lack of knowledge on the microeconomic information constantly created in a free market, other peripheral negative consequences of socialism are considered.

Key words : socialism, entrepreneurship, coercion, market knowledge.
Classification JEL : B13, B14, B51, B53, D40, D50, D80, H10, L50, P21, P30, P51.

Project Control, Capital Policy Instruments and the Strategies of Excess Value Creation

Walter AMEDZRO ST-HILAIRE

L'article cerne avec pertinence, les conséquences de la redistribution des investissements dans les entreprises fondées sur des formes atypiques de capital, telles que la technologie, dans un contexte de transition vers une économie de marché : le capital et la compétitivité étant définis sur la base d'outils de politiques sur les fonds propres, conçus par les décisionnaires. L'analyse révèle un effet négatif de la redistribution de la valeur excédentaire créée par les entreprises utilisant leur capital de compétitivité. Cette preuve empirique soutient que l'effet tunnel induit par la réallocation des investissements est hautement significatif dans une entreprise basée sur un capital de compétitivité. Une fois la rentabilité, l'utilisation des actifs et les opportunités de croissance contrôlées, l'effet tunnel de la redistribution devient hautement significatif dans toute entreprise, indépendamment du type de capital sur lequel elle est fondée. Cette idée conforte l'étude affirmant que l'effet tunnel est une part du profit non-opérationnel.

Mots-clés : économie de transition, redistribution des investissements, effet-tunnel, analyse factorielle confirmatoire, création d'excédents de valeur, société externe.

This paper is focused on the effect of investment' reallocation in transition market's firm with different types of capital such as technology, risk capital and competitiveness defined on the basis of capital policy tools designed by policy makers. The analysis reveals negative effect of the reallocation on excess value created by firm using competitiveness capital. This empirical evidence support that tunneling effect of reallocation of investment is highly significant in a firm with competitiveness capital. Once profitability, asset utilization and the growth opportunity are controlled, the tunneling effect of the reallocation becomes highly significant in firms irrespective of the types of capital. This is in support of the study claiming that tunneling effect is part of non-operating profit.

Key words: transition economy, reallocation of investment, confirmatory factor analysis, excess value creation, external corporation.

JEL Classification: L11, L16, M11, M21, O25, O30, P20.

Économie et Entreprise aux éditions L'Harmattan

Dernières parutions

BIORAFFINERIE 2030
Une question d'avenir
Schieb Pierre-Alain, Lescieux-Katir Honorine, Thénot Maryline, Clément-Larosière Barbara
Cette étude de la bioraffinerie intégrée de Bazancourt-Pomacle, en Champagne près de Reims, met en exergue le potentiel de la bioéconomie industrielle à réaliser une substitution de ressources fossiles (charbon, pétrole, gaz naturels) par des ressources tirées de la biomasse (agro-ressources principalement) dans des conditions plus durables tout en étant performantes sur le plan économique et social. Un enjeu majeur du XXIe siècle.
(27.00 euros, 256 p.)
ISBN : 978-2-343-04458-3, ISBN EBOOK : 978-2-336-35816-1

EXPLOITATION (L') DU GAZ DE SCHISTE EN FRANCE
Entre enjeux et opportunités
Thévenet Florentin
Le gaz naturel devrait jouer un rôle croissant dans la balance énergétique globale des années à venir, en particulier grâce à l'exploitation du gaz de schiste. Que cache cette nouvelle énergie ? Au-delà des aspects purement financiers ou environnementaux, l'exploitation du gaz de schiste est-elle une fin en soi ou peut-elle être utilisée comme pilier d'une transition énergétique qui se fait attendre ?
(Coll. Géoéconomie et Géofinance, 21.00 euros, 204 p.)
ISBN : 978-2-343-04399-9, ISBN EBOOK : 978-2-336-35934-2

SCIERIE (LA) FRANÇAISE ET LA PRODUCTIVITÉ
Chalayer Maurice
Préface de Christian Senegas ; postface d'Yves Poss
Après un état des lieux du secteur, l'Observatoire du métier de la scierie trace trois scénarios de développement en termes de productivité et d'augmentation de volume de sciages. Une étude des tendances centrées sur la construction et l'emballage permet de dessiner des perspectives d'adaptation des scieries à l'horizon 2020.
(17.00 euros, 170 p.)
ISBN : 978-2-343-04316-6, ISBN EBOOK : 978-2-336-35726-3

INNOVATION (L'), ÉLAN DU XXIe SIÈCLE
Innover dans l'économie de la connaissance et des services
Mathe Hervé, Pavie Xavier
La réflexion et l'action de l'Institute for Strategic Innovation and Services, créé en 2004, s'articulent autour de la promotion et l'émergence de l'innovation dans l'économie de la connaissance et des services du XXIe siècle. Cet ouvrage reprend les idées développées ces dernières années qui s'articulent autour de trois grandes parties : «Stimuler l'innovation», «Innover dans les services : défis et perspectives» et «La responsabilité au cœur de l'innovation».
(45.00 euros, 402 p.)
ISBN : 978-2-343-02923-8, ISBN EBOOK : 978-2-336-35875-8

GUERRE (LA) DES BREVETS
D'Edison aux frères Wright
Une comparaison franco-américaine
Mangolte Pierre-André
Avant 1914, les industries françaises du cinéma et de l'aviation dominent le monde. La cause de cette situation ? La guerre des *patents* déclenchée aux États-Unis par Edison et les frères Wright. Le patent américain, à la différence du brevet d'invention français, donne la possibilité de produire des brevets larges, dans le but de contrôler tout ou partie d'une industrie. Face à l'enjeu, les propriétaires des titres finiront par former différents pools de brevets pour signer enfin la «paix des patents».
(Coll. Chemins de la Mémoire, série Histoire économique, 25.00 euros, 242 p.)
ISBN : 978-2-343-03734-9, ISBN EBOOK : 978-2-336-35951-9

TAILLE (LA) CRITIQUE DES BANQUES FRANÇAISES
Santenac René - Préface d'Emmanuel Okamba
On oublie trop souvent que les banques sont des entreprises et que, de ce fait, elles obéissent aux logiques de rentabilité et de performance. Les banques françaises ont développé des stratégies de concentration, ce qui a eu des effets sur leur taille. Dans quelle mesure la taille peut-elle influencer les banques dans leur développement ? Quel modèle élaborer pour optimiser la taille critique ?
(Coll. Entreprises et Management, 25.50 euros, 246 p.)
ISBN : 978-2-343-03746-2, ISBN EBOOK : 978-2-336-35796-6

REGARDS CROISÉS SUR LE CODESIGN
L'expérience du codesign dans trois écoles d'ingénieurs de Lille
Sous la direction de Roche Claude
Le codesign est une pratique de conception collaborative apparue récemment dans l'univers de l'innovation. Il promeut une approche transdisciplinaire de la conception, permettant notamment de confronter les expertises pointues à la vision des simples usagers. Cet ouvrage répond à plusieurs interrogations : comment concevons-nous le codesign et son animation, comment les étudiants ont-ils vécu cette expérience, quels en sont les effets sur la formation et au-delà leur impact prévisible en entreprise ?
(31.00 euros, 308 p.)
ISBN : 978-2-343-03761-5, ISBN EBOOK : 978-2-336-35142-1

POUR UNE POLITIQUE DU RISQUE
Comprendre et agir
Sous la direction de Bernard Guillon
Les contributions ici réunies portent attention à de nouveaux secteurs comme à des initiatives proactives dans l'univers particulier du risque. Que l'on ait à faire à des entreprises privées, à des groupes liant les sociétés aux structures publiques ou encore à des collectivités territoriales, ces travaux montrent la nécessité d'adopter une vision managériale des problèmes ouvrant la voie à de réelles opportunités.
(Coll. Recherches en Gestion, 37.00 euros, 360 p.)
ISBN : 978-2-343-03780-6, ISBN EBOOK : 978-2-336-35267-1

GÉOSTRATÉGIE DES ENTREPRISES
Propositions pour la zone OHADA
Garrier Claude
Préface Mamadou Koulibaly
L'auteur montre aux entrepreneurs africains que l'étatisme français est préjudiciable à la croissance de leur activité. Les propositions pour la zone OHADA sont aussi nécessaires pour les PME d'Europe souvent plus grosses que leurs cousines africaines et d'autant plus en mesure de «monter à l'assaut» commercial de la planète. L'ouvrage expose les modes de raisonnement du géo-stratège et présente divers outils juridiques.
(Coll. Le droit en marche, 38.00 euros, 378 p.)
ISBN : 978-2-343-03376-1, ISBN EBOOK : 978-2-336-35230-5

DIRIGEANT (LE) DE SOCIÉTÉS COMMERCIALES (Tome 1)
Le dirigeant sociétal officiel
Ayangma Ayangma Joseph - Préface de Jean Gatsi
Le véritable dirigeant n'est pas nécessairement celui qui trône au sommet de la pyramide sociétale. Le dirigeant connu, dont il est question dans ce premier tome, est simplement un manager officiellement consacré et, par voie de corollaire, hissé au sommet de la pyramide sociétale. Il est légalement et solennellement le gestionnaire sociétal et engage éventuellement, en cette qualité, sa responsabilité.
(Coll. Harmattan Cameroun, 33.00 euros, 328 p.)
ISBN : 978-2-343-02509-4, ISBN EBOOK : 978-2-336-35205-3

DIRIGEANT (LE) DE SOCIÉTÉS COMMERCIALES (Tome 2)
Le dirigeant sociétal effectif
Ayangma Ayangma Joseph
Préface de Jean Gatsi
Le véritable dirigeant de la société commerciale, c'est-à-dire celui qui détient le pouvoir et l'exerce directement ou indirectement dans la société commerciale, serait le dirigeant le dirigeant effectif ou «en veilleuse». Il décide et fait prévaloir sa rationalité au dirigeant officiel, qui se charge de l'appliquer. Celui-ci devient une sorte d'agent d'exécution, à défaut d'être spectateur de l'exercice du pouvoir managerial. Pourtant, le dirigeant en veilleuse n'a pas toujours recours à un pouvoir de fait pour s'imposer dans la gestion.
(Coll. Harmattan Cameroun, 37.50 euros, 372 p.)
ISBN : 978-2-336-30128-0, ISBN EBOOK : 978-2-336-35206-0

COMMENT (RE)FAIRE DE LA FRANCE UN PAYS ENTREPRENANT ?
Daniel Laurent, Lirzin Franck - Préface de Claude Bébéar ;
avec la collaboration de Hubert Lévy-Lambert
Comment relancer l'économie française et en exploiter le formidable potentiel ? Le pays a déjà été confronté à des situations semblables à la fin du XIXe siècle ou après 1945, et chaque fois il a su se réinventer. Après Friedman et Keynes, voici venu le temps de Schumpeter et de la «destruction-créatrice». Loin du déclinisme actuel, ce livre montre au travers d'exemples précis que les initiatives se multiplient pour créer un nouveau «modèle français», original et performant.
(19.00 euros, 184 p.)
ISBN : 978-2-343-00992-6, ISBN EBOOK : 978-2-296-53749-1

FILIÈRE (LA) PORCINE EN FRANCE
Le porc français a-t-il un avenir ?
Marzio Antoine
Consommerons-nous encore du porc français dans dix ans ? Et de quelle qualité ? Après une visite détaillée de la filière, ce livre analyse la question environnementale, du bien-être animal, des surconsommations vétérinaires, de l'hyperconcentration des élevages en Bretagne, et propose des solutions axées sur le redéploiement géographique, la diversification des races de porcs et des techniques d'élevage et la montée en gamme.
(23.00 euros, 232 p.)
ISBN : 978-2-343-00634-5, ISBN EBOOK : 978-2-296-53791-0

ÉCONOMIE (L') SOCIALE ET SOLIDAIRE ET LE TRAVAIL
Sous la direction de Patrice Braconnier et Gilles Caire
Dans un contexte où l'accès à l'emploi se fait toujours plus difficile et où les conditions de travail se durcissent, l'économie sociale et solidaire est-elle en mesure de proposer des façons de «travailler autrement» ? Existe-t-il une spécificité de l'emploi et de l'organisation du travail dans le champ de l'ESS ? Entre travail et bénévolat, entre salariat et entrepreneuriat, entre employeurs et employés, les frontières au sein de l'ESS sont floues. Mais peut-elle encore proposer de nouvelles utopies en matière de travail ?
(Coll. L'esprit économique, série L'économie formelle, 26.00 euros, 252 p.)
ISBN : 978-2-343-00563-8, ISBN EBOOK : 978-2-296-53764-4

ART (L') DE LA CRISE
Prévenir, contenir et sortir d'une situation sensible
Fusalba Thierry
L'objectif de cet ouvrage est de proposer aux organisations prises dans le maelström des événements une méthode fiable et performante qui leur permette d'avoir des points de repères solides afin d'élaborer une stratégie de sortie de crise efficace. L'auteur propose une réflexion sur la stratégie, sur l'organisation et l'entraînement des cellules de crises, sur l'exploitation des enseignements ainsi que sur le management et la communication de crise.
(34.00 euros, 332 p.)
ISBN : 978-2-343-00042-8, ISBN EBOOK : 978-2-296-53717-0

CONTRÔLE (LE) DES CONCENTRATIONS TRANSNATIONALES
Burnier Da Silveira Paulo
Préface de Bruno Lasserre ; avant-propos de Vinicius Carvalho
Les concentrations transnationales augmentent et les systèmes de contrôle des concentrations se multiplient. Alors que les enjeux économiques revêtent désormais une dimension internationale, les mécanismes juridiques de régulation demeurent cantonnés à une échelle nationale ou régionale. Le risque : être confronté à des décisions contradictoires ou incohérentes rendues par différentes autorités de la concurrence... Des mécanismes de régulation s'imposent, ainsi que l'adoption par l'OMC de règles contraignantes.
(39.00 euros, 406 p.)
ISBN : 978-2-336-29198-7, ISBN EBOOK : 978-2-296-53776-7

DES HOMMES ET DES RISQUES
Le rôle des assurances dans la construction des sociétés humaines
Nabeth Marc
Préface de Jean-Hervé Lorenzi - Postface de François-Xavier Albouy
Il est difficile d'imaginer un monde sans assurance ni protection sociale de nos jours. Pourtant, pour plus de 80% de la population des pays en développement, l'absence d'assurance est une réalité tangible. Les témoignages que ces personnes nous livrent sur leur perception des risques et leur créativité pour y faire face démentent de nombreux préjugés religieux, sociaux et culturels. L'enjeu est stratégique : il révèle le rôle essentiel de l'assurance dans la construction des sociétés humaines.
(Coll. Affaires stratégiques, 20.00 euros, 194 p.)
ISBN : 978-2-343-00120-3, ISBN EBOOK : 978-2-296-53744-6

INTELLIGENCE STRATÉGIQUE ET ÉNERGIE : UN TANDEM INDISSOCIABLE AU SERVICE D'UNE NOUVELLE GÉOPOLITIQUE
Du Castel Viviane
Voici un éclairage sur les enjeux énergétiques de demain, à travers la grille de lecture que propose l'intelligence économique et stratégique. Celle-ci permet, grâce à ses capacités d'analyse et d'investigation, de se projeter dans l'avenir, d'anticiper les évolutions et de se positionner en leader sur le marché international de l'énergie.
(Coll. Intelligence stratégique et géostratégie, 28.00 euros, 276 p.)
ISBN : 978-2-336-00726-7, ISBN EBOOK : 978-2-296-53876-4

DES MARCHÉS SANS FOI NI LOI
Bensebaa Faouzi, Boudier Fabienne
Tout est vendable, tout est échangeable, tel est le credo des « drôles de marchés ». Parmi eux, les « marchés sans foi ni loi ». Jetant aux orties le sacré, contournant la règle ou profitant de ses imperfections, ils sont peu visibles du grand public. Pourtant, les pratiques que l'on y découvre sont inédites et permettent souvent à des acteurs situés à la marge du système de se rencontrer. Ces « marchés sans foi ni loi » peuvent tout aussi bien être facteurs de désordre et de transgression que sources de créativité.
(Coll. Drôles de Marchés, 14.00 euros, 132 p.)
ISBN : 978-2-343-00469-3, ISBN EBOOK : 978-2-296-53537-4

L'HARMATTAN ITALIA
Via Degli Artisti 15; 10124 Torino

L'HARMATTAN HONGRIE
Könyvesbolt ; Kossuth L. u. 14-16
1053 Budapest

L'HARMATTAN KINSHASA
185, avenue Nyangwe
Commune de Lingwala
Kinshasa, R.D. Congo
(00243) 998697603 ou (00243) 999229662

L'HARMATTAN CONGO
67, av. E. P. Lumumba
Bât. – Congo Pharmacie (Bib. Nat.)
BP2874 Brazzaville
harmattan.congo@yahoo.fr

L'HARMATTAN GUINÉE
Almamya Rue KA 028, en face
du restaurant Le Cèdre
OKB agency BP 3470 Conakry
(00224) 657 20 85 08 / 664 28 91 96
harmattanguinee@yahoo.fr

L'HARMATTAN MALI
Rue 73, Porte 536, Niamakoro,
Cité Unicef, Bamako
Tél. 00 (223) 20205724 / +(223) 76378082
poudiougopaul@yahoo.fr
pp.harmattan@gmail.com

L'HARMATTAN CAMEROUN
BP 11486
Face à la SNI, immeuble Don Bosco
Yaoundé
(00237) 99 76 61 66
harmattancam@yahoo.fr

L'HARMATTAN CÔTE D'IVOIRE
Résidence Karl / cité des arts
Abidjan-Cocody 03 BP 1588 Abidjan 03
(00225) 05 77 87 31
etien_nda@yahoo.fr

L'HARMATTAN BURKINA
Penou Achille Some
Ouagadougou
(+226) 70 26 88 27

L'HARMATTAN SÉNÉGAL
10 VDN en face Mermoz, après le pont de Fann
BP 45034 Dakar Fann
33 825 98 58 / 33 860 9858
senharmattan@gmail.com / senlibraire@gmail.com
www.harmattansenegal.com

L'HARMATTAN BÉNIN
ISOR-BENIN
01 BP 359 COTONOU-RP
Quartier Gbèdjromèdé,
Rue Agbélenco, Lot 1247 I
Tél : 00 229 21 32 53 79
christian_dablaka123@yahoo.fr

Achevé d'imprimer par Corlet Numérique - 14110 Condé-sur-Noireau
N° d'Imprimeur : 114706 - Dépôt légal : janvier 2015 - *Imprimé en France*

www.ingramcontent.com/pod-product-compliance
Lightning Source LLC
LaVergne TN
LVHW010020081026
849535LV00016B/1884
* 9 7 8 2 3 4 3 0 5 2 0 2 1 *